Peter H. Buchenau
Nur wer wagt, gewinnt

Peter H. Buchenau

NUR WER WAGT
GEWINNT

Bessere Entscheidungen durch
Risikointelligenz

Linde
international

Bibliografische Information der Deutschen Nationalbibliothek
Die Deutsche Nationalbibliothek verzeichnet diese Publikation in der Deutschen
Nationalbibliografie; detaillierte bibliografische Daten sind im Internet über
http://dnb.d-nb.de abrufbar.

Hinweis: Aus Gründen der leichteren Lesbarkeit wird auf eine geschlechtsspezifische
Differenzierung verzichtet. Entsprechende Begriffe gelten im Sinne der Gleichbehandlung
für beide Geschlechter.

ISBN 978-3-7093-0593-5 (Print)
ISBN 978-3-7094-0709-7 (E-Book-PDF)
ISBN 978-3-7094-0710-3 (E-Book-ePub)
Es wird darauf verwiesen, dass alle Angaben in diesem Werk trotz sorgfältiger Bearbeitung
ohne Gewähr erfolgen und eine Haftung der Autoren oder des Verlages ausgeschlossen ist.
Umschlag: buero8
Textredaktion: Cornelia Rüping
Satz: Strobl, Satz·Grafik·Design, 2620 Neunkirchen

© LINDE VERLAG Ges.m.b.H., Wien 2015
1210 Wien, Scheydgasse 24, Tel.: 01/24 630
www.lindeverlag.de
www.lindeverlag.at
Druck und Bindung: PBtisk a.s.
Dělostřelecká 344, 261 01 Příbram, Tschechien – www.pbtisk.eu

1

Das Schiff ist im Hafen sicher,
doch dafür wurde es nicht gebaut.
Unbekannt

Inhalt

Sieh vorwärts, Werner, und nicht hinter dich.

Vorwort

„Bill Clinton und ich" – oder: Wie es sich auswirkt, sich nicht in den Schatten eines mächtigen Mannes zu stellen, sondern ihn ins rechte Licht zu rücken.

Was hatten Bill Clinton und Hermann Scherer im Jahr 2001 gemeinsam? Auch nicht mehr als heute, 2015. Er ist immer noch einer der ehemals mächtigsten Männer der Welt, und ich bin immer noch – kein Politiker. Nicht, weil ich es nicht sein könnte oder „Politik machen" für etwas Anrüchiges hielte. Nein, für mich ist das ein Job, wie fast jeder andere auch. Der eine macht ihn supergut, der andere macht ihn sauschlecht. Manch eines Politikers Attitüde wirkt aufgesetzt, andere wiederum brennen ganz offensichtlich für ihre Anliegen. Auch wenn sie weiter oben auf der Karriereleiter oftmals nur noch glimmen, so hatten sie zumindest mal Ambitionen und eine Grundhaltung zu wichtigen Themen. Ob gerade und aufrecht oder nicht – ein Politiker einer gewissen Partei verschreibt sich einer gewissen Programmatik, wirbt dafür und vor allem: steht dafür ein. Bleibt dies nicht blanke Theorie, hat er dafür meinen Respekt.

Ob Bill Clinton immer eine gerade Linie in seiner politischen Laufbahn halten konnte, will ich hier gar nicht erörtern. Auch nicht, ob er besondere Ideale hatte oder besonders viele Risiken in seinem beruflichen wie privaten Leben einging. Amerikanischer Präsident und damit zweiteinflussreichster Mann der Welt zu sein – denn ich bin der Meinung, der mächtigste Mensch ist der jeweilige engste Präsidentenberater im Hintergrund – ist mit Sicherheit eine riskante Sache. Aber für Menschen mit einer Attitüde wie die Clintons oder Bushs dieser Welt, die, wie es scheint, nur im Rudel vorkommen, wäre es wohl eher ein Risiko, ihrem inneren Ruf nicht zu folgen und sich nicht auf der großen Bühne des Lebens auszuleben. Doch wenn etwas mit Sicherheit riskant ist, ist es dann nicht schon wieder halb so wild?

Bei einem bin ich mir sicher: Bill Clinton hatte wilden Spaß an seinem Beruf. So wie ich auch. Was mich zu unseren Gemeinsamkeiten bringt: Ich liebe, was ich tue. Ich spule und lebe meine täglichen beruflichen Herausforderungen nicht herunter, sondern immer ein kleines Stückchen weiter hinauf. Und genau das ist der Rahmen, den meine innere Haltung mir vorgibt, in dem ich nicht nur bereit bin, sondern in dem es mir selbstverständlich erscheint, dass nicht alles ohne Risiko abgeht. Und damit wären wir wieder bei Herrn Clinton.

Ihn nach Deutschland zu holen, für einen Vortrag im Jahr 2001, kurz nach 9/11, hatte etwas von Kamikaze. So schallte es uns jedenfalls von überall her entgegen, als wir erste Ideen dazu entwickelten. Doch wir ließen uns nicht beirren, sondern planten detailliert, professionell und mit einer nicht unkleinen Portion Verrücktheit. Schnell stellte sich heraus: Die Aktion hatte etwas vom Hauptmann von Köpenick, nur mit umgekehrten Vorzeichen. War es bei ihm so, dass er ohne Pass keine Arbeit und ohne Arbeit keinen Pass bekam, wirkte die Aussicht, mit Bill Clinton in einem Atemzug genannt zu werden, magnetisierend auf andere große Namen. Hiesige ranghohe Politiker sowie deutsche Showbiz- und Sportgrößen mussten nicht gebeten werden, sondern wollten dabei sein. So ergab sich das eine aus dem anderen und die 250.000 Euro Gage für den Expräsidenten sowie zusätzlich die gleiche Summe für sein sicheres Equipment des Secret Service ließen sich alleine über den Verkauf der VIP-Tickets gegenrechnen.

Gleichwohl war dies weder nur irgendeine Marketingaktion noch ein lebensmüder Pilotenstunt – es war die Umsetzung eines riskanten Plans. Der im Lauf seiner Spezifizierung und Ausführung zu einem durchaus überschau- und kalkulierbaren Risiko wurde: Wir nahmen uns Zeit. Wir suchten uns starke Partner. Wir stellten ein perfektes Team auf die Beine. Sicher hielten wir auch ab und zu mal kurz den Atem an und machten am Ende sieben Kreuze. Aber letzten Endes war es ein gigantischer Erfolg, der mein Leben nachhaltig beeinflusste.

Ich wurde danach oft gefragt: Und? Wie ist er so? Neben diesem charismatischen Mann auf der Bühne zu stehen und mit ihm zu sprechen war ein ganz besonderes Erlebnis, ja. Aber wissen Sie was? Auch er ist nur ein Mensch. Und an dem Abend wurde mir eines ganz besonders deutlich: Menschen, die viele Risiken eingehen und sich nicht scheuen, Verantwortung zu übernehmen sind in jeder Gewichtsklasse Glanzlichter! Ob man einen Staatsapparat lenkt, mit einer Megaidee den Turbolader seiner Trainer- und Speakerkarriere startet oder sich seinen neuen Traumjob sucht und dafür in eine andere Stadt zieht – wichtig und der allererste Schritt ist, das Schattendasein nicht länger zu akzeptieren. Herauszutreten und das Licht nicht zu scheuen. Eine gewisse Haltung einzunehmen – nicht körperlich, sondern innerlich – und sich vor dem Sprung ins kalte Wasser mit einigen grundsätzlichen Fragen auseinanderzusetzen, die dieses Buch beantwortet:

→ Was haben die richtige Strategie und Networking mit Risikoentscheidungen zu tun?

→ Wie gelingt es, durch Konzentration und Kooperation eine Botschaft zu verbreiten?

→ Warum haben häufig gerade augenscheinlich impulsive und irrationale Entscheidungen nichts mit irrtümlichen gemein?

→ Weshalb ist der einfachste Weg kaum einmal der lukrativste?

→ Ist Ihre Anpassungsfähigkeit oder Ihr fester Wille die Grundlage Ihres Erfolgs?

→ Wenn Sie schwimmen können, brauchen Sie dann trotzdem noch Schwimmflügel oder ein Rettungsboot in der Nähe oder reicht es, das Ufer im Blick zu behalten und – einfach nur zu schwimmen?

Probieren Sie es, probieren Sie sich, aus. Sonst tut es jemand anderer für Sie.

War es nicht auch ein Risiko, meinem geschätzten Kollegen und Freund Peter Buchenau die Zusage zu diesem Vorwort zu geben, noch bevor ich sein Skript gelesen hatte? Nun ja, mit einer gewissen Lebenserfahrung kann ich dazu nur sagen – nein, war es nicht. ☺

Und nun viel Freude beim Lesen und Inspirierenlassen.

Ihr
Hermann Scherer

—

Ich hab getan, was ich nicht lassen konnte.

Begleitwort

Wilhelm Tell – nicht nur, dass uns viele seiner Zitate durch das Buch begleiten, seine Geschichte steht für Freiheit, Unabhängigkeit, Selbstbestimmung und Mut. Er war geradlinig, furchtlos und ein Ehrenmann. Positiv besetzte Eigenschaften, die auch heute noch unser Zusammenleben in der Familie und im Beruf prägen. Und denen vielleicht sogar in unserer globalisierten Wirtschaft wieder mehr Beachtung geschenkt werden sollte? Oder stammen sie aus einer überkommenen Zeit? Handelt es sich um überholte, idealisierende und nicht mehr zeitgemäße Attribute, die uns eher strangulieren denn motivieren? Meine Großmutter jedenfalls konnte „den Tell" noch auswendig aufsagen - während eine Fußgängerzonenbefragung heute wohl wie weit über „den Apfelschuss" hinausreichte?

Man muss ihn nicht auswendig können und auch Detailkenntnisse sind nicht vonnöten, doch wer Schillers Spannungsbogen allein auf das Risiko reduziert, das Tell mit dem Spannen seines Pfeilbogens eingehen musste, wird der gesamten Geschichte nicht gerecht. Denn die Handlung ist nicht nur spannend, sondern durchaus zeitgemäß! Bot der Schuss nun die Chance der Freiheit für seinen Sohn und ihn oder barg er das Risiko, den geliebten Sohn zu verletzen oder gar zu töten? Diese Frage aller Fragen stellt sich im Grunde ja gar nicht, da Tell gezwungen wurde. Und damit bildet dieser Kontext den Kern dieses Buches ab: Das Leben bietet uns kaum einmal glasklare Ausgangspunkte oder Alternativen, vielmehr sind es Vielfältigkeit und Variabilität, die es ausmachen. Was uns mal mit einem Gefühl von Freiheit ausstattet, während wir an anderer Stelle an seiner Undurchsichtigkeit zu verzweifeln drohen. So steht das: „Soll ich oder soll ich nicht?" dem „Wer wagt, gewinnt!" dauerhaft entgegen.

In solchen Situationen nähern wir uns dem alten Tell wieder ein Stückchen an, wenn wir das Drama insgesamt in den Blick nehmen. Denn es ist das perfekte Beispiel dafür, wie in riskanten Situationen Zivilcourage und der

Mut der Verzweiflung für die nächsten Schritte vorwärts maßgeblich werden können. Und wie Abwägungsprozesse – von spontan bis lang andauernd – in Entscheidungen münden können, die vielleicht nicht ganz freiwillig getroffen werden und das Leben nicht weniger riskant, aber durchaus lebenswert machen. Mit einem Wort: Es handelt sich um eine Geschichte der Risikointelligenz!

Die so gar nicht intelligent beginnt, denn statt sich aus dem Staub zu machen, hilft Wilhelm Tell einem von kaiserlichen Reitern verfolgten Mann, der getötet hat, um seine Frau vor dem Gutsherrenritus der Vergewaltigung zu schützen. Eine Tat, die eine Kaskadenwirkung in Gang setzt: Tell rudert den Mann über den Vierwaldstätter See, worauf die Verfolger die Hütten der Seeanwohner in Brand setzen. Darin zeigt sich die ganze Willkür der habsburgischen Besatzungsmacht und ein Aufstand kündigt sich an. Tell, der sich hier zunächst heraushält, kann sich schließlich dem Geschehen doch nicht entziehen: Der Reichsvogt lässt seinen Hut auf einen Stock aufspießen und demütigt die Bauern, indem sie diesem stellvertretend ihre „Ehre zu erweisen haben". Tell weigert sich und wird verhaftet. Seine grausame Bestrafung richtet sich nicht unmittelbar gegen ihn, sondern er muss mit einem Pfeilschuss einen Apfel vom Kopf seines Sohnes schießen. Obwohl es ihm gelingt, kommt er in Haft, da er zugibt, dass er bei Misslingen den Vogt getötet hätte. Tell kann fliehen und lauert dem Vogt in der hohlen Gasse bei Küssnacht auf und tötet ihn in dem Moment, als dieser gerade eine Bittstellerin überreiten will. Das ist die Initialzündung, die am Ende die Befreiung der habsburgischen Lehensleute bewirkt und in Schillers letzten Satz mündet: „Und frei erklär ich alle meine Knechte."

So ist das Ende Tells der perfekte Beginn einer für Sie hoffentlich spannenden Reise durch die Welt von Belastungssituationen und Handlungsmöglichkeiten, Freiheit und Haltungen, die Ihnen die nötige Stabilität geben, um Risiken bewusst einzugehen und für Ihre Ziele einzustehen. Das ist allerdings nur möglich, wenn Sie sich Ihren Ängsten stellen, ohne sie zu verdrängen, denn sie halten uns davon ab. Und dann entsteht nur eine künstliche Selbstsicherheit, die Sie nicht weiterbringt.

Woher ich das weiß? Ich war ein Meister des Verdrängens. Nicht unbedingt von Ängsten, aber doch von Wahrheiten. Ich hatte eine Phase in meinem Leben, in der ich die Arbeit über alles stellte. Das machte mich eine Zeit lang erfolgreich und irgendwann einsam, und zwar am Ende einer Periode, in der ich mich selbst fremdsteuerte. In der ich Glaubenssätzen folgte und für mich annahm, die sich gut anhörten, die mich aber taub machten für meine wirklichen Bedürfnisse. Und die meiner Frau. Damals sah ich meine Karriere viel eher verbissen, denn beflissen und mir fehlte das Grundgerüst einer inneren Haltung. Ich nahm die Risiken meines Lebens so eifrig an, wie ein Schwamm das Wasser aufsaugt. Fast zu spät merkte ich, dass ich irgendwann voll war und überzulaufen drohte. Und das war alles andere als risikointelligent! Es passierte, obwohl ich doch alle theoretischen Grundlagen eines guten Risikomanagements aus dem Effeff beherrschte und an andere weitergeben konnte. Wie war es dazu gekommen? Die Antwort darauf steckt in diesem Buch. Der Wunsch, von meinen Erfahrungen und davon zu erzählen, wie ich die Kurve genommen habe, war der Antrieb, warum ich mit dem Schreiben angefangen habe. Ihnen damit weiterzuhelfen, ist mir ein echtes Anliegen.

No risk, no fun!

Unser ganzes Leben ist eine einzige Chance – etwas zu erreichen, wenn man ein Wagnis eingeht. Und unser ganzes Leben ist ein einziges Risiko – etwas zu verlieren, wenn man ein Wagnis eingeht.

Unser Leben ist zusammengesetzt aus Möglichkeiten. Und es sind die Möglichkeiten, die es zusammenhalten. Gleichzeitig Antrieb, um vorwärtszukommen, und Leim, um zu einem Ganzen zu werden. Dabei muss ich genauso wenig jeden Tag als Risiko begreifen wie als Chance wahrnehmen. Das Leben braucht auch Zeiten, um Luft zu holen, sich auszuruhen, wahrzunehmen, still zu stehen, sich zu fokussieren und zu träumen. Dinge zu tun, die Sicherheit geben, weil sie ritualisiert sind. Die immer wiederkehren und uns geruhsam an den nächsten Tag denken lassen. Es geht nicht um immerwährenden Nervenkitzel, damit Sie spüren, dass Sie noch leben. Auch nicht darum, Situationen, deren Ausgang ungewiss ist, unbedingt zu suchen – aber auch nicht darum, sie unter allen Umständen zu meiden. Letztlich sind viele Momente und Phasen im Leben mit großen Risiken verbunden. Menschen, die sich das klarmachen, geraten häufig in Stress und unter Druck. Statt jede Entscheidung als Ausdruck ihres freien Willens zu begreifen, wären sie froh, wenn sie die ein oder andere abgenommen bekämen. Ohne zu erkennen, dass ihnen damit auch ein Stück Freiheit verloren ginge.

Ja, natürlich spitze ich gerade zu. Selbstverständlich darf Ihnen auch einmal etwas egal sein. Sei es Ihnen von Herzen gegönnt, wenn Sie zum Beispiel in einer Beziehung leben, die von Vertrauen gekennzeichnet ist und in der Sie eine Entscheidung auch mal aus der Hand geben können; sei sie freundschaftlicher, partnerschaftlicher oder beruflicher Natur. Vielleicht kündige ich an dieser Stelle schon einmal besser an, dass ich in diesem Buch fast immer die stärksten Ausschläge und damit die Spitzen Ihres Lebens bedenke und damit entsprechende Formulierungen einhergehen.

Dass es immer wieder Phasen gibt, in denen alles normal und in der Balance ist, wissen Sie, weiß ich, aber hier steht im Blickfeld, was hin und wieder Kopfzerbrechen bereitet: Es geht um Risikoentscheidungen. Um Entscheidungsverhalten. Und dabei vorrangig um Perspektiven. Die wir einnehmen sollten, bevor sie uns vereinnahmen. Es geht darum, dass aus sich selbst heraus eine Art Eigenleben entsteht, das unser reales Leben derart beeinflusst, dass wir sehr häufig lieber stehen bleiben, statt weiterzugehen. Das möchten wir dann als „Innehalten" begreifen. Doch eher muss von einem „Aufhalten" der Energien die Rede sein. Diese können sich erst entwickeln, wenn sie es auch dürfen. Potenziale entfalten sich nicht allein aus der Ruhe heraus. Viel-

Wer erinnert sich nicht an das Risiko,
das vom Strohhalm dieses Getränks ausging?

mehr gilt es, Entspannung und Anspannung in die Waage zu bringen – doch müssen sie dafür erst einmal in die Waagschale geworfen werden.

Daher mein Appell: Wagen Sie es, zu Ihrer eigenen Waage zu werden. Nehmen Sie das Leben samt seiner riskanten Seiten an. Dafür müssen Sie nicht von heute auf morgen besonders verwegen werden, wenn Sie ansonsten ein eher besonnener Mensch sind. Es geht auch nicht darum, das Risiko im Lauf des Lebens als Fun- oder Spaßfaktor zu verinnerlichen. Aber hin und wieder kann es notwendig werden, dass Sie Ihre Komfortzone verlassen und Ihre Mutzone aufsuchen. Oder besser gesagt: Erweitern Sie Ihre Komfortzone um einen Bereich, der sich Mutzone nennt.

In der Komfortzone fluppt Ihr Leben, es fließt und Sie gleiten. Alles, was Sie gerne machen, was Sie gut kennen und können, was Ihrer Entspannung

No risk, no fun!

dient, wobei Sie sich wohlfühlen und ein Gefühl der Sicherheit, ja sogar der Geborgenheit verspüren, bildet den Kontrast zur Angstzone. Darin wiederum liegt alles, wovor Sie sich fürchten, weil Sie es vielleicht noch nie gemacht haben oder weil Sie genau wissen, dass Sie daran scheitern werden. Dabei kommt es Ihnen so vor, als stockte nicht nur Ihr Atem, sondern auch das Leben; Sie gleiten nicht dahin, sondern stolpern oder rutschen ohne festen Halt herum. Und das auf ganz dünnem Eis, das knackst und jeden Moment einzubrechen droht – oder es sogar tut: eiskaltes Wasser, Strampeln, Panik –, das braucht kein Mensch. Warum sich also diesen Ängsten überhaupt erst aussetzen? Stimmt, da bin ich völlig bei Ihnen. Es gibt Ängste, die gründen auf Erfahrungen, die wir bereits häufiger gemacht haben und die wir auch ernst nehmen sollten. Manche Menschen integrieren sie in ihr Leben, indem sie deren Auslöser meiden, andere interagieren mit ihnen und gehen sie immer wieder offensiv an. Beides kann richtig sein, darauf komme ich noch. An dieser Stelle möchte ich Ihnen sagen: Dieses Buch will Sie zu nichts auffordern. Es wird Sie weder kleiner noch größer machen, weil es nichts bewertet. Es wird Sie ganz einfach da abholen, wo Sie stehen.

Sie alleine sind Ihres Lebens Spiegel. Sie können beeinflussen, wie Ihr Leben aussieht. Es liegt in Ihrer Hand, sich selbst hin und wieder anzusehen und zuzulächeln, sich mal zu- oder auch heranzuwinken: „Los, komm her, raus aus den weichen Federn der Komfortzone! Beweg dich und du wirst sehen, es lohnt sich, auch mal wieder neue Erfahrungen zu machen." Die gibt's aber nur in der Mutzone, der Schnittmenge von Komfort- und Angstzone. Das ist da, wo das Risiko zu Hause ist. Aber auch das Erfolgserlebnis. Genauso wie der Misserfolg. Hier werden Sie mit schwierigen Augenblicken konfrontiert. Mit unerforschtem Terrain und Sachen, die Sie noch nie gemacht haben, von denen Sie also gar nicht wissen können, wie sie sich auf Sie und Ihr Leben auswirken. Weil man sie nicht theoretisch durchdenken kann, sondern praktisch ausprobieren muss. Und wer weiß, vielleicht erweitern Sie dabei Ihre Komfortzone, weil es sich so prickelnd angefühlt hat. Vielleicht verspüren Sie den Kick des Nervenkitzels, von dem Sie nicht mal ahnten, dass er auch Sie vereinnahmen könnte. Das Adrenalin in den Adern. Oder nichts von alldem ist geschehen, gar kein riesiger Ausschlag auf der Gefühlsskala, sondern ich habe es einfach gemacht, durchgezogen und abgehakt. Weil für gut befunden oder eben für: Das braucht kein Mensch. Zumindest waren Sie dann aber aktiv und haben sich bewusst für das eine oder andere entschieden, statt der Passivität den Vorzug zu geben. Und damit sind Sie einen Schritt weitergegangen.

Sie sind der Dreh- und Angelpunkt Ihres Lebens. Ihr Innerstes bildet Ihr Kapital. Das ist der rote Faden dieses Buches, der Sie nicht umgarnen, sondern herausfordern wird. Dazu animieren, über sich nachzudenken. Und darüber hinaus. Zu reflektieren und Ansätze zu finden, warum Sie bislang eher gezögert haben, ein Wagnis einzugehen. Warum es vielleicht deshalb bisher nicht so gut geklappt hat mit Ihren Entscheidungsprozessen. Oder wie Sie bereits gute Ansätze weiter optimieren, um noch effizienter zu werden. Ich kann Ihnen nicht Ihr Leben stricken, das müssen und werden Sie selbst tun. Aber ich darf Ihnen eine Art Strickmuster an die Hand geben. Ausschlaggebend ist Ihre Haltung zu sich selbst und aus sich selbst heraus.

Diese gründet sich auf Ihr **Bewusstsein** (Kapitel 1) für Ihr bewusstes Sein, Ihr Selbstbewusstsein und Ihre Kompetenzen. Außerdem reguliert sie den Umfang Ihres Sicherheitsdenkens, denn Hürden sind nur dann wirkliche Hindernisse, wenn der Versuch unterbleibt, sie zu überwinden. Widerstände im Leben gehören zu jedermanns Alltag, egal ob im privaten, beruflichen oder unternehmerischen Bereich. Wenn sie unsere Lebenskraft hemmen, ist **Resilienz** (Kapitel 2) eine hilfreiche Stärke, auf die näher einzugehen deshalb ein ganzes Kapitel lohnt! Bevor wir uns dem widmen, was hinter dem Bestreben steht, Risiken nicht mehr aus dem Weg zu gehen: **Erfolg** zu haben im Leben (Kapitel 3)! Das ist niemals erreichbar ohne die Fähigkeit, **Entscheidungen** (Kapitel 4) zu treffen, für die es ganz häufig eine gehörige Portion Mut (Kapitel 5) braucht. Der Umgang mit dem **Risiko** (Kapitel 6) hat viele Facetten; viele Menschen suchen es sogar und ziehen es ganz bewusst in ihr Leben. Nach all der Theorie folgen handfeste und praktikable Tipps für den Vorgang der **Abwägung** (Kapitel 7). Abgerundet wird das Buch durch einige eindrucksvolle **Geschichten** aus dem Leben von Menschen und Zeitgenossen, die beweisen oder bewiesen haben, was alles möglich ist (Kapitel 8 und 9). Beispiele, Vorbilder – ganz wie Sie mögen. Letzten Endes kommt es nie darauf an, irgendjemandem nachzueifern, sondern sein Leben mit eigenem Eifer zu gestalten.

Machen Sie sich das bewusst – viel mehr möchte ich gar nicht.

No risk, no fun!

I. Nur wer bewusst lebt, gewinnt.
Das Bewusstsein beleben

Wer kratzt schon gern an seinem Selbstbewusstsein, wenn die Minderwertigkeit juckt?
Heinz Körber

Wie wurden wir, wer wir sind? Wie gestaltet sich der Erwerb von Kompetenzen? Wie können wir diese Entwicklung und die unserer Persönlichkeit weiter steuern, sodass sie uns umhüllt? Uns ein sicheres Grundgerüst für unser Leben gibt? Ein Fundament, auf dem die Angst zu versagen, nicht gedeihen kann, um die Überhand zu gewinnen, sondern uns maximal vor zu großer Hast und Unrast in Entscheidungsprozessen schützt? Folgen Sie mir auf eine kleine Reise ins eigene Ich.

Eine der wichtigsten sozialen Kompetenzen ist die Teamfähigkeit, das gilt für alle, vom CEO bis zur Hygienefachkraft eines Betriebs. Kaum eine Anzeige aus dem Personalwesen, die dieses zentrale Wort nicht enthält. Allerdings wird nur eine grundlegende Anforderung formuliert, denn die entsprechenden Worthülsen in den Ausschreibungen werden ja mit den Bewerbungsanschreiben analog bedient und sind genauso vorprogrammiert wie -konfiguriert. Ob sich jemand wirklich für den Job eignet, muss sich deshalb sowieso beim persönlichen Kontakt zeigen. Und dabei kommt es dann, zumindest bei Führungskräften, doch in erster Linie auf etwas ganz anderes an.

Im Vordergrund steht die Basis für den Teamgeist, der gesamt(ein)heitliche Mensch. Derjenige, der sich in den Mittelpunkt seines Lebens stellt, und das weder als Egoist, Egomane noch als Egozentriker in Reinform. Ich unterlasse es bewusst, deren unterschiedliche Ausprägungen dezidiert darzustellen, da es mir nicht auf die Feinheiten solcher Charaktere ankommt. Lieber belasse ich es bei der Aussage: Sie alle sind ausschließlich auf ihre Vorteile bedacht und werden dennoch nicht glücklich. Der Typus Mensch, den ich in diesem Buch beschreiben möchte, hat zwar ebenfalls einen klaren Blick für das, was ihm etwas gibt, doch geht er nicht über Leichen, sondern nimmt ganz im Gegenteil das Leben als besonders wertvoll und als Geschenk wahr. Was ihn selbst natürlich einschließt! Wer aus Gründen eines vermeintlichen Gemeinschaftssinns neben der Spur seines Lebens herläuft oder konsequent andere über sich selbst stellt, wirkt oft auffällig selbstlos, trägt aber eigentlich das Korsett des Egoisten. Er stolpert durchs Leben oder bewältigt es maximal, statt es zu steuern.

Vor allem jene, die sich als Fixpunkt (an)nehmen, haben den wertschätzenden Blick auch auf andere Menschen. Dabei geht es nicht um das Streben nach Vollkommenheit, sondern darum, dem Denken, Fühlen und Wollen einen gleichrangigen Raum zu geben. Denn diese innerliche Präsenz füllt den Raum, den sie betreten, dann auch physisch. Das ist spürbar. Menschen, die dieses Selbstbewusstsein verkörpern, die eins mit sich sind, treten nicht selbstgefällig auf, sondern zeigen sich ganzheitlich. Sie zeigen den riskanten Stationen in ihrem Leben weder die kalte Schulter noch sind sie Feuer und Flamme dafür. Das heißt, sie suchen sie nicht unbedingt, aber sie scheuen sie auch nicht.

Bewusst Sein

Der Mensch ist Körper und Geist. Ist Symbiose. Sein Körper entspringt der Natur, besteht aus ihren Elementen und weiß von Anfang an, was zu tun ist. Die Überlebensprozesse laufen meist vollkommen automatisiert ab. Man mag sich eine Welt gar nicht vorstellen, in der die Physis des Menschen nicht bereits so perfekt ausgebildet wäre, unser Organismus sich ununterbrochen bewusst darum zu kümmern hätte, dass sein Motor läuft. Er wächst, braucht Pflege und Erholung, ist viele Jahre in einem stetigen Prozess des Wandels, altert und stirbt letztlich. Das alles muss er nicht lernen, sondern das geschieht aus ihm selbst heraus.

Anders sieht es mit unserem Geist aus, der im Körper angesiedelt ist. Irgendwo. Ohne den jeweils anderen Teil wäre kein Leben möglich. An dieser Stelle meine ich nicht die Seele, sondern unser Bewusstsein. Die Medizin hat den Körper bis ins kleinste Detail zerlegt und wissenschaftlich erforscht, das Bewusstsein hat sie dabei allerdings noch genauso wenig entdeckt wie die Gedanken im Gehirn.

Angesichts der überbordenden Fülle an Sinn- und Deutungsmustern spiritueller und medialer Natur, wird es zudem zunehmend schwerer, sich bewusst auf die eigenen Sinne zu konzentrieren. Es fällt schwer, für sich selbst hilfreiche, weil passende Ressourcen auszusuchen, und doch ist dies unumgänglich für die Identitätsfindung im Rahmen einer Sozialisation, die ein Leben lang andauert. Wie kann es da gelingen, Leitlinien für das eigene Leben und in Abhängigkeit zur Gesellschaft zu definieren? Es liegt an jedem Einzelnen, ob er sich davon in eine Pseudoidentifikation hetzen lässt, ständig auf der Suche nach Außenwirkung und Bestätigung, oder ob der Prozess in die Sicherheit führt, die als Basis in schwierigen Situationen tragen kann.

Es wird immer wichtiger für den Menschen, sich einen solchen Rahmen zu schaffen, um in dem Individualisierungsprozess, zwischen Eigenverantwortung und den Regeln der Gesellschaft, zu bestehen. Technikwahn und Überkonsum sowie die Instrumentalisierung des Körperkults, Trendsportarten und der Lifestyle, mit teils zur Religion hochstilisierten Ernährungsgewohnheiten machen den Körper eher zu einem Tempel, als zu einem Heim des Bewusstseins. Körperbewusstsein an sich hat sicher nichts Kritikwürdiges an sich, doch zählt auch hier das Maß.

Messlatte kann, hier und überall, nur das eigene Selbstbewusstsein sein, das aus dem Ich-Bewusstsein erwächst und über die Sozialisation in die Kompetenzentwicklung mündet – wenn die Angst zu versagen dem nicht entgegensteht. Aber immer der Reihe nach!

Ich-Bewusstsein

Der Bewusstseinsbegriff ist in allen Kulturen präsent, er ist Ausgangspunkt und Gegenstand intensiver Forschung in verschiedenen Wissenschaftsgebieten. Dabei geht es um fundamentale existenzielle Fragen, die von Soziologen, Psychologen, Physikern, Philosophen und Neurowissenschaftlern gleichermaßen diskutiert werden. Häufig verwenden sie den Bewusstseinsbegriff in unterschiedlicher Bedeutung. Er kann das subjektive Bewusstsein beschreiben, wenn es um den Vergleich bewusster und unbewusster Abläufe geht, oder das Ich-Bewusstsein als Ausdruck der Wahrnehmung des Gewahrseins. Ein Mensch vollzieht den damit verbundenen Prozess im Kleinkindalter. Mit 16 bis 24 Monaten lernt er, sein Spiegelbild als Bild von sich selbst zu erkennen. Damit nimmt er sich als von anderen Personen und Dingen verschieden und handlungssteuernd wahr.

• •

BEWUSSTSEIN – DER FREMDE KONTINENT

Darüber hinaus bezeichnet der Ausdruck Bewusstsein die Gesamtheit des Geistes mit seinen vielen bewussten und unbewussten Ebenen. Eine Antwort auf die Frage, was unser Bewusstsein verursacht, ist uns die Wissenschaft bis heute schuldig geblieben. Das Gehirn ist wie ein neuer Kontinent, den wir gerade erst dabei sind zu erobern. Aktuell bewohnen wir höchstens einen schmalen Küstenstreifen, während hinter, vor und neben uns ein riesiges Areal darauf wartet, entdeckt zu werden. Die Kraft und Macht, die darin steckt, ist so gewaltig groß und unübersichtlich, dass wir sie vermutlich niemals werden ausschöpfen können – ein Monstrum an Komplexität. Das Gehirn erzeugt die Welt, wie wir sie erfahren, ohne dass der Mensch dies wahrnimmt; den Gedanken sieht man nicht an, dass sie vom Gehirn kommen. Und so versteckt sich der Produzent der Welt hinter seinen Produkten, wie es der Hirnforscher Gerhard Roth formuliert hat. Selbst wenn wir den Informationsverarbeitungsprozess des Gehirns mit all seinen Verbindungen bereits kennten, reichte das Wissen wahrscheinlich nicht, um das Thema Bewusstseinsbildung komplett zu erfassen.

Zwar ist das Gehirn mit an Sicherheit grenzender Wahrscheinlichkeit Träger des Bewusstseins beziehungsweise ist es sogar das Bewusstsein, doch eine wirklich detaillierte Erklärung seiner Funktionalität wird auch dauerhaft nicht möglich sein. Auch wenn wir die Frage nach dem Bewusstsein formulieren können, würde es wohl über unseren Horizont hinausgehen, die passende Antwort zu finden und sie zu verstehen. Dass unser Bewusstsein eine entwicklungsgeschichtliche Ursache hat beziehungsweise daraus resultiert, ist nur eine und wohl sehr naheliegende Schlussfolgerung. Da dieser Prozess noch nicht abgeschlossen ist und wohl auch nie sein wird, birgt er dennoch die Hoffnung auf eine umfassende Antwort in sich.

• •

Bei der Suche nach dem entscheidenden Schritt hin zu einer Entscheidung, die uns nicht schreckt, sondern anspornt – denn darum geht es ja – müssen wir aber gar nicht so tief graben. An dieser Stelle genügt das Bewusstsein, dass kognitive Prozesse, die wir steuern, hinterfragen, annehmen, verwerfen oder weiter ausbauen können, in uns ablaufen.

Kompetenzentwicklung

Sehen wir uns nun noch an, wie sich Kompetenz entwickelt. Wer weiß, wie es sich anfühlt, etwas zu lernen, und dass mit jedem erlernten Schritt gleich mehrere weitere neue auf unserer Agenda stehen, wird schnell verstehen: Die Kompetenzentwicklung kann nicht als stringenter, in sich abgeschlossener Vorgang betrachtet werden, sondern als ein sich stetig wiederholender. Wir erwerben permanent Kompetenzen hinzu und durchlaufen auf dem Weg dahin fast immer die gleichen Stufen:

- → Unbewusste Inkompetenz
- → Bewusste Inkompetenz
- → Bewusste Kompetenz
- → Unbewusste Kompetenz

Unbewusste Inkompetenz: Ich weiß nicht, dass ich nicht(s) weiß

Wie sollte das auch anders sein? Ohne das Bewusstsein von Defiziten bleibt ein mögliches Lernziel natürlich auch im Dunkeln. Wem die eigene Inkompetenz nicht bekannt ist, der ist blind dafür. Was man nicht weiß, kann man auch nicht ändern wollen, geschweige denn können. Ich strenge mich nicht an. Ein klassisches Beispiel, das auch ich Ihnen nicht vorenthalten möchte, weil es sehr eingängig ist, stellt das Autofahren dar. Als Kind bin ich mir nicht im Klaren darüber, dass ich jemals ein solches Gefährt werde lenken können. Damals lief ich übrigens fast blind durch die Welt, doch niemand erkannte das. Und ich kannte es nicht anders – bis zur Einschulungsuntersuchung, da nahm ich den nächsten Schritt.

Die bewusste Inkompetenz: Ich weiß nun, dass ich nicht(s) weiß

Mittlerweile habe ich erfahren, dass es ein Gefälle zwischen meinen Möglichkeiten und Fähigkeiten gibt. Ich weiß um mein Defizit in einem bestimmten Bereich. Das ist jedoch noch nicht gleichbedeutend damit, dass ich mich auf den Weg mache, um Abhilfe zu schaffen. So lange ich mich darum nicht kümmere, bleibe ich im Bewusstsein meiner Inkompetenz – ein Zustand, der zufrieden oder unzufrieden machen kann. Je nachdem, worum es sich handelt und wie groß mein Wissensdurst ist, bleibe ich stehen oder mache mich auf den Weg.

Ich wachse heran, werde 17 und dann 18 Jahre alt, aber ich melde mich nicht an, um meinen Führerschein zu machen. Meine Eltern bestellen mir zum Schuleintritt eine Brille.

Im Erwachsenenleben sieht das häufig so aus: Menschen bekommen leitende Positionen angetragen, die sie um des Prestiges Willen annehmen, obwohl sie sie nicht ausfüllen können. Coachings oder Traineekurse absolvieren sie nicht, weil dies einem Eingeständnis ihrer Inkompetenz gleichkäme.

Die bewusste Kompetenz: Ich weiß, wie ich Wissen erlange und anwende

Mit diesem Schritt werde ich zum Macher. Ich eigne mir aktiv Kenntnisse und Fertigkeiten an und erreiche mein angestrebtes Lernziel. Das, was ich gelernt habe, vermag ich anzuwenden, indem ich mein Wissen abrufe; dazu muss ich meine Aufmerksamkeit darauf fokussieren. Unter Umständen bedeutet das eine gewisse kognitive Anstrengung. Doch je mehr ich übe, umso stärker manifestieren sich die Verhaltensmuster in meinem Unterbewusstsein. Meine Konzentration kann ich auch parallel auf etwas anderes lenken. Der nächste Schritt ist nicht mehr weit: Ich mache den Führerschein und eigne mir Fahrpraxis an.

Als ich meine Brille bekam, entdeckte ich meine Umwelt. An dieses Aha-Erlebnis kann ich mich bis heute gut erinnern! Und meine Eltern sich an das Strahlen in meinen Augen.

Die unbewusste Kompetenz: Ich weiß

Ich habe geübt, trainiert und praktische Erfahrungen gesammelt: Der Input ist gespeichert und so gut abgelegt, dass ich ihn nicht mehr bewusst abrufen muss, damit etwas funktioniert. Sobald ich handle und tätig werde, weiß ich, was zu tun ist, Ich muss nicht nachdenken, meine Intuition übernimmt. Diese Automatismen tun mir gut, denn sie entlasten mich an anderer Stelle. Sie öffnen mir vielleicht den Blick für eine unbewusste Inkompetenz, die ich gerne in eine bewusste umwandeln wollen würde, um sie zu einer bewussten Kompetenz zu machen, die mich irgendwann unbewusst und passiv steuert. Und so weiter. Ein ewiger Lernkreislauf.

Dieses Modell lässt sich auch heranziehen, um zu erklären, warum Verhaltensänderungen so schwerfallen. Befinden sich Verhaltensweisen bereits im Zustand der unbewussten Kompetenz, sind sie zu Verhaltensmustern geworden, auf die immer wieder unbewusst zugegriffen wird. Neue Verhaltensweisen, die alte ablösen sollen, müssen also ebenso mit den beschriebenen vier Phasen erlernt werden.

Die Kompetenztheorie zeigt auf, was wir alle wissen: Das Lernen hört niemals auf. Durch das Auffächern in die Einzelphasen erscheinen einzelne Ziele jedoch erreich- und begreifbarer, sie rücken näher. Die Akzeptanz gegenüber den zu durchlaufenden Lernschritten beziehungsweise -phasen wächst, denn sie bringen einen, wie man so schön sagt, weiter im Leben. Wer Fähigkeiten oder ein bestimmtes Verhalten erlernt, durchläuft einen Prozess, der normalerweise Selbstsicherheit gibt und in manchen Fällen bis zur Perfektion führt. Der Zustand geht dann sogar über die unbewusste Kompetenz hinaus. Sicher erreichen Meister asiatischer Kampfkünste ihn, doch meistens bleibt diese fünfte Stufe unerreicht.

Genau deshalb führt die dargestellte Theorie nicht automatisch in eine Realität mit Menschen, die alle kompetent und zielgerichtet selbstsicher nur immer den einen Fokus im Auge haben und nach dessen Abarbeitung den nächsten anvisieren, ohne sich auch nur ein winziges bisschen verunsichern zu lassen. Eine gewisse Form der Unsicherheit gehört wohl zum Menschen – und das ist nicht nur nicht schlecht, sondern schlicht und einfach vernünftig, denn hundertprozentige Sicherheit gibt es nie.

Sicherheitsbewusstsein

Was hindert uns letztendlich daran, Risiken einzugehen? Was hält uns davon ab, Entscheidungen zu treffen, die riskant sind? Das Bedürfnis nach Sicherheit im Alltag und bei dessen Bewältigung ist umfassend und betrifft nahezu jeden Menschen. Dabei geht es um politische, technische, soziale und wirtschaftliche Rahmenbedingungen. Gesellschaftliche Institutionen und Gesetze, aber auch eigene Regeln und feste Strukturen bilden das Gerüst, an dem wir unser soziales Handeln ausrichten können. Das ist sogar sehr praktisch, denn es führt dazu, dass etliche wiederkehrende Abläufe automatisiert ablaufen, neue Pläne oder Verhandlungen sind dafür nicht erforderlich. Beispiel: In Deutschland ist der Rechtsverkehr vorgegeben, bei Grün gehen, bei Rot stehen und auf die Autobahn fährt man immer in Pfeilrichtung auf. Vor Falschfahrern schützt diese Vorkehrung und Regel zu 99,9 Prozent. Zwar bleibt ein Restrisiko, doch die Grundlagen für ein System, das für Konformität sorgt, sind bereits durch unseren Rechtsstaat gelegt. Auf dieser Basis kann sich der Einzelne, können sich Familien und andere soziale Gruppierungen entfalten. Die Abwesenheit von Anarchie als eine Form der Absicherung lassen wir uns etwas kosten. Wir erhalten Staat, Bundesländer, Kontroll- und ausführende Organe am Leben und sie uns. Ein Geben und Nehmen, welches uns mal mehr und mal weniger gut gefällt.

Was bedeutet Sicherheit?

Sicherheit lässt sich also relativ zügig definieren als ein Zustand der Abwesenheit von Gefahr, in dem uns keine Form von Angst erfasst oder beherrscht, sondern der uns erlaubt, uns frei zu entfalten. Schön. Das will ich auch: keine Unsicherheit, keine Gefahr, keine Ungewissheit und ganz gewiss kein Risiko. Wem kommen da nicht die Eloi in den Sinn, die Protagonisten aus „Die Zeitmaschine", dem Klassiker der Science-Fiction-Literatur von Herbert Georges Wells? Sie sitzen im Lendenschurz auf Felsvorsprüngen am rauschenden, glasklaren Fluss, ihnen wachsen die Früchte quasi in den Mund, sie müssen keine Arbeit verrichten und können den ganzen Tag nur frohlockend durch die Gegend tanzen – bis sie von den Morlocks aufgefressen werden.

Zugegeben, das ist ein extremes Beispiel. Und natürlich kann jeder Einzelne durch bestimmte Verhaltensweisen oder das Unterlassen solcher eine Art individuelle Sicherheit kreieren. Ich kann das Rauchen lassen. Das Risiko, an einer bestimmten Krankheit zu erkranken, kann ich ganz einfach dadurch verringern, nicht in die Gegenden zu reisen, wo sie grassiert. Oder ich lasse mich impfen. Ich kann immer die Haustür abschließen und andere Sicherheitsmaßnahmen ergreifen, um Einbrüche zu verhindern. Rauchmelder machen ebenfalls Sinn. Eine Berufsunfähigkeitsversicherung schützt mich zwar nicht vor, aber bei Berufsunfähigkeit, und eine Rentenversicherung sichert mir einen besseren Lebensabend.

Vielleicht schafft es trotzdem jemand, meinen Fernseher zu klauen, aber dass alle meine Risikoabwehrmechanismen fehlschlagen, wäre wohl eine statistisch unwahrscheinliche Prognose. Der Versuch, für Sicherheit bezüglich bestimmter, mich möglicherweise betreffender Risiken zu sorgen, ist also vielleicht mit einigem Aufwand verbunden. Sinnvoll ist es indes schon, Sicherheitspräferenzen aufzustellen. Die sollten allerdings immer auf den Einzelfall abgestimmt sein – wie auch das, was Sicherheit ausmacht und bedeutet, ganz individuell ist.

Was damit gemeint ist, bringt Ludwig Marcuse in „Das Märchen von der Sicherheit" (Zürich 1981, Seite 26) anschaulich auf den Punkt: „Wer nie ein Erdbeben erlebt hat, wird nicht zur Sicherheit rechnen, dass die Erde unter seinen Füßen unbeweglich ist. Wer nie Atemstörungen hatte, wird nicht zur Sicherheit rechnen, dass der Verkehr zwischen Lunge und Luft ohne Schwierigkeiten vor sich geht. Wer nie ein Arbeitsloser gewesen ist, wird nicht zur Sicherheit rechnen, dass für den nächsten Tag Vorrat da ist. Und wer nicht ein Volk zum Nachbarn hat, das über einen herzufallen pflegt, wird nicht zur Sicherheit rechnen, dass eine chinesische Mauer oder eine Maginot-Linie die Grenzen schützt. Ein Jäger auf einer einsamen Insel, der einen Hasen geschossen und ein Felsloch gefunden hat, fühlt sich vielleicht sicher; und ein Millionär, in seinem New Yorker Palast, fühlt sich vielleicht unsicher, weil von einem russisch-japanischen Bündnis gemunkelt wird."

Doch für jede individuelle Situation gilt: Der eigene Einsatz bestimmt, was geschieht; die Energie, die jemand aufwendet. Viele Menschen möchten etwas in ihrem Leben verändern. Doch fast genauso vielen Menschen fehlt der Mut dazu. Weil Veränderung, Sie ahnen es, mit einem Risiko behaftet sein könnte. Statt den Himmel als ein Bild dafür zu begreifen, dass uns nichts einengt oder deckelt, wird er als Synonym dafür genommen, er könne uns auf den Kopf fallen, wenn wir zu mutig werden.

Sicherheit ist eine Illusion

Das Gegenteil von Risikobereitschaft ist also das Sicherheitsbedürfnis, der Wunsch nach einem festen Halt inmitten eines stetig wankenden Lebens. Noch einmal: Daran ist nicht das Geringste verkehrt. Doch absolute Sicherheit ist eine Illusion. Wir finden sie nirgendwo, außer in unserer Vorstellung. Und genau das muss uns bewusst sein. Auch wenn es sich verlockend anhört: Wenn Sie die Möglichkeit hätten, jedes einzelne Detail Ihres Lebens selbst festzulegen, ohne den geringsten Zufalls-, Schicksals- oder nennen wir ihn X-Faktor – ein Leben also, in dem es immer nur vorwärts geht und Sie nie einen Schritt zurückmachen müssten –, empfänden Sie daran dauerhaft Freude? Wie gesagt: Ich plädiere nicht für permanenten Nervenkitzel, aber umso vehementer dafür, dass Sie Ihr Potenzial erkennen, einsetzen und vermehren. Nicht auf Teufel komm raus und ohne Sicherheitsleine, sondern in Ihrem eigenen Rhythmus und unter Einbeziehung von Abwägungsprozessen. Fortschritt gibt es ohne Risiko nicht, das eine bedingt das andere. Also brauchen Sie Mut, die Dinge zu tun, die Sie tun wollen. Dabei hilft Ihnen ein Rahmen aus Stabilität und Zuverlässigkeit, in dem Sie Ihre innere Risikobereitschaft festlegen. In dem Sie agieren, interagieren und reagieren können, ohne stetig zu fragen, ob oder ob nicht. Wie Sie dabei vorgehen können, erfahren Sie in Kapitel 6.

Der erste Schritt nach vorne

Bevor Sie die dafür nötigen Bedingungen aber überhaupt schaffen können, gilt es, die eigenen Glaubenssätze zu erkennen. Sie stellen oft das größte Hindernis dar, wenn es darum geht, Mauern niederzureißen und den Blick auf das Spielfeld des Lebens zu wagen. Verbreitet sind Sätze wie diese:

→ Ich möchte mein Leben im Griff haben.
→ So etwas hab ich noch nie geschafft.
→ Der XY kann das und der ist viel klüger als ich, das versuche ich erst gar nicht.
→ Sobald mir etwas Angst macht, lass ich es lieber sein.
→ Ich gehe immer auf Nummer sicher!
→ Ich mache es so, weil ich es immer schon so gemacht habe.
→ Ich kann mir keine Fehler leisten.

Solche Formulierungen zeigen die Scheu vor der eigenen Courage. Derer, die nach außen so tun, als schielen sie immerzu nach dem perfekten Augenblick, doch die in Wahrheit Ausschau nach Hemmnissen halten, die das eigene Selbstbild untermauern. Perfekte Augenblicke gibt es aber genauso wenig wie hundertprozentige Sicherheit! Auch andere Menschen halten uns oft davon ab, dass wir uns mutig dem Leben stellen: die ewigen Zweifler, Nörgler und Warner.

→ Das willst du ernsthaft riskieren? Spinnst du?
→ Was willst du dir denn damit nun wieder beweisen?
→ Na ja, wenn du meinst, dass das der richtige Weg sein soll …
→ Denk doch mal an XY, was dem passiert ist.
→ Willst du wirklich alles aufs Spiel setzen, was du schon erreicht hast?
→ Und überhaupt: Bist du denn nie zufrieden?

Halten Sie sich von solchen Menschen fern. Der ewige Skeptiker wirkt wie ein schwarzes Loch, das all Ihre Energie in sich hineinzieht. Suchen Sie lieber nach kompetenten Gesprächspartnern, die echte Unterstützung bieten, wenn es um wichtige Abwägungsprozesse geht. Wenn Sie Menschen mit Erfahrung, Weitsicht und Kompetenz in Ihrem Familien- oder Freundeskreis haben: Bingo! Wenn nicht, geben Sie sich nicht mit weniger zufrieden. Wer den einen oder anderen Euro vorher investiert, erspart sich das Zähneknirschen im Nachhinein: Suchen Sie sich also Dienstleister, die von Ihrer und ihrer Sache etwas verstehen. Von denen werden Sie Sätze, die Sie nur aufhalten, nicht zu hören bekommen. Die geben Ihnen wirkliche Expertise und bremsen Sie nicht mit lapidaren Allgemeinplätzen aus, die der eigenen Befindlichkeit und Ängstlichkeit entspringen. Die geben Ihrem Mut nicht nur Raum, sondern eine Wohnstatt, in der Sie so etwas wie Sicherheit empfinden können. Geben Sie Ihr Projekt – sei es eine sechswöchige Tour durch Neuseeland, die Sie von einem versierten Reisebüro planen lassen, oder eine Firmengründung, bei der Ihnen Ihr Steuerberater zur Seite steht – in gute Hände. Das sorgt für Stabilität, aus der Sie immer wieder neuen Mut schöpfen können. Selbst, wenn Sie einmal einen Misserfolg zu verzeichnen haben.

● ●

AUS DEM LEBEN GEGRIFFEN: FDP IM AUFWIND

Erinnern Sie sich noch an die kleine Partei, die viele Jahrzehnte die politische Landschaft in Deutschland mit geprägt hat, auch weil sie Regierungsverantwortung mittrug? Die Partei, mit dem großen F im Namen, das für Freiheit steht?

Die Freie Demokratische Partei musste bei den Bundestagswahlen 2013 eine derbe Niederlage einstecken, als die Wähler sie aus der Koalition mit der CDU heraus eiskalt abservierten und kalt stellten. Sie hatte die Fünfprozenthürde nicht genommen, wurde damit abgestraft für eine jahrelange, von außen wahrgenommene Duckmäuserhaltung, die suggeriert hatte: Wer sich so klein macht oder machen lässt, der ist überflüssig. Wer sich selbst ins Abseits stellt und offenbar lieber unsichtbar, still, heimlich und leise mitregiert, statt in der Opposition authentisch zu bleiben und zu seinen Werten zu stehen, der kann auch gleich zu Hause bleiben.

Dieser Schlag mitten ins Gesicht einer altehrwürdigen Partei war hart, doch damit nicht genug: Die Häme, die über ihr, dem Führungskader und jedem einzelnen Mitglied ausgeschüttet wurde, sucht ihresgleichen. Ähnliches kannte man bis dahin nur bei extremistischen Parteien, mit denen die deutsche Medienlandschaft ja noch nie besonders zahm umging. Nichts, aber auch gar nichts Gutes ließ man mehr an dem Profil der Liberalen. Ja, ein solches sprach man ihnen sogar gänzlich ab. Zu farblos, zu blass waren sie mit den Jahrzenten geworden. Zu stark hatte sich eingebrannt, dass es sich bei dieser Partei einzig um ein Fähnchen im Wind handelte, um die klassischen Opportunisten, die ihre Meinung je nach Koalitionspartner änderten.

Die Wahl wirkte nach: Die führenden Parteifunktionäre traten zurück. Ein zwar nicht neuer, aber junger Kandidat, der brav im Hintergrund gestanden und auf seine Chance gewartet hatte, warf nun den Hut in den Ring. Mangels Alternativen wurde er gewählt. Nicht völlig unangefochten, sondern mit einigem Murren. Hätte man diesen jungen Mann damals um seine Aufgabe beneiden sollen? Entscheiden Sie. Dass er ein Risiko einging, dürfte unbestritten sein. Etwas von Grund auf aufbauen ist das eine. Jemanden oder etwas, das schon einmal ganz oben war und dann tief gefallen ist, wieder hochzuhieven, etwas völlig anderes. Das Zähneklappern, Wehklagen und Beschimpfen der vermeintlich Schuldigen ging noch eine Weile weiter, doch die neue Führungsriege blickte nach vorne: Sie hörte auf die Stimmen derer, die verstanden hatten. Die ein Jetzt-erst-recht, aber keinesfalls ein Weiter-so im Köcher trugen. Der Begriff „Erneuerungsprozess" sollte nicht nur eine Worthülse sein, sondern mit Leben gefüllt werden.

Und so begann der Neustart. Als Erstes wurde eine neue Werbeagentur beauftragt, um zunächst einmal dem Logo neuen Atem einzuhauchen. Hm. Ein neuer Anstrich, der den Schimmel an der Wand überdecken sollte? Jeder, der sich halbwegs auskennt, weiß: Das taugt nichts. Und so ging die Diskussion parteiintern wie medial munter weiter. Die meisten Parteimitglieder gingen nach anfänglichem Zögern den Weg mit. Der Blick und die Kritik von außen waren teilweise harsch, aber doch nicht mehr ganz so herabwürdigend und zerstörerisch wie zuvor. Vereinzelte wurden sogar der Mut und die Einstellung, die dahintersteckte, honoriert. Und: Wenn man nichts mehr zu verlieren hat, kann das auch stark machen. Es blieb daher nicht bei dem neuen Logo, schon bald darauf präsentierte die Partei zwei frische, teils freche Wahlkampfstrategien für Landtagswahlen. Sie wurden ebenfalls punktuell belächelt, aber – und das war fast die Hauptsache – gesehen und beachtet. Die Partei war aus dem Niemandsland wieder aufgetaucht und sorgte für Gesprächsstoff. Und für die, die sich damit beschäftigten, erkennbar, lieferte sie auch fundierte Inhalte. Denn letztlich musste und muss es ja darum gehen.

Der vorläufige Höhepunkt der Kampagne war der Bundesparteitag, der unter dem Motto #GermanMut stand. Da ich damals gerade dabei war, das Skript für dieses Buch zu erstellen, machte mich das hellhörig. Ein Video erklärte den Slogan: „Wir können alles erreichen, aber trauen uns selten. Wir haben Millionen Ideen, aber wir finden in jeder Lösung das Problem. Denn wir sind das Land der Tüftler und Denker, aber auch die Erfinder der Autotürlärmschutzverordnung. In jeder Garage kann ein Unternehmen stecken, aber die Garagenvorschrift erlaubt nur Wagenheber, Reifen und Autos. Unsere Kinder können der nächste Zuckerberg, Bosch oder Jobs sein. Aber der Lehrplan von Max Mustermann ist sicherer … Die Welt liebt Made in Germany, aber wir produzieren lieber GermanAngst. Wir können voller Optimismus sein, aber vielleicht sollten wir öfter das ,Aber' weglassen?"

Ob dieser Weg für die Partei der richtige ist, wird sich zeigen. Wichtig war es zunächst einmal, sich zu trauen, die Reflexion zu suchen, aber auch, die Schritte nach vorne nicht zu vergessen. So offensiv ausgerechnet das Thema Mut anzugehen hat jedenfalls für Aufmerksamkeit gesorgt und für wieder bessere demoskopische Ergebnisse. Für mich ist dies ein Beispiel für echte Risikobereitschaft. Man darf gespannt sein, ob die Partei bei der nächsten Bundestagswahl die Ziellinie wieder erreichen und überqueren kann.

Darüber hinaus zeigt das Beispiel, dass es im Leben darum geht, Chancen zu erkennen und zu nutzen. Nur wer sie sieht, kann sie auch ergreifen, kann wachsen, erstarken und ist so letztlich sehr viel weniger verletzlich – sicherer! – als jemand, der es kaum oder nur selten wagt, seine Grenzen zu erspüren, sich auszuprobieren, den eigenen Rahmen zu verschieben, bewusst zu übertreten, und immer wieder einmal einen Schritt zurückmachen muss. Denn auch das bedeutet wachsen, lernen, teilhaben – leben.

Wer den nötigen Mut in sich spüren und nutzen möchte, muss dafür allerdings seine hemmenden Glaubenssätze umwandeln. Vielleicht nicht unbedingt in: Hier bin ich, was kostet die Welt. Nehmen Sie vielleicht stattdessen meinen Lieblingssatz: Hier bin ich und mache mich der Welt zum Geschenk. ☺ Dies wirkt auf so manchen Menschen eher großkotzig, weniger wie ein verinnerlichtes Statut. Dem halte ich entgegen: An Demut dem Leben gegenüber finde ich nichts Schlechtes, aber sich ihm zu unterwerfen, ist meiner Ansicht nach falsch. Ich meine, dass es immer darum geht, es selbstverantwortlich zu gestalten.

Selbstbewusstsein

Doch wieso nehmen wir eigene oder fremde Glaubenssätze überhaupt an? Das kann viele Gründe haben, die wichtigsten und häufigsten sind: Angst und mangelndes Selbstbewusstsein. Dazu muss man wissen, dass Selbstbewusstsein nicht angeboren ist. Es entwickelt sich auch nicht analog zur körperlichen Reife automatisch, sondern entweder langsam von Kindesbeinen an oder eben nicht.

MANGELNDES SELBSTBEWUSSTSEIN

Vollkommen frei und ohne jegliche Unterdrückung können sich nur die wenigsten Menschen entfalten. Auch wenn dies nicht automatisch zu mangelndem Selbstbewusstsein führt (mehr dazu in Kapitel 2), wirken Frustrationsfaktoren, wenig Lob und fehlende Aufmerksamkeit sehr häufig ungünstig auf die Kinderseele ein. Dann bleibt das Selbstbewusstsein auf der Strecke, zusätzlich entstehen Unsicherheit und Angst. Diesen Mangel als Erwachsener über den Verstand auszugleichen ist schwer, aber nicht unmöglich – vorausgesetzt, er ist der betreffenden Person bewusst. Was in diesem Fall zu tun ist, darauf kann ich an dieser Stelle nicht genauer eingehen, keinesfalls geht es hier um Selbsterziehung. Das Ich kann zwar von außen beschädigt werden, doch eine selbstverordnete Pädagogik hilft hier nicht weiter. Im Zusammenhang mit der Psyche geht es nicht um das Lernen im Sinne von Wissensvermittlung. Wenn Eltern, Lehrer und vielleicht auch Freunde in der Vergangenheit Bewertungen abgegeben haben, die zu einem Selbstbild aus Fremdurteilen führten und die Selbsterfahrung auf der Strecke geblieben ist, ist erst einmal eine neue Selbstfindung erforderlich, neue Synapsen müssen entstehen. Dieser Prozess bietet Stoff für ein eigenes Buch, das möglichst von einem Psychologen verfasst sein sollte.

An dieser Stelle soll es allein um das Bewusstsein des eigenen Selbstbewusstseins und sein Einfluss auf die Risikointelligenz gehen: Selbstbewusste Menschen sind sich ihrer Stärken bewusst. Ihre körperlichen und geistigen Fähigkeiten kennen sie, ebenso ihre Schwächen und Unzulänglichkeiten. Sie überzeugen durch ihre Fähigkeiten und sind vor allem auch davon überzeugt, sie nutzen zu können. Dank ihres Selbstbewusstseins vertrauen sie nicht nur auf sich, sondern stellen auch ihr Urteilsvermögen kaum infrage. Das Wissen darum, was er kann, versetzt einen Menschen in die Lage, Leistungen zu erbringen, im Gegenzug macht er Ansprüche geltend. Auf der gleichen Grundlage kann er Herausforderungen annehmen, nachdem er die Risiken abgewogen hat. Der Blick auf sich selbst und die Welt ist klar und grenzt die eigene Persönlichkeit von der Masse der anderen ab. Das hat nichts mit Arroganz zu tun. Jedem Einzelnen ist doch ganz klar, dass niemand die Welt genauso sieht wie er selbst.

Menschen, die sich ihrer selbst derart bewusst sind, treffen auch ihre Entscheidungen weitestgehend eigenständig. Sicher fragen sie manchmal um Rat, sie lassen sich aber keine Vorschriften machen. Letztendlich haben sie ihr Leben selbst in der Hand, tragen dafür die alleinige Verantwortung und fühlen sich dadurch angespornt und nicht verängstigt. Selbst wenn sich ein Entschluss objektiv als falsch erweist, trägt der selbstbewusste Mensch die unerschütterliche Überzeugung in sich, dass er in der jeweiligen Situation sehr wohl richtig entschieden hat.

Eine solche ausgeprägte innere Haltung von Selbstsicherheit strahlt nach außen, die betreffende Person ist nicht leicht aus dem Gleichgewicht zu bringen. Gegenwind und Druck versteht sie eher als Antrieb, denn als unüberwindliche Hürde. Risiken sucht sie nicht unbedingt, fürchtet sie aber auch nicht. Ein Mensch, der sich so fühlt und beschreibt, geht ein ganzes Stück leichter durchs Leben. Nicht leichtfertig abgehoben, sondern bodenständig. Und keinesfalls durch imaginäre Betonklötze an den Füßen und im Herzen beschwert, jenen unangenehmen Gefühlszustand, der mit Beklemmung und Aufregung einhergeht: der Angst, zu versagen.

Versagensangst

Angst zu empfinden gehört zum menschlichen Wesen, von jeher ist sie Antrieb und Hemmschuh zugleich. Zu jeder Zeit musste sich der Mensch mit diesem Gefühl auseinandersetzen – das gilt bis heute.

• •

AUS DEM LEBEN GEGRIFFEN: NACHTS IN DER STADT

Wenn eine junge Frau nachts nach einer Party zu Fuß nach Hause geht und vor der Wahl steht, den kurzen Weg durch den Park zu nehmen oder den Umweg über eine auch nachts noch stärker frequentierte Fußgängerzone, bleibt nur zu hoffen, dass die Vernunft siegt. Angst sorgte bei unseren Vorfahren dafür, dass der Fluchtreflex ausgelöst wurde. So könnte die junge Frau ja einfach die Beine in die Hand nehmen, wenn sich ihr ein Mammut auf zwei Beinen in den Weg stellt. Aber wie schön, dass wir nicht vor 20.000 Jahren stehen geblieben sind und die Entwicklungsstufe zum Abwägungsprozess erreicht haben. Wir wünschen ihr also, dass die Alarmglocken in ihrem Hirn eindringlicher wirken als die Müdigkeit im Kopf und in den schmerzenden Füßen nach durchtanzter Nacht auf High Heels.

Sie nimmt, in Gedanken ihren Freund verfluchend, der sie nach einem Streit alleine hat die Party verlassen lassen, den Weg durch die City und wacht am nächsten Morgen zwar etwas traurig ob des Streits, aber sicher in ihrem Bett auf.

Angenommen, sie hätte nicht vernünftig nachgedacht: Sie geht mitten in der Nacht, müde und genervt, innerlich alle Männer dieser Welt verfluchend, durch den Park. Dabei torkelt ihr ein ebenfalls angetrunkener Mann entgegen, der gar nichts Böses im Sinn hat, wie er sich einredet, sondern nur auf ein nettes Gespräch hofft, und quatscht sie an. Während sich in seinen Gedanken plötzlich das Wort „Lust" wandelt und er darüber nachdenkt, sich nehmen zu dürfen, was er will, und was diese Schnecke so alleine nachts im Park macht – die hat es doch darauf angelegt und wartet nur darauf, dass ich sie anbaggere, abschleppe und ihr mal zeige, was ... – hat sie sich schon auf dem Absatz umgedreht und ist losgerannt, High Heels hin oder her. Und da sie noch nicht weit von einer befahrenen Straße entfernt war, bringt sie sich durch diesen Reflex schnellstens in Sicherheit.

• •

Nackte Angst versetzt uns eher selten in die Lage, vernünftig nachzudenken und abzuwägen, sondern unser evolutionär entwickeltes Abwehrprogramm dient dazu, Gefahren zu entdecken und reflexartig darauf zu reagieren. Das geschieht automatisiert in Form von genetisch programmierten Reaktionen und adaptiven Verhaltensweisen. In Sekundenschnelle werden dadurch Energien mobilisiert, wenn wir uns vor einer tatsächlichen oder vermeintlichen Bedrohung schützen wollen. Beim Menschen kann das Verhalten bis heute tierischen Verhaltensmustern ähneln, zum Beispiel wenn eine rasche Flucht erfolgt oder regungslose Starre einsetzt.

Wenn wir etwa einem plötzlich heranrasenden Auto ausweichen müssen, wird ein entsprechendes Notprogramm gestartet: Wir atmen schneller, das Herz passt sich an und rast, im Gehirn werden bestimmte Botenstoffe vermehrt ausgeschüttet, die hellwach machen und eine hohe Konzentration ermöglichen. Letztlich spannen wir unwillkürlich unsere Muskulatur an, um den Fuß, der schon die Bordsteinkante verlassen hat, da die Ampel Grün zeigte, schnellstens zurückzuziehen oder eben zu verharren, bis das Auto vorbeigefahren ist. Das ist der Nutzen von Angst: Ohne eine bewusste Analyse der Situation wird ohne Plan gehandelt. Bei Gefahr sind schnelle und effiziente Reaktionsmuster gefragt, bewusstes Nachdenken kostet einfach zu viel Zeit.

Angst ist also ein ganz normales, ja sogar gesundes Gefühl. Es gehört zum Leben, wie alle anderen positiv oder negativ besetzten Gefühlsmuster auch: Lust, Freude, Trauer oder Liebe. Angst gehört zu uns, wie der Sauerstoff in die Lungen. Ich ging jede Wette ein, dass jeder meiner Leser irgendwann in seinem Leben einmal Angst verspürt hat.

Doch stellt sich dieses Gefühl nicht immer so real und unmittelbar ein wie beim Allerweltsbeispiel aus dem Straßenverkehr. Es kann auch schon ein Jahr vor einer Prüfung auftreten, vor einem langen Flug oder vor der eigenen Hochzeit in ein paar Monaten, weil man dabei selbst plötzlich im Mittelpunkt der Ereignisse stehen wird. Das Unbekannte, das Neue kann Angst hervorrufen und sei sie nur als ein nervöses Kribbeln wahrnehmbar. Was auf uns zukommt, lässt uns nicht kalt. Auch diese Erfahrung hat jeder schon einmal gemacht. Und auch das geht darauf zurück, dass Angst uns schützen soll. Ein neuer Lebensabschnitt, der vor einem liegt, bringt nun mal Unbekanntes mit sich. Und da ist ein kritischer Geist, der von innen anklopft und zwischendurch abcheckt, ob man auch wirklich an alles gedacht hat, um mögliche Risiken zu minimieren, durchaus sinnvoll.

Angst und Angststörung

Angst ist also etwas vollkommen Normales, wenn wir Entwicklungsschritte im Leben angehen. Etwas anderes sind hingegen krankhafte Angststörungen. Sich diese kurz anzusehen macht durchaus Sinn, da sie häufig entstehen, wenn die natürlichen Ängste negiert oder nicht ernst genug genommen werden. Das ist zum Beispiel der Fall, wenn jemand durchaus notwendige Vorsichtsmaßnahmen bewusst nicht ergreifen will, um nicht als Feigling dazustehen. Niemand lässt sich gerne als Angsthase verhöhnen, aber wer dieser Art von Verdrängung auf den Leim geht, muss die Folgen ganz alleine tragen. Insofern empfiehlt es sich, auf seine innere warnende Stimme zu hören.

Die Erfahrung, dass eine Veränderung im Leben schiefgeht, ist fundamental. Sie kann dazu führen, dass die betreffende Person so große Angst vor erneutem Misserfolg hat, dass sie jede Art von Versuch, etwas Neues zu beginnen, bleiben lässt. Die Angst vor dem Versagen ist geboren. Sie bringt uns dazu, Risiken – und seien sie noch so klein – umgehen zu wollen.

Die Angst zu versagen, löst Stress aus. Stress wiederum erzeugt Angst, etwas nicht zu schaffen, dem Leistungsdruck nicht gewachsen zu sein. Ein Teufelskreis. Auftreten kann dieses Gefühl in allen möglichen Bereichen: in zwischenmenschlichen und beruflichen Beziehungen oder in Hinblick auf die Anforderungen im Arbeitsleben. Wir dürsten nach Anerkennung, niemand macht gerne Fehler. Ist uns etwas wichtig, kommen Verlustängste hinzu. Der Unterschied liegt allerdings in der Ausprägung. Eine leichte Form der Angst, etwa vor einem ersten Date oder vor einer Präsentation für einen

Kunden, bewirkt genau das, was hilfreich ist: Die Konzentration wird durch die Ausschüttung gewisser Hormone gefördert. Adrenalin macht uns wacher und aufmerksamer und beispielsweise bei einem sportlichen Wettkampf motorisch fitter. Im Gegensatz dazu stehen die aus den Fugen geratenen Denkmuster. Sie bewirken, dass sich ein Mensch in einer Situation sehr bedrohliche Szenarien ausmalt, er kann nicht mehr klar denken und zum Beispiel einzelne Handlungsschritte ausmachen. Akut ist der Puls nicht nur erhöht, sondern rast; in ganz schlimmen Fällen führen Panikattacken zu körperlichen Zusammenbrüchen.

Derart starke Gefühle wirken häufig nicht nur auf den Geist, sondern auch auf den Körper und durch ihn hindurch, sodass Symptome heftiger Erkrankungen auftreten: Depressionen, Burnout, Essstörungen, chronische Schmerzen und vieles mehr. Kritisch wird es, wenn die Angst den Alltag sehr beeinflusst oder gar beeinträchtigt, wenn sie so stark ausgeprägt ist, dass sie den Weg zur Normalität versperrt. Aufmerken sollte, wer meint, dass sein Job auch nach zehn Stunden täglich noch nicht gut genug erledigt ist oder dass er sich zu Hause unsichtbar machen muss, um nur ja seinen Partner nicht zu stören, weil Verlustangst und Versagensangst zu eng gekoppelt sind. Signalwirkung hat es demnach, wenn sich Verhaltensstörungen wie ein übersteigerter Perfektionismus oder ungute Beziehungsmuster herausbilden.

Ein ganz wichtiger Hinweis darauf, dass etwas im Argen liegt, ist ständige Selbstkritik. Kritisches Hinterfragen des eigenen Handelns, von Beweggründen und Zielen im Leben ist natürlich okay und gehört zu Entscheidungsprozessen dazu. Aber auch da gilt es, die Balance zu beachten. Wenn die Selbstkritik fast immer damit endet, dass ich verliere, kann etwas nicht stimmen. Dann ist das Selbstbild aus den Fugen, der innere Spiegel blind oder zerbrochen. In solchen Momenten hilft es, sich nicht immerzu selbst zu betrachten, sondern auch mal andere neutrale Personen um eine Bewertung zu bitten. Oder um Unterstützung. Die pathologische neurotische Angst kann deshalb auch nicht unser Schwerpunktthema sein, denn die gehört professionell therapiert.

Strategien gegen die Angst

Wenn Sie merken, dass Sie sich selbst im Weg stehen, wenn Sie sich selbst auf den Geist gehen mit Ihrer Flatterigkeit, die Ihnen den Zugang zu großen

Chancen versperrt, die sich aus Risiken ergeben können, halten Sie inne. Das gilt auch, wenn das Selbstvertrauen mal nicht reicht oder zu reichen scheint. Nehmen Sie die folgende Liste zur Hand und suchen Sie sich die Methode aus, die Ihnen am ehesten geeignet erscheint und die zu Ihrem angegriffenen Nervenkostüm am besten passt.

1. Niemand zwingt Sie zu einer Entscheidung. Klar gibt es immer Dinge, die sich nicht vermeiden lassen: arbeiten, essen, atmen … Wenn es aber um ganz ureigene Entscheidungen geht, kann es hilfreich sein, sich zu denken: Ich kann jederzeit umdrehen. Jederzeit. Ich weiß, mein Ziel ist kein Luftschloss. Es ist realistisch, schon viele andere Menschen vor mir haben es erreicht. Es geht um etwas, wofür ich die Anlagen mitbringe, und ich muss nicht mit einem Schnipp dort ankommen. Ich darf nicht nur, sondern sollte viele Zwischenschritte planen und diese einen nach dem anderen gehen und abhaken. Zudem plane ich Ausgänge ein. Das spricht nicht für ein Angsthasen-Gen, sondern für eine realistische und vernünftige Herangehensweise. Auf dem Weg kann immer etwas geschehen und wenn mir nur die Luft ausgeht, jederzeit darf ich entweder einen anderen Weg nehmen oder umdrehen. Das kann manchmal helfen wie Kopfschmerztabletten, die im Handschuhfach des Autos liegen: Ich habe sie immer dabei und brauche sie fast nie. Aber zu wissen, sie sind da, gibt mir ein gutes Gefühl.

2. Sich ständig auszumalen, was alles Furchtbares geschehen kann, markiert den Anfang vom Ende. Destruktiver geht es kaum. Am schlimmsten ist immer der Misserfolg. Ja. Aber mit dem Fokus und der Konzentration darauf, was Erfolg heißt, wachsen das Selbstbewusstsein und der Glaube an die Umsetzung schon während der Planung. Gehen Sie ruhig noch einen Schritt weiter: Visualisieren Sie ihn, den Erfolg. Stellen Sie sich so genau wie möglich vor, wie es sein wird, wie Sie sich fühlen werden, was Sie alles bewirken können und wie das bei anderen Menschen ankommt. Wenn Ihnen das schwerfällt, schauen Sie ruhig auch mal zurück und erinnern Sie sich an die erfolgreichen Momente in Ihrem Leben. Holen Sie dieses Gefühl hervor und übertragen Sie es in die Zukunft. Und wenn Sie dabei noch im Hier und Jetzt bleiben, ist alles gut. ☺ Damit meine ich: Halten Sie immer mal inne und nehmen Sie sich bewusst Zeit für

diesen kleinen Tipp. Stellen Sie sich alles in Ruhe und im Detail vor, zelebrieren Sie diesen Moment. Sie wollen ein Haus bauen? Dann denken Sie beim Einschlafen daran, wie Sie auf der Terrasse sitzen und den Ausblick genießen und wie es sich anfühlt, keine Rücksicht mehr auf die dünnen Wände zur Nachbarwohnung nehmen zu müssen. Oder wie es ist, keine Treppen mehr zu laufen mit den Einkäufen. Ja, Sie dürfen auch trivialisieren, genauso wie Sie sich alles in den schillerndsten Farben ausmalen dürfen. Alles ist erlaubt. Hauptsache Sie fühlen sich in Ihrer Zukunftsvision zu Hause und pudelwohl!

3. Seien Sie nicht zu streng mit sich. Ihre Angst zu versagen, ist nichts Unnatürliches. Und hin und wieder wirklich zu versagen ist vollkommen normal. Wir sind keine Roboter. Aber jammern Sie nicht herum, wenn es so ist, jedenfalls nicht zu lange. Sie sind (fast) nie Opfer, deshalb sollten Sie diese Rolle auch aus Ihrem Leben raushalten und sie nicht annehmen. Das lähmt nur und hemmt die weiteren Abläufe, zum Beispiel das konstruktive Denken!

4. Konzentrieren Sie sich auf die Aufgabe, die vor Ihnen liegt. Wenn es um etwas geht, das Ihr Leben nachhaltig beeinflussen wird, ordnen Sie dem ruhig für eine gewisse Zeit (fast) alles andere unter. Auch Beziehungen. Es kommt die Zeit, da sind Sie wieder für alle da, dann können Sie wieder ja sagen auf die Frage: Kannste mal eben? Dann kommt vielleicht sogar wieder Ihr Helfersyndrom zum Tragen. Schade, dass dieses Wort negativ behaftet ist, denn es drückt doch etwas sehr Schönes aus. Es weist auf ein helfendes Miteinander in unserer egozentrierten Welt hin. Aber: Manchmal dreht der eine oder andere diesbezüglich zu weit auf. Vielleicht um sich von den eigenen Planaufgaben abzulenken, denn wer gerade so schön mit anderen Dingen beschäftigt ist, hat ja eine ganz gute Entschuldigung sich selbst gegenüber: Ich hätte ja, wenn ich gekonnt hätte, aber die Zeit war einfach nicht da. XY wird Sie immer brauchen. Und wenn es der nicht ist, dann ist es YZ, der Ihre Hilfe fordert. Stopp! Jetzt sind erst mal Sie dran. Sie und Ihr Vorhaben, das volle Konzentration braucht, um das Risiko möglichst klein zu halten! Sie sind sozial mehr als kompetent genug, um sich abzugrenzen, und Sie werden deshalb nicht einen Freund verlieren.

5. Wenn er kommt, der Stress, wenn die Zähne klappern und die Beine zittern, dann helfen auch all die warmen Worte eines Buchenau nix. Sie stehen alleine da und erinnern sich vermutlich an nichts mehr von dem, was Sie hier gelesen haben. Aber was immer hilft, sind Ihre eigenen Techniken. Das sind die, die Sie sich zu eigen gemacht haben, die Sie verinnerlicht haben. Und die Sie in die Ent-Spannung bringen. Der Wechsel zwischen Stress und Erholung lässt sich manchmal in einer Minute an einer roten Ampel herbeiführen, wenn Sie die entsprechenden Techniken, die Ihren Körper mittels Autosuggestion vereinnahmen, erlernt haben. Das klassische Autogene Training ist dafür nur ein Beispiel. Haben Sie es lange genug trainiert, gelingt es tatsächlich, sich in der berühmten einen Minute, wo auch immer Sie sind, in den entsprechenden Zustand zu versetzen, der Sie über die nächsten Stunden bringt. Eine intensive Auseinandersetzung mit dem Thema lohnt sich definitiv!

6. Wie sieht es eigentlich mit Ihren Ansprüchen an sich selbst aus? Sie sind hoch, oder? Gleichen Sie Ihre persönliche Messlatte an Ihr persönliches Befinden an, wenn Ihnen flau in der Magengegend ist, oder fühlen Sie sich dadurch oft erst recht herausgefordert? Beides ist okay. Im zweiten Fall sollten Sie sich aber keinesfalls als Opfer betrachten, sondern als aktiven Part. Ansonsten gilt: Sobald Sie Ihre Forderungen an sich selbst als übersteigert empfinden und in dem schon erwähnten Perfektionismus landen, verlangt Ihnen dies ganz besonders viel ab, weil Sie sich aus Angst zu versagen ständig absichern wollen. Und schon sind Sie in der Tretmühle. Das hört sich nach einem vertrackten Teufelskreis an. Es wäre schön, wenn Sie dann ein wenig Dampf vom Kessel nähmen. Gleichen Sie Ihre Ansprüche auch ruhig mal in Gesprächen ab. Oder putzen Sie Ihren inneren Spiegel schön blank und seien Sie ehrlich zu sich selbst: Das und das und das kann ich schaffen. Aber beim vierten Punkt ist meine Grenze erreicht. Und deshalb habe ich nicht versagt, nein, ich habe Dreiviertel des Päckchens getragen. Das heißt, ich bin richtig gut!

Im folgenden Beispiel geht es um keine große Sache, aber für eine der beteiligten Personen stellte die Situation eine große Herausforderung dar – die sie bewältigte. Auch mit einigen der beschriebenen Strategien.

AUS DEM LEBEN GEGRIFFEN: UMZUG NACH SCHANGHAI

Eine Freundin von mir hatte das Problem, dass ihre beste Freundin nach Schanghai auswanderte. Ihre gemischten Gefühle waren das eine, ihr fester Wille und ihr Versprechen, diese Freundin dort zu besuchen, das andere. Leider hatte sie extreme Flugangst und große Städte sind auch so gar nicht ihr Ding. Die elf Flugstunden und 30 Millionen Menschen waren also kein Pappenstiel an Hürde. Sie hatte deshalb große Angst, ihr Versprechen nicht halten zu können, obwohl sie sich den Besuch mehr als alles andere wünschte. Deshalb stellte sie sich immer wieder vor, wie der Empfang am Flughafen sein würde. Wie groß die Freude der Freundin und ihre eigene sein würden. Und jedes Mal, wenn sie an den Abschied mit Tränen dachte und sich das Wiedersehen mit Freudentränen vorstellte, musste sie lächeln! Und das setzte unheimlich viele Kräfte frei.

Außerdem zerlegte sie den Besuch: Ich fliege nach Schanghai ... mit dem Gedanken fing das innerliche Zittern an. Aber bei dem ersten Schritt – ich buche einen Flug (mit Reiserücktrittsversicherung, versteht sich) – war noch alles in Ordnung. Am Tag des Flugs war das Ziel erst: Ich fahre zum Flughafen. Dort angekommen: Ich suche mir einen Parkplatz zum Dauerparken. Diesen gefunden: Ich checke ein. Gepäck abgegeben: Ich überbrücke die Zeit bis zum Boarding, indem ich durch die Flughalle schlendere.

Okay, so kleinteilig hat sie nicht gedacht, aber Sie haben sicher bis hierher verstanden, worum es ihr ging, oder? Und was sie erreicht hat? Sie konnte bei jedem dieser Schritte aussteigen, zurück nach Hause fahren und nicht das Flugzeug besteigen. Das beruhigte sie innerlich wenigstens so weit, dass sie nicht schon im Vorfeld in Panik geriet. Sie wusste, es würde sie niemand zwingen, in das Flugzeug zu steigen. Das war ihr freier Wille! Nicht einmal ihre Freundin wäre sauer, würde sie doch nicht kommen. Nein, sie würde es verstehen und sie sogar trösten. Im Flugzeug selbst machte sie sich den gleichen Trick zunutze: einsteigen, bequem hinsetzen, Schuhe ausziehen und Stunde um Stunde, die verging, ein klein wenig innerlich feiern. Sie legte den Fokus nicht darauf, was sie noch vor sich hatte, sondern darauf, was sie geschafft hatte. Ab der Hälfte der Strecke, also nachdem sechs Stunden rum waren, machte sie es dann umgekehrt. Ja, sie war flexibel. Sie merkte, dass sie sich selbst motivierte, indem sie sich immer wieder sagte: Ich muss das nicht tun, ich möchte das tun! Das half.

Und: Im Rahmen verschiedener Städtetouren machte sie es ganz genauso. So verlor der Moloch Stadt seinen Schrecken und sie konnte die Reisen sogar größtenteils genießen. Ja, sie flog sogar noch ein zweites Mal nach Schanghai. Die Freude ihrer Freundin war jedes Mal riesengroß und eine Wahnsinnsbestätigung! Diese Freundin habe ich schon länger nicht gesehen, auch nicht gesprochen. Wer weiß, vielleicht hat sie seitdem noch mehr Reisen in ferne Länder unternommen. Vielleicht hat diese Sache ihr, die ansonsten ein sehr selbstbewusster Mensch ist, ja geholfen, weiter zu wachsen. Vielleicht hat sie etwas gefunden, das ihr insgesamt die Widerstandskraft gibt, die ihr in jeder Lebenssituation eine große Stütze sein kann – in gewisser Weise das Gegenteil von Angst: die Resilienz!

II. Nur wer widerstandsfähig ist, gewinnt.
Die Resilienz darleben

Sobald du dir vertraust,
sobald weißt du zu leben.
Mephisto

Wer gewinnen will, muss meistens etwas wagen. Wer etwas wagt, geht ein Risiko ein; Risiken verursachen Stress. Die Erfahrung beständiger Kompetenz, mit Stress positiv umzugehen, mildert ihn. Die menschliche Befähigung zur Resilienz nimmt dem Risiko seinen Schrecken, das Netzwerk psychischer Widerstandsfähigkeit wird dadurch immer fester und haltbarer. Das alte Wort „darleben" bedeutet: sich verwirklichen und etwas durch seine Lebensführung anschaulich machen. Wie sich eine resiliente Lebensgestaltung anfühlen und auswirken kann, möchte ich Ihnen auf den folgenden Seiten veranschaulichen.

Sind Sie Madonna-Fan? Nein? Ich auch nicht. Aber ich erinnere mich noch sehr gut daran, dass ich als junger Mann 1984 einen Bericht über sie und ihren ersten Hit „Holiday" sah, in dem sie sagte, sie wolle die größte Sängerin des Universums werden. Ja, klar, dachte ich: Popsternchen, träum weiter. Hätte ich damals mehr über sie und ihr bisheriges Leben gewusst, ich hätte es ihr vielleicht zugetraut. Ihr, die es in 30 Jahren wie keine Zweite geschafft hat, sich im Showbusiness nicht nur zu halten, sondern daraus gar nicht wegzudenken ist. Sie hat das Unternehmen Madonna zu einem der erfolgreichsten Amerikas gemacht. Inzwischen ist sie eine der reichsten Amerikanerinnen, deren Vermögen auf 125 Millionen Dollar geschätzt wird. Man kann sie mögen oder nicht, aber eins ist klar: Sie ist eine der Größten. Und sie ist zäh. Was hat dazu geführt?

· ·

AUS DEM LEBEN GEGRIFFEN: MADONNAS STORY

Mit fünf Jahren wird sie Halbwaise. Ihr Vater, italienischer Einwanderer und einfacher Automechaniker, beschäftigt für seine sechs Kinder wechselnde Kindermädchen, heiratet ein paar Jahre später wieder, bekommt noch zwei Kinder. Die Familie führt ein enges Leben mit wenig Geld, kleiner Wohnung, strengen katholischen Regeln sowohl des Familienoberhaupts als auch der konservativen Mädchenschule, die Madonna besucht.

Ihre Geschichte liest sich wie ein Märchen: Am Anfang steht ein emotional vernachlässigtes Mädchen, das ein schlechtes Verhältnis zur Stiefmutter hat. Da scheint Auflehnung die logische Konsequenz. Ihre Geschwister gehen diesen Weg in gewisser Weise klassisch vorprogrammiert: Drogen, Konflikte mit dem Gesetz oder Heilssuche in einer Sekte. Doch Madonna Louise Ciccone beißt sich in der Schule durch, entdeckt dort ihr tänzerisches und musikalisches Talent und zieht 1978 mit nur 235 Dollar in der Tasche nach New York. Sie hält sich mit Kellnerjobs über Wasser. Doch dann wird der amerikanische Traum wahr: Sie wird einige Jahre später entdeckt, hat 1984 ihren ersten Hit und verfolgt ihr Ziel, zur Königin des Musik-Universums zu werden, mit großen Schritten.

· ·

Menschliche Resilienz

Mit Resilienz wird die psychische Widerstandsfähigkeit gegenüber biologischen, psychologischen und psychosozialen Entwicklungsrisiken bezeichnet. Anders als etwa der Erfolg zeigt sich die Resilienz erst unter ungünstigen bis widrigen Umständen. Sie wird dann erkennbar, wenn eine risikoträchtige Situation positiv bewältigt wird. Madonna ist das perfekte Beispiel für einen resilienten Menschen. Sie widerstand vielem und überwand Hürden, sie entwickelte ihre Potenziale in eine außerordentlich positive Richtung.

Anders ausgedrückt: Resilient ist nicht derjenige, dessen Glas immer halb voll ist, sondern derjenige, der es versteht, das Glas wieder ganz zu füllen! Und das betrifft nicht nur die kleinen Stolperfallen des Alltags, sondern auch massive Ein- oder Rückschläge im Leben. Bei diesen Menschen geht das Leben auch in Härtefällen nicht nur weiter, sondern sie gestalten es weiterhin. Sie nehmen die Dinge hin und an, verfallen nicht in Lethargie und sehen diese Zeiten als Herausforderung. Dabei tragen sie das volle Glas Wasser sogar über hinter ihnen zusammenbrechende Brücken. Daraus lässt sich Kraft schöpfen für neue Wege!

Im Grunde vereinigt ein resilienter Mensch die positiven Eigenschaften eines Cholerikers und eines Sanguinikers in sich. Ein Choleriker hat etwas Gutes an sich? Ja. Er ist häufig mutig, willensstark, energisch und einfallsreich. Dass er im Auftreten mindestens genauso häufig über das Ziel hinausschießt und eine weitere eigentlich gute Eigenschaft, die Hartnäckigkeit, mit seiner hitzköpfigen und egozentrischen Art konterkariert, lassen wir mal außer Acht. Genauso die Naivität und die Oberflächlichkeit des Sanguinikers. Stattdessen betrachten wir dessen überzeugende, fröhliche, sehr optimistische, lebhafte und meist überschwängliche Eigenschaften. Wir haben es mit einem mitreißenden Mensch zu tun, der durchs Leben tänzelt. Mixt man diese beiden Temperamente, kommt eine Person heraus, die Krisen gekonnt meistert und sich durch nichts so leicht aus der Bahn werfen lässt. Im Gegenteil: Sie lernt sogar daraus.

Begrifflich bezeichnet das lateinische Wort „resilio" („abprallen", „zurückspringen") physikalische Vorgänge elastischer Stoffe, die sich verformen, aber auch wieder in ihre ursprüngliche Form zurückführen lassen. Dennoch sind resiliente Menschen keine Gummipuppen, keine seelenlosen Geschöpfe, die ihre Wut, Trauer, den Schmerz oder anderes Leid einfach leugnen und wegdrücken. Dieser Weg wäre auch nicht sinnvoll, denn er führt sehr leicht in das Gegenteil: Verdrängung, die zu Gleichgültigkeit führt, die in Selbstverleugnung mündet. Resilienz bedeutet etwas ganz anderes, und durchaus auch, zu leiden. Es geht darum, die Tragödie, die jemandem widerfährt, wahrzunehmen und als solche zu empfinden. Sie gerade nicht zu negieren, sondern zu akzeptieren. Misserfolge und Desaster gehören zum Leben, sich etwas schönzureden macht alles meist nur schlimmer. Ihnen aus dem Weg zu gehen, daran ist überhaupt nichts verkehrt. Aber deshalb ellenlange Umwege in Kauf zu nehmen oder Lebensziele komplett außen vor zu lassen, das kommt nicht infrage. In solchen Momenten gilt das Motto: Ich gehe da durch und ziehe mich aus eigener Kraft heraus, notfalls an den eigenen Haaren – unter der Prämisse: Ich kann das.

Wie entwickelt sich Resilienz?

Resiliente Menschen haben ohne Frage ein sehr großes Selbstvertrauen. Dabei ist nicht von aufgeblasener Selbstgefälligkeit die Rede, sondern von

Selbstbejahung, die – nicht hierarchisch installiert, sondern auf einem festen Fundament stehend – ohne Arroganz auskommt. Wollen wir dieses Fundament nicht dem Zufall oder einer gewissen genetische Disposition überlassen, sondern Einfluss darauf nehmen, lehrt uns die Resilienzforschung, dass wir die Entwicklungsphasen eines Kindes von Anbeginn sehr ernst nehmen müssen. Es geht darum, schon mit einem Baby nicht nur feinfühlig, sondern respektvoll umzugehen. Um viel, sehr viel und ruhig noch ein bisschen mehr Körperkontakt mit Mutter und Vater, um gelebte Freude an und mit dem Baby. Zu berücksichtigen ist auch die Erkenntnis, dass Kleinkinder noch das unfehlbare Wissen um die eigenen Bedürfnisse in sich tragen. Volles Vertrauen in die Kompetenz des Kindes, ohne es ständig den ängstlichen Impulsen der Erwachsenen auszusetzen – ja, ein Krabbelkind kann eine Treppe selbstständig bewältigen und ein Kleinkind mit einem Küchenmesser umgehen.

In den ersten sechs Jahren seines Lebens erwirbt ein Kind alle Fähigkeiten, die es in seinem weiteren Leben braucht, um schwierige Lebenssituationen zu bewältigen. Die in diesem Zeitraum erfahrene Zuwendung der Eltern oder anderer wichtiger Bezugspersonen ist die Basis für eine gesunde Persönlichkeitsentwicklung. Wer Kinder nicht nur als wertvolle Mitglieder der eigenen Familie, sondern auch von vorneherein der Gesellschaft ansieht, nimmt eine Grundhaltung ein, die sich im Alltag mit dem Kind garantiert auswirkt. Dessen Potenziale können sich dadurch entfalten, sodass es dann als Erwachsener viel davon zurückgeben kann und vor allem will. Erwachsene können vorleben, wie es ist, wenn auch ein Mann mal weint. Dass die Verrichtung von Arbeit durchaus Spaß machen kann. Und dass das Wort „Stress" ein Fremdwort ist oder man zumindest nicht jede Tätigkeit damit belegen muss!

Im Grundschulalter rückt der Realitätssinn des Kindes in den Vordergrund. Märchen und Geschichten werden immer differenzierter betrachtet und verstanden. Das soziale Lebensumfeld ist nicht nur Heimat, sondern auch Ausgangspunkt für Vergleiche mit anderen. Das Bedürfnis danach, immer mehr Bereiche autonom zu besetzen, konkurriert mit dem Wunsch, Teil einer Gemeinschaft zu sein und dazuzugehören. Erfolgserlebnisse als solche zu benennen und zu feiern stärkt das Selbstbewusstsein weiter. Die Vermittlung von Geborgenheit bleibt sehr wichtig für eine stabile Entwicklung. Auf diesen Prozess können jedoch bei, im wahrsten Sinne des Wortes, aller Liebe etliche Risikofaktoren einwirken, die eine stringente Entwicklung hemmen, es kommen biologische, psychologische oder psychosoziale Einflüsse infrage. Letzteren wird ein prägnanter und starker Einfluss zugesprochen. Wenn die Familie auseinandergerissen wird, sei es durch Scheidung oder den Tod eines Elternteils, oder in prekären Einkommensverhältnissen lebt, wirkt sich dies besonders nachhaltig aus. Nicht jeder Risikofaktor hemmt eine normale Entwicklung, aber häufig sind es gerade die psychosozialen Gegebenheiten, die gehäuft auftreten. Je länger sie andauern, umso stärker sind die bis dahin erlernten Bewältigungsstrategien des Kindes gefährdet.

Genau da setzt die Resilienzforschung an. Denn Kinder sind in ihren Reaktionen keine homogene Gruppe, keine Masse, in der alle eins zu eins gleich reagieren oder sich entwickeln. Die Risikofaktoren wirken sich auf die Kinder unterschiedlich und individuell aus. Das Augenmerk darf also nicht nur auf den Risikofaktoren liegen, sondern ganz besonders auch auf den Schutzfaktoren und der individuellen Fähigkeit, sich gegen negative Einflüsse zu wehren. Was schützt vor Problemen? Was wirkt abmildernd oder gar vorbeugend? Kurze Antwort: positive Psychologie!

Hier unterscheidet man zwischen personalen und sozialen Ressourcen. So ist die genetische Disposition nicht von der Hand zu weisen, allerdings auch nicht überzubewerten, wie das Beispiel von Madonna und ihren Geschwistern ganz deutlich zeigt. Eigenständigkeit, Authentizität und Ausgeglichenheit sind die wichtigen sozialen Kompetenzen, die im Zusammenhang mit Resilienz stehen, dabei sind auch Feinheiten zu beachten. Faktoren wie Intellekt, das ureigene Temperament, die Einbettung in die Familie, die sich durchaus nicht bei allen Geschwistern gleich gestaltet, spielen eine Rolle. Und: Ist das Kind das erstgeborene oder das laut Volksmund doch immer benachteiligte mittlere? Auch die soziale Konstellation ist von Bedeutung, sie umfasst unter anderem die Entfaltungsmöglichkeiten innerhalb der Familie, die Wahl der Bildungssysteme und deren Einrichtungen wie Kitas und die Schulen, ebenso Sportvereine oder anderes Engagement in kirchlichen Jugendgruppen und die dortige Integration.

Als ein elementarer Pfeiler jeder resilienten Persönlichkeit lässt sich die stabile Bindung zu einer verlässlichen Bezugsperson identifizieren. So ist es beispielsweise sicher schwierig, Kinder aus Alkoholikerfamilien zu finden, die Resilienz mitbringen. Das ist kein Klischee, sondern erklärt sich aus der einfachen Tatsache, dass Alkoholismus eine Krankheit ist, die aus Menschen schwer einzuschätzende Individuen macht. Das Kind findet sich deshalb immer wieder in der Rolle des Beobachtenden wieder. Es lernt, gewisse Abläufe zu erkennen, einzuordnen und sich in gewissem Maß zu schützen. Doch machte es im Gegenzug permanent die Erfahrung, dass Versprechen gebrochen werden und selektive Wahrnehmungen des Elternteils an der Tagesordnung sind, die bis zu Wahrnehmungsstörungen gehen. Häufig wird das Kind dabei für Dinge verantwortlich gemacht, die eindeutig in der Sphäre des Erwachsenen liegen. Ambivalente Aussagen in einem Atemzug, wie: Ja, nein, ich hab dich lieb, hau ab … sind ebenfalls die Regel. Dadurch lernt das Kind, sich selbst zu misstrauen, seinen Wahrnehmungen und damit seinen Gefühlen. Und vor allem darf es nicht das sein, was es ist: Kind. Es kann sich nicht einfach völlig unbelastet wohlfühlen beim Spielen oder in der Schule, immer schwingt etwas Ungutes mit. Immerzu arbeitet im Unterbewusstsein die Sorge, was wohl gerade zu Hause abgeht und was es erwartet, wenn es zurückkommt. So liegt ein Schatten auf dem Leben eines kleinen Menschen, der doch einfach nur leben, wachsen und lernen sollte. Die Verantwortung für sich und andere müsste er erst sehr viel später verinnerlichen und nicht schon jetzt.

Ein gesundes, manifestes Abgrenzungsverhalten kann auf dieser unzuverlässigen Grundlage nicht gedeihen, das so wichtige Selbstvertrauen schon gar nicht. Am Ende entsteht ein negatives Selbstbild, das sogar aufrechterhalten bleibt, wenn etwas gut funktioniert. Die Verantwortung für das, was schiefläuft, wird künftig im Leben ganz selbstverständlich übernommen, während das, was positiv verläuft, als ganz selbstverständlich abgetan wird. Denn das hat keine Mühe bereitet, war leicht und nichts Besonderes. Eine solche Wahrnehmung spricht nicht für Bescheidenheit, sondern zeugt von einer verzerrten Realität, in der Resilienz niemals wachsen kann.

Verlässlichkeit und Wertschätzung sind elementar, für alle Menschen und in allen Beziehungen – aber vor allem für Heranwachsende. Haben Sie Kinder? Dann schaffen Sie ein konstruktiv-unterstützendes Kommunikationsklima, will sagen: Loben Sie sie, was das Zeug hält. Bis sich die Balken biegen! Es kann nie zu viel sein. Und ganz ganz wichtig: Nehmen Sie die Gefühle Ihrer Kinder ernst. Sie können und sollen ihnen nicht die Belastungen des Lebens abnehmen. Und ja, es geht auch immer ein wenig um Frustrationstoleranz. Aber ich denke, dass zwischen dem kritikwürdigen Helikopterverhalten vieler Eltern heutzutage und andererseits der Verwahrlosung ein riesengroßer Schatz verborgen liegt. Meiner Meinung nach geht es darum, die Persönlichkeit des Kindes zu erkennen, seine Anlagen und Talente wahrzunehmen und zu fördern, ohne ein Wunderkind aus ihm machen zu wollen; es insgesamt einfach nur anzunehmen, als genau das, was es ist. Und immer für es da zu sein, ohne es zu sehr einzugrenzen und zu bevormunden.

Angst, mangelnde Risikobereitschaft, Unzufriedenheit und Leere als Bestandteile unseres Lebens sind keineswegs normal und unvermeidlich. Wir haben uns nur schon viel zu lange damit arrangiert und abgefunden. Das sollte ein Ende haben!

Resilienzfaktoren

An dieser Stelle folgen die sieben Resilienzfaktoren, die ich wie Affirmationen aufbereitet habe. Nein, das Lesen alleine bringt rein gar nichts. Ich empfehle Ihnen nicht, sich die kleinen Texte auszudrucken und an den Kühlschrank zu hängen. Dennoch: Selbststeuerung und Selbstregulation hat nun mal zuallererst mit Ihnen zu tun – also schadet es auch nix.

Optimismus

Ich bin ein positiver Mensch. Ich glaube daran, dass es immer einen Weg gibt, auch wenn es aktuell noch so schlecht aussieht. Dabei bleibe ich realistisch und hebe nicht ab. Ich denke nicht problem-, sondern lösungsorientiert.

Akzeptanz

Ich verdränge schwierige Situationen nicht. Ich lasse mir Zeit, um die Situation anzunehmen, zu begreifen und zu verarbeiten. Wenn es sich um einen veränderbaren Zustand handelt, suche ich nach Lösungen. Zur Akzeptanz gehört auch das Loslassen. Dinge, Ideen, Freundschaften, selbst Menschen. Alles das, was mit Schmerz verbunden ist und Energie raubt, statt sie zu spenden. Das mag egoistisch erscheinen und das ist es auch, allerdings im besten aller Sinne. Denn ich sorge für mich und weiß, dass sich nichts festhalten lässt, was nicht bleiben will.

Zielorientierung

Ich habe ein klares Ziel vor Augen oder setze mir mehrere für mein Leben. Ich habe Freude daran, sie zu formulieren. Ich scheue mich nicht davor. Ich achte darauf, mich dabei nicht auszuzehren. Ich halte Maß. Rückschläge entmutigen mich nicht.

Selbstwirksamkeit und Selbstregulation

Ich schaffe mir eine Welt, nicht unbedingt, wie sie mir gefällt, aber doch: in der ich Mittelpunkt bin. Ich halte mein Schicksal in meiner Hand und ich übernehme Verantwortung. Ich bin nie Opfer. Wenn ich zu einer Krise mit beigetragen habe, sehe ich meinen Anteil daran, halte mich aber nicht mit Schuldgefühlen auf. Es ist mir wichtiger, durch mein Verhalten etwas zu bewegen, zu verändern oder zum Besseren zu lenken.

Empathie

Ich verfüge über eine hohe soziale Kompetenz. Ich kann gut zuhören und mich in Menschen hineinversetzen. Auch deshalb behalte ich in stressigen Situationen, in die andere Menschen involviert sind, einen klaren Kopf. Ich lasse meine schlechte Laune, die auch ich mal haben kann, nicht an anderen aus.

Impulskontrolle

Ich stelle mich der Komplexität des heutigen (Arbeits-)Lebens, indem ich Aufgaben abarbeite und zu Ende bringe. Ich lasse mich weder leicht ablenken noch von Projekt zu Projekt hetzen. Ich habe dabei das Ziel immer im Blick. In Situationen, in denen ich wütend werden könnte, reguliere ich meine Gefühle und lenke meine Aufmerksamkeit auf alle Umstände, auch auf die nicht naheliegenden. Ich lasse positive Gefühle über die Negativen siegen. Dabei geht es nicht darum, meine Gefühle zu unterdrücken.

Kausalanalyse

Ich gehe an Probleme heran, indem ich sie gründlich analysiere. Die Steuerung meiner Emotionen ist wichtig, um die richtigen Wege einzuschlagen, Vermeidung macht keinen Sinn. Ich nutze meine Ressourcen, die ja begrenzt sind, so intelligent wie möglich.

Netzwerkorientierung

Ich bin nicht alleine auf dieser Welt und muss mir nichts beweisen. Mich zu vernetzen macht Sinn. Das älteste Netzwerk stellt die Familie dar. Es ist in seiner Tiefe meist altruistisch aufgebaut. Es geht darum, dieses Prinzip mit zunächst Fremden zwar nicht nachzuahmen, aber durchaus zu adaptieren. Auf der Grundlage von Geben und Bekommen gedeihen Geschäftsbeziehungen immer am besten. Und wenn man sich auch persönlich ein wenig näher kennenlernt, fallen Entscheidungen für oder gegen etwas leichter. Es hängt nicht alles an der reinen Gewinnorientierung. Einen Kunden oder Dienstleister muss man nicht lieben, um ihn wertzuschätzen. Aber das Ziel, Zusammenarbeit in einem solchen Rahmen auf Augenhöhe zu suchen, macht erfolgreicher und im Endeffekt wieder ein Stück selbstbewusster.

Resilienzerwerb

Was ist, wenn ich aus meiner Kindheit nicht als resilienter Mensch hervorgegangen bin? Besteht noch Hoffnung? Ja, denn diese besondere Widerstandskraft lässt sich trainieren. Die im Kindesalter entwickelte Persönlichkeit hat natürlich Auswirkungen auf das Verhalten als Erwachsener. Doch das heißt nicht, dass sie gleich einer Software für immer und ewig festgeschrieben wäre. Persönlichkeitsmerkmale sind nicht so flexibel wie ein Gummiseil, aber auch nicht starr. Erwachsene können in jedem Fall noch bedeutende Veränderungen erreichen. Ein Satz, der sehr häufig in den sozialen Netzwerken geteilt wird, lautet: Es ist nie zu spät für eine glückliche Kindheit!

Sogar in einer noch so unglücklichen Kindheit lassen sich Situationen finden, die kindgemäß waren. Ganz genau da gilt es anzusetzen. Es ist wichtig zu sehen, dass nicht nur Schrecken, Missachtung, Beliebig- oder Gleichgültigkeit herrschte, sondern dass es auch nette, schöne, liebevolle Momente gab, die einen Fokus verdienen – selbst wenn es Ecken und Nischen sind, die man sich als Kind selbst gebaut hat.

Aber Obacht. Natürlich kann Resilienz kein Lehrfach sein. Auch wenn verschiedene Coaches diesen Zug nun fahren. In Kapitel 1 haben wir ja schon über den Erwerb von Selbstbewusstsein im Erwachsenenalter nachgedacht. Das fällt nicht unter die Kategorie Wunschzettel, sondern ist ein Prozess. In meinen Augen ein ebenso langwieriger wie der der kindlichen Entwicklung.

Mindestens. Es dauert Jahre, eingefahrene Muster und falsch verdrahtete Synapsen neu zu installieren. Aber wichtig ist, es geht! Vielleicht nicht immer ganz freiwillig. Vielleicht braucht es manchmal Brüche im Lebenslauf oder gar Schicksalsschläge. Trennungen, Scheidungen, neue Lebenspartner oder ein neues berufliches Umfeld. Vielleicht regen einen erst die eigenen Kinder an, auch einmal über seine eigene Entwicklung nachzudenken. Diese nun aktiv in die Hand zu nehmen, aber nicht rückwärts zu bearbeiten, sondern den Weg nach vorne zu nehmen!

Vielleicht sind Sie es aber auch einfach nur leid, sich doof zu fühlen, weil Ihnen wieder mal jemand blöd gekommen ist, der Ihnen in Wahrheit nicht das Wasser reichen kann. Nicht mal ein halb volles Glas. Und doch hat dieser Jemand so eine Art, die verunsichernd wirkt. Lässt das zudem so borniert raushängen, dass Sie sich noch kleiner fühlen und sich nun gar nichts mehr zutrauen. Seien Sie gewiss: Dass Ihre Risikobereitschaft gegen null tendiert, nur weil Sie sich von so einer Null haben beeinflussen lassen – das ist nun vorbei. Nur wer wagt, gewinnt! Nur wer ehrlich zu sich selbst ist und auch mal den selbstkritischen Blick auf die eigene Entwicklung zulässt, statt alles und vor allem seine angeblich idyllische Kindheit schönzureden, der entwickelt sich weiter! Hin zu sich selbst! Der nimmt das Kind von damals mit auf eine spannende Reise in bislang ungeahnte Gefühlswelten, die da heißen: Huch, kaltes Wasser, nass bin ich auch geworden, aber ich kann ja sowas von gut schwimmen. Und am anderen Ufer angekommen, erlebe ich, wie es sich anfühlt, den Gewinn eines eingegangenen Risikos in Empfang zu nehmen.

Das alles ist gezielt förderbar. Wichtigster Punkt dabei: unsere Gedankenwelt. Das, was sich da so windet und dreht in unseren Köpfen, bildet unsere Realität im Außen. Deine Gedanken machen dich zu dem, was du bist, mag ein mittlerweile arg strapazierter Satz sein, doch bleibt seine Aussage nicht minder zutreffend.

Der Mechanismus unseres Unterbewusstseins funktioniert nicht in Form vernünftiger und nachvollziehbarer Gedankenabläufe, sondern aus Erfahrung wird Gewohnheit, wiederkehrende Verhaltensmuster werden automatisiert. Der sekündliche Input wird so derart strukturiert und vernetzt gespeichert, dass damit das Bewusstsein entlastet wird. Läuft dieser Mechanismus lange genug ab, verfängt auch keine Vernunft mehr. Deren Unzuverlässigkeit hat das

Unbewusste längst zigfach entlarvt; es lauert viel zu perfekt, als dass es nicht spürte, wenn jemand etwas anderes sagt, als sein Tonfall oder Handeln vermuten lässt. Und dies bezieht sich nicht nur auf unsere Gegenüber, sondern zu allererst auf uns selbst! Das gilt es zu beachten und da gilt es aktiv anzusetzen. Dabei geht es nicht darum, sich auf Teufel komm raus abzuhärten, sondern um den Erwerb von Frustrationstoleranz und einen besseren Umgang mit seelischem Schmerz. Ein wichtiger Ansatzpunkt dabei sind die Gedanken.

Man kann seine Gedanken nicht abstellen. Schön wäre es manchmal, aber in der Regel umgeben sie uns immerzu. Doch man kann sie in Bahnen lenken. Ihnen so lange bewusst Schienen vorgeben, bis sie die Weichen eines Tages selbst stellen und das Unterbewusstsein diese übernimmt. Das ist der Weg, um eine andere, wertschätzende Selbstwertbindung auf die Gleise zu stellen. Um diese Schienen zu finden, muss man jedoch zunächst einmal viel mehr denken. Quasi das Denken denken, um aus der Beobachtung seiner Selbst zu den Fallstricken zu finden, die uns immer wieder umwickeln und umreißen. Und dann die Gedankenspirale umkehren.

Dabei ist ein häufig zu beobachtender Punkt die oft vorgenommene persönliche Bewertung, statt einer Beurteilung, die vorzugsweise neutral abläuft. Nichts spricht dagegen, sich etwas zu Herzen zu nehmen, aber alles spricht dagegen, das im Übermaß zu tun. Denn davon werden Herzen nicht nur immer schwerer, sondern auch schwergängiger. Die Bewertung anderer oder anderer Verhaltensweisen ist dabei genauso ursächlich für schlechte Gefühle, wie die Bewertung der eigenen angeblichen Defizite.

VON URTEILEN, VORURTEILEN UND BEWERTUNGEN

Wem das im ersten Schritt zu schwierig erscheint, da die alten Muster zu festgefahren sind, der kann auch einfacher beginnen: Sie bewerten weiterhin, weil es sich gar nicht verhindern lässt. Die entsprechenden Gedanken und Gefühle kommen Ihnen einfach in den Sinn. Nehmen Sie sie wahr – aber bitte nicht unmittelbar für wahr. Legen Sie erst mal einen Filter darüber, und zwar den der neutralen Beurteilung. Beurteilen Sie Ihre Bewertung. Kann sein, dass alles beim Alten bleibt, weil Ihnen beides deckungsgleich erscheint. Vielleicht fallen Ihnen aber auch Ungereimtheiten auf. Es lohnt sich, diesen nachzugehen, dort noch einmal hinzuschauen. Es muss daraus nicht immer eine neue Bewertung entstehen, aber vielleicht gehen Sie irgendwann direkt in die Beurteilung, weg von der reinen Subjektivität bewertenden Gedankenguts.

Warum das so wichtig ist, fragen Sie? Weil Bewertungen, wenn sie abschätzig sind, abwerten. Sie entwickeln sich häufig sogar zu Vorurteilen. Allerdings ist ein Vorurteil etwas ganz anderes als ein Urteil. Niemand sollte es Ihnen verdenken, wenn Sie sich eine Meinung bilden. Und nichts anderes ist doch ein Urteil. Natürlich kann man spontan auch VERurteilung assoziieren, das aber nur, wenn unklar ist, was BEurteilen eigentlich bedeutet. Am Ende geht es darum, sich von seiner egozentrischen Befangenheit zu lösen und sich stattdessen im neutralen und objektiven Beobachten zu trainieren. Hat man das gelernt, ist je nach Situation der nächste wichtigste Schritt möglich, und zwar das regulative Verstehen. Dies beschreibt die Fähigkeit, den Ärger oder die Enttäuschung, die sich aus einer Bewertung ergeben haben mag, zu überwinden. Wer seinen Blickwinkel nur minimal verändert, kann vielleicht sogar Verständnis aufbringen.

●●

Auch mit diesem Thema ließe sich ein ganzes Buch füllen. Wichtig war es mir, einen Ansatz darzulegen, wie man mit Ängsten, die mögliche Risiken betreffen, umgehen könnte. Lösen Sie sich von den immer wiederkehrenden Denkfallen. Denn Sie selbst ganz allein sind es, der da hineintappt und sich verletzt! Es gibt keinen Jagdaufseher oder Förster, der diese Fallen für Sie wegräumt, das können nur Sie. Das Schöne daran ist: Die Möglichkeit gibt es! Ganz egal, wo Sie heute stehen oder wo Sie glauben zu stehen, egal wie Ihre Kindheit aussah oder ob Sie sich erst gestern wieder mit Ihrem Chef heftig gestritten haben, weil der ein Idiot ist und Ihre guten Ideen immer wieder ignoriert und Sie ihm mal endlich Ihre Meinung sagen wollen. Oder ob Sie kurz davor sind, Ihr Vorstandsamt im Sportverein niederzulegen, weil Sie da immer wieder an Ihre Grenzen kommen mit den ignoranten anderen Vorständen. Was auch immer ansteht, Sie können alles tun oder lassen. Das ist einzig und alleine Ihre Entscheidung und die sollten Sie sich nicht aus der Hand nehmen lassen. Leben Sie Ihr Leben und lassen Sie sich nicht von anderen leben.

Wenn Sie Ihren Alltag unter diese Prämisse stellen, können Sie damit auch ihre Risikobereitschaft erhöhen. Ihre Widerstandskraft und Ihre Selbststeuerung werden dazu führen, dass Ihr Fokus immer weniger auf dem Wagnis liegt und sich immer mehr in Richtung Gewinn verschiebt. Ja, und dann gehen Sie resilient durchs Leben und packen optimistisch die wichtigen Dinge an, weil es sonst jemand anderes macht. Und der schafft es …

Natürlich ist dies nicht der Weisheit letzter Schluss, auch nicht das allumfassende Seligmach-Prinzip. Ein glückliches und ausgeglichenes Leben, dessen Stolperfallen und Hürden Sie gleichermaßen akzeptieren und lieben wie seine überbordenden Chancen, gelingt nicht durch Theoretisieren. Hinzu kommt, dass auch im Modell der Resilienz durchaus Risiken verborgen sind. Wer in allem immer nur das Positive sieht oder sucht, fällt manchmal tiefer als derjenige, der sich eine Auszeit nimmt und den inneren Dialog über Jahre mit und gegen sich führt. Es ist hier wie überall: Die Balance zählt. Negativität kann vielleicht manchmal vor Fehlschlägen schützen, indem Sie Schritte unterlassen, doch nur ein positives Gedankengerüst bringt Sie voran.

● ●

NARZISSMUS UND SELBSTVERTRAUEN

Eines ist mir noch sehr wichtig. Es mag so wirken, als gäbe es in meiner Darstellung Überschneidungen mit dem Narzissmus. Um es ganz kurz zu machen: Narzissten mögen auf den ersten Blick mit überbordendem Selbstvertrauen ausgestattet sein, doch scheint das nur so, weil sie hervorragende Blender sind. In Wahrheit leben sie in einem Gefängnis aus getriebener und übertriebener Selbstbezogenheit. Zu wenig innere Freiheit und der fehlende Glaube an den eigenen Wert führen oftmals in eine innere Isolation, während nach außen dick aufgetragen wird. Ein Narzisst findet keine Mitte in sich selbst und bleibt deshalb auf andere angewiesen, die ihn hofieren, bestätigen, ja, ihm huldigen. Wie ein schwarzes Loch zieht er dergleichen an und saugt es in sich auf, ohne dass dies zu einem gesunden Selbstbewusstsein führt. Denn der Narzisst benutzt andere Menschen, statt von ihnen zu lernen. Meistens macht er sie sogar für seine Misserfolge verantwortlich, eigenes Schuldbewusstsein kommt selten vor. Die Sucht nach Anerkennung im Außen ist ein Grund, warum man immer häufiger Artikel liest, die plakatieren: Narzissten sind die besseren Unternehmer. Ja, viele Unternehmer sind Narzissten, da sich so in einem gewissen Rahmen recht gut Selbstwert beweisen und demonstrieren lässt. Doch steckt hinter dieser Fassade ein Mensch, der sich selbst zutiefst misstraut. Und darauf kann sich eine gute Führungskultur niemals gründen!

Systemische Resilienz

Egal, ob Sie ein Unternehmen führen oder eine Abteilung oder Teil eines Teams sind: Die folgenden Zeilen können Ihnen helfen, sich auch in Ihrem beruflichen Alltag das Thema Resilienz zunutze zu machen. Dazu vorab zwei Fragen: Gibt es überhaupt resiliente Unternehmen? Oder sind Unternehmen immer nur so gut, wie ihre resiliente menschliche Führhand, also deren personale Resilienz? Die Antwort auf beide Fragen lautet: Jein.

Ein Unternehmen ist ein komplexes System mit Strukturen, in dem verschiedene Projekte be- und abgearbeitet werden. Und zwar von unterschiedlichsten Menschen in verschiedenartig zusammengesetzten Teams. Diese Art System ist in seiner Integrität sowohl anfällig für Probleme von innen als auch von außen. Bei der unternehmerischen Resilienz geht es darum, wie Störungen ausgeglichen werden können, ohne dass das System Schaden nimmt. Eine systemisch resiliente Organisation geht belastbarer mit Krisen und Herausforderungen um. Sie ist durchaus auch verletzlich, aber nicht zu zerschlagen. Niederlagen und Rückschläge macht man sich zu Diensten und wächst daran.

Das setzt zuallererst verantwortungsbewusste Mitarbeiter in möglichst jeder Zelle der Struktur voraus. Denn in jeder Arbeitsphase und auf jeder Hierarchieebene gibt es Aufgaben, die die Freiheit anheimstellen, eigene Ideen einzubringen, um Prozesse zu gestalten. Das zu fördern und nicht gar aus Bequemlichkeit zu deckeln ist das Gebot der Stunde. Zeit ist Geld. Ja. Doch auch, wenn dies zunächst zur Hemmung von Abläufen führt, ist doch die Gesamtbetrachtung wichtig. Lernprozesse nicht nur aufzuoktroyieren, sondern auch selbstinitiierte zu dulden und auszuhalten, kann zu wertvollsten Impulsen führen. Einheitlichkeit oder – wie man es auch nennt – ein harmonisches System

Kapitel 2: Nur wer widerstandsfähig ist, gewinnt.

verhindert kreative Flüsse. Das ist nicht erstrebenswert. In der Natur entstehen Ordnungsmuster auch meistens aus Chaos. Querdenker, sogar Störer können die wertvollsten Impulse liefern, wenn sie nicht von Negativität geflutet sind und ihr Ziel nicht die Disharmonie ist, sondern Kreativität.

Alle Mitarbeiter in ihrer selbststeuernden Mündigkeit unterstützen und dem Einzelnen seine eigene Entwicklung ermöglichen, ohne ihn dabei alleine zu lassen – das ist Mitarbeiterentwicklung unter wertschätzender Führung. Den Fokus nicht verstärkt auf die operative Führung legen, sondern auf die Wertehaltung. Einen Wertediskurs überhaupt zulassen und führen.

Leitbilder erstellen oder von Marketingagenturen erstellen lassen, kann jeder. Sie tagtäglich im Unternehmen mit Leben füllen, das ist die Herausforderung. Genauso wichtig ist die Werteassoziation der Mitarbeiter mit dem Unternehmen. Der Job dient meinem Überleben. Nichts daran auszusetzen. Der Kunde verschafft mir einen Auftrag. Super! Aber welche Energien fließen, wenn ich mich als Arbeitnehmer oder Dienstleister mit den systemischen Rahmenbedingungen nicht identifizieren kann? Hauptsache Gehalt oder Rechnung stellen, okay. Aber was, wenn ich die Werteebene teile, werde ich dann nicht sehr viel effizienter? Und vor allem – resilienter? Absolut!

Systemische Resilienz heißt also: Nicht der Führende entwickelt den Mitarbeiter, sondern der Mitarbeiter entwickelt sich unter wertebasierter und wertschätzender Führung. Wer Menschen in einem System verändern will, muss sie involvieren, muss sie hineinziehen. Bleiben sie draußen, bleiben sie unberührt und ineffektiv. Dafür ist es wichtig zu wissen, was in den Köpfen Resonanz findet. Man könnte es auch weniger verklausuliert formulieren: Es ist wichtig, die Mitarbeiter zu kennen oder sie kennenzulernen, und zwar nicht nur ihre Fähigkeiten und Mehrwerte für das Unternehmen, sondern den ganzen Menschen. Das sollte so selbstverständlich sein wie das Amen in der Kirche, ist aber in den letzten Jahrzehnten wegen der immer komplexeren Strukturen seltener geworden. Genau deshalb sind gute Kommunikatoren unter Führungskräften so wichtig, denen es zudem gelingt, die Mitarbeiter mit Verstand auszuwählen. So vernetzt sich die gebündelte individuelle Resilienz der Personen zu der der Organisation. Gleiche Energien stehen Anfechtungen nicht als Bollwerk gegenüber, sondern eher wie eine durchlässige Membran, die aus jeder Herausforderung lernt und daran wächst.

So etwas geschieht nicht aus sich selbst heraus. Zumindest nicht von Anfang an. Dieser Prozess muss bewusst initiiert, angestoßen und gesteuert werden. Personalpolitik und -auswahl steht so nicht mehr unter der Prämisse der Zeugnisse und qualifizierten Bildungsabschlüsse. Stattdessen geht es vor allem um die Softskills. Ein Team zusammenzustellen bedeutet immer eine gute Mischung anzustreben, denn Resilienz färbt ab! Das gilt jedenfalls in komplexen dynamischen Systemen mit starker Interaktivität. Und dann lässt sich der Grad des Steuerns und Regelns auch mal reduzieren, um gemeinsam mit den Mitarbeitern neue Muster zu erarbeiten.

Klare Regeln helfen dabei. Diese können sowohl als dezidierte Stellenbeschreibungen ausgestaltet sein als auch per Rollenverteilung von Projekt zu Projekt variabel formuliert werden. Aber in dessen Kontext durchgehalten! Strukturen geben einen stabilen Rahmen und damit Sicherheit für die Prozesse in der Organisation. Wichtig ist auch, keinen Dauerstress zu erzeugen oder zu dulden, sondern ausreichend Ruhepausen vorzusehen. Gutes Zeitmanagement gehört zu jeder Führungskultur, die eine resiliente Organisation aufbauen will.

Ebenso grundlegend: ehrliches Feedback. Jeder Mitarbeiter braucht das Wissen darum, wie sich sein Beitrag auf das Projekt und die Zielerreichung auswirkt. Dazu sollte eine realistische Einschätzung gegeben werden, damit die betreffende Person später nicht ins offene Messer läuft. Denn auf eine konkrete Rückmeldung hin kann er sich vielleicht umstellen oder holt sich Tipps und eine vertiefende Anleitung, die ihn so stärkt, dass er wieder autark arbeiten kann.

Die häufigste Konsequenz aus fehlendem Feedback, gerade wenn es ansonsten ungünstig ausgefallen wäre, ist eine enorme Unsicherheit beim Mitarbeiter. Denn unterschwellige Unzufriedenheit lässt sich auf Dauer nicht unterdrücken, auch unausgesprochen wird sie spürbar. Unsicherheit zählt aber zu den Faktoren, die die Resilienz senken, statt sie zu fördern. Die Bereitschaft für die Übernahme von Verantwortung sinkt oder kommt erst gar nicht auf. Viel zu riskant im Falle eines Fehlers! Ein Arbeitsklima hingegen, in dem Fehlentscheidungen nicht tabuisiert, sondern ausgesprochen werden, sorgt dafür, dass daraus entstehende Probleme gemeinsam gelöst werden. Entscheidungen zu treffen und zu vertreten, ohne das als Risiko zu begreifen, auch auf die Gefahr hin, falsch zu liegen, ohne Sanktionen befürchten zu müssen – schult die Übernahme von Verantwortung. Denn ohne Verantwortung gibt es keine Entscheidung. Im Fall einer Krise hilft das, wieder aktiv zu werden und die Zukunft zu gestalten.

Denn ist das Kind bereits im Brunnen und die Krise akut oder erscheint die Herausforderung überdimensioniert und nicht zu bewältigen, heißt es, sich ihr gerade deshalb zu stellen. Augenscheinliche Aussichtslosigkeit ist keine Entschuldigung. Gerade die nun vorhandenen instabilen Spannungsverhältnisse müssen nicht in eine instabile lange Phase münden, sondern können die Möglichkeit eröffnen, in neue konstruktive und positive Muster überzugehen. Dafür gilt es sich auf das Risiko des Übergangs einzulassen. Eine Analyse der durchlaufenen Vorgänge ist immer konstruktiv. Was hätte wie besser laufen können? Was können wir daraus lernen, sodass eine Wiederholung unwahrscheinlich wird? Wo liegen die Störfelder, die einer systemischen Resilienz im Wege stehen? Welche Einflussgrößen machen den Unterschied aus? Waren wir vielleicht zu stabilitätsorientiert und haben deshalb kreativen Prozessen oder Geistern keine Chance gelassen? Die Auseinandersetzung damit lohnt sich, auch wenn die Antworten nicht immer leicht zu finden sind.

So wie auch insgesamt das Ziel einer Organisation, widerstandfähig zu operieren, gleichsam als eine Einheit eines ausgereiften Mikrokosmos, aus eigener Kraft nicht so leicht zu erreichen ist. Anleitung von außen durch einen neutralen Dritten kann dabei nicht nur aufgrund umfassender Kompetenz hilfreich sein, sondern auch wegen dessen neutraler Stellung.

III. Nur wer den Erfolg sucht, gewinnt.
Im Erfolg aufleben

Success is the ability to go from failure to failure without losing your enthusiasm.
Winston Churchill

Wer ein Risiko eingeht, tut dies nicht, um am Ende mit leeren Händen dazustehen. Wie der jeweilige Erfolg dann aussieht, ist so vielschichtig, wie es Sandkörner am Strand gibt. Welche Faktoren behilflich sind, ihn zu erreichen, auch. Aber es gibt doch einen, ohne den Erfolgsstreben nur selten auskommt: das Durchhaltevermögen. Das habe ich einmal etwas genauer unter die Lupe genommen. Ebenso die Frage, worauf Unternehmensgründer ihr besonderes Augenmerk legen sollten, da deren Risiko häufig existenziell ist! Sehr neugierig war ich darauf, ob es diesbezüglich zwischen einem Mann und einer Frau Unterschiede gibt. Die Antwort gibt es am Ende dieses Kapitels.

Ein sehr bekannter und hervorragender Satz von Emil Oesch, dem Schweizer Verleger und Schriftsteller, lautet: „Zum Erfolg gibt es keinen Lift, man muss die Treppe benutzen." Mit dieser Metapher lässt sich spielen: Es kommt auch darauf an, wie es sich beim Einzelnen verhält. Nimmt er immer die Treppe? Auch dann, wenn ein Lift oder eine Rolltreppe zur Verfügung steht? Aus Prinzip? Ich spreche nicht davon, dass er in den 20. Stock will, sondern von den alltäglichen Wegen in der U-Bahn, im Supermarkt oder in kleineren Mehrfamilien- oder Bürogebäuden mit wenigen Etagen. Letztlich ist es immer leichter, im Fahrstuhl auf ein Knöpfchen zu drücken, als Stufe um Stufe nach oben oder auch nach unten (!) zu gehen. Aber je öfter ich die Treppe benutze und mich darin übe, umso leichter fällt es mir. Und umso agiler bleibe ich bis ins hohe Alter. Das heißt: Wenn es keinen Lift zum Erfolg gibt, ist dies also auf Dauer gut für mich. Denn damit liegt der innere Schweinehund automatisch an einer imaginären Kette.

Und vor allem: Erfolg lässt sich trainieren! Nun ja, angesichts der Coaches in Hülle und Fülle ist das vermutlich keine Neuigkeit für Sie. Ich meine aber, es braucht nicht unbedingt einen Außenstehenden an Ihrer Seite. Sie sind zuallererst mal der eigene Herr Ihrer Erfolge! Beratung ist gut und an den richtigen Stellen wichtig – aber sie ersetzt nie Ihre ureigene Motivation und Tatkraft. Da kann der Coach oder Trainer noch so gut sein: Wenn er es ist, der die Treppe hochrennt, kommt bei Ihnen nur seine Rechnung an, sonst nix. Ihre Idee, Ihr Risiko, Ihr Wagnis, Ihr Gewinn – Ihr Erfolg. Kooperation ist, wenn Sie es trotzdem machen! Ihr Erfolg ist Ihr Projekt! Und ansonsten? Habe ich mal eine kleine Liste zusammengestellt. Erfolg hat, wer

➜ gut bluffen und blenden kann,
➜ stoisch an seinen Zielen festhält,
➜ variabel im Denken bleibt,
➜ immer wieder neue Ideen ausbrütet,
➜ Visionen entwickelt,
➜ ordentlich plant,
➜ trotzdem lacht,
➜ auch mal Tränen vergießt,
➜ den Neid anderer auf sich zieht,

- Moral und Ethik hinten anstellt,
- orientierungslos führt,
- geradlinig ist und geht,
- die Folgen seines Handelns einschätzen kann,
- Umwege in Kauf nimmt,
- sich spezialisiert und positioniert,
- angstfrei sein Leben gestaltet,
- vorsichtig und deshalb sehr strukturiert an Dinge herangeht,
- etwas unternimmt,
- das Mittelmaß hasst,
- ein Generalist und Tausendsassa ist,
- auf dem Boden bleibt,
- sich nimmt, was er bekommen kann,
- glücklich und zufrieden ist,
- andere glücklich und zufrieden macht,
- opportunistisch ist,
- kompromisslos handelt,
- konformistisch ist,
- nonkonformistisch agiert,
- zur rechten Zeit am richtigen Ort ist,
- sein Glück selbst in die Hand nimmt, statt es von anderen abhängig zu machen.

To be continued …

Misserfolg hat, wer – das alles auch (nicht) tut.

Halten wir fest: Es gibt nichts, woran wir uns festhalten können. Erfolg erfolgt oder lässt es. Erfolgreich ist, wer auf dem Weg zu seinem Ziel immerzu die Schnittpunkte paralleler Möglichkeiten sucht; wer sich in der Masse widerspiegelt, ohne ihr Spiegelbild zu sein. Wer ist, wie er ist, und bleibt, was er wird. Erfolg kann die Ursache für späteren Misserfolg sein und umgekehrt kann es zunächst eines fulminanten Misserfolgs bedürfen, um daraufhin erfolgreich zu werden.

Doch ist zumindest eines Fakt: Erfolg macht Spaß! Dabei ist es ganz egal, ob der Grad der Zielerreichung definiert werden kann und welche Perspektive damit verbunden ist. Ob man endlich mal eine Drei in Latein geschafft hat oder den Sprung zur Eins im Mathe-Leistungskurs; den begehrten Ausbildungsplatz bekommen oder ein Stipendium für Harvard; den ersten Kunden an Land gezogen, irgendwann danach die Konsolidierung seiner Firma erreicht oder die erste Million gemacht hat. Ob man die erste Siegerurkunde im Geräteturnen, die beste Ehrenurkunde der Klasse in Leichtathletik, mit den Bambini endlich ein Spiel in der Saison gewonnen, in der Kreisklasse als Jugendlicher gestürmt, das Triple im Profifußball gewonnen hat oder gar Weltmeister wurde. Ich wage zu behaupten, dass sich das alles gleich gut anfühlt! Es geht also beim Gefühl zu gewinnen, beim Erfolg, nie und gleichzeitig immer um das Ergebnis. Und das ist nie allgemeingültig, sondern immer individualisiert. Und genauso individuell bestimmt sich auch der Weg hin zum und das Maß für den Erfolg: einzig und allein aus Ihrem Blickwinkel heraus. Im Hinblick auf Ihre gesetzten Perspektiven.

Erfolg lässt sich also nicht objektiv messen. Weder mittels monetärer Zielgrößen, schicksalhafter Begünstigungen noch in Macht oder gar Gefühlen. Und subjektive Maßeinheiten sind nicht von allgemeinem Interesse. Oder doch? Gibt es so etwas wie Zufriedenheit oder reine Erfolgswahrnehmungen abseits ökonomischer Erfolgsgrößen? Ich persönlich finde diesen Gedanken zumindest sympathisch. Und denke, dass sie jenseits allen Work-Life-Balance-Palavers auch durchaus verifizierbar sind. Mit jedem morgendlichen Aufwachen und vor allem abendlichen Einschlafen, mit jedem Blick in den Spiegel und vor allem dem erwiderten aus den Augen Ihres Partners … Mit jedem Glücksgefühl – von den kleinen Seifenblasenplatzern im Magen, weil Sie ein ganz gutes Akquisitionstelefonat hatten, bis hin zu dem Ich-will-die-Welt-umarmen-Gefühl, wenn der Auftrag im Eingangskörbchen gelandet ist und jedem Jetzt-erst-recht-Ruck, der sich bei einem Misserfolg einstellt.

Die BWA sind ganz gewiss auch wichtig, natürlich. Von Luft und Liebe zum Job kann niemand leben. Aber unsere Empfindungen beeinflussen die Unternehmenszahlen genauso wie umgekehrt. Wenn es in einen harmonischen Kreislauf mündet, sind Sie erfolgreich. Und wie bekommen wir das nun etwas besser auf den Punkt gebracht? Ob wir uns doch mal versuchen, eine Erfolgsformel zu basteln?

Erfolg ist gleich (Kognition mal Emotion) plus (Wissen mal Leistung) geteilt durch Widerstände mal Durchhaltevermögen zum Quadrat plus Selbstvertrauen hoch drei minus Zweifel, Rückschlagserfahrungen und im Sechseck springende Coaches, die mich da positionieren, wo mein Humankapital sowieso in mein Spezialgebiet mündet ...

Seitenweise fortsetzbar. Macht Spaß, bringt aber nicht wirklich Durchblick. Obwohl ... an einem Wort blieb ich bei meinem Brainstorming mit mir selbst hängen: Durchhaltevermögen! Schauen wir uns das doch mal etwas genauer an.

Der zentrale Erfolgsfaktor: DurchHalteVermögen

Für mich ist dieser Begriff der zentrale Dreh- und Angelpunkt für Erfolg egal welcher Couleur, jedenfalls für den, den ich anstrebe und Ihnen wünsche. In Einzelschritte aufgeteilt bedeutet das:

→ Ihre Einzigartigkeit birgt das Potenzial für Ihren Erfolg.
→ Ihre instinktgesteuerte Leistungsfähigkeit bringt dieses zum Vorschein.
→ Ihr intellektuell verfeinertes Gespür für das Wesentliche potenziert es.

Durch: Da muss ich jetzt mal durch!

Es gibt immer einen Grund, etwas nicht zu tun. Wir finden immer eine Rechtfertigung, die Dinge so zu interpretieren, dass unten genau das herauskommt, was wir oben hineingetan haben. Unser Bedürfnis, recht zu haben und zu behalten, kann Wahrnehmungen verzerren, Wirklichkeiten dehnen und sogar Wahrheiten manipulieren. Ein Großteil unseres Erlebens verbringen wir damit, uns selbst in Beschlag zu nehmen, zu bewerten und damit auszubremsen. Von hinderlichen Glaubenssätzen haben wir ja schon gesprochen. Die unsere Verhaltensmuster adaptieren oder war es umgekehrt? Entscheidend ist, dass Sie das Bewusstsein dafür entwickeln, dass Sie einzig und allein Ihr Leben leben und nicht das Leben Ihrer Eltern, Lehrer oder Partner. Natürlich gibt es immer Umstände, die von außen wirken, die sich kaum oder gar nicht ändern lassen. Solche Umstände können einen wesentlichen Einfluss auf Ihren möglichen Erfolg haben.

Was aber auffällt: Häufig sind es genau die Menschen, die außerordentlich gesegnet scheinen und bei denen solche Lebensnachteile nicht zu finden sind, die herumjammern. Bei denen immer die anderen schuld sind und immer das letzte bisschen Glück fehlt, die Hemmnisse so lange herbeidiskutieren, bis sie selbst daran glauben. Mein Vater hat früher gesagt, dass man solchen Menschen sogar den Hintern hinterhertragen muss. Und die sich dann vermutlich trotzdem noch beklagen, statt die Ärmel hochzukrempeln und anzupacken. Kennen Sie solche Menschen, machen Sie einen Bogen drumherum. Lassen Sie diese Einstellung nicht auf sich abfärben, sondern profitieren Sie von Ihrem Glück des Tüchtigen. Das Ihnen hold sein wird, wenn sich aufgrund Ihrer Schritte über Hürden hinweg, die nächsten Schritte abzeichnen. Immer einer nach dem anderen.

Okay, vielleicht sind Sie auch manchmal etwas träge oder übervorsichtig. Und Sie hassen es, Anträge auszufüllen oder Bankgespräche zu führen. Viel lieber würden Sie direkt loslegen mit Ihrer Idee, ohne ein Konzept zu erstellen oder gar einen Businessplan zu verfassen. Möglicherweise sind Sie auch gerade deshalb besonders mutig und risikofreudig. Oder neidisch auf andere, die einen vermögenden Vater haben, der alles für sie inszeniert und die sich hernach nur noch in den Chefsessel setzen müssen, die Füße hochlegen und das Geld zählen können. Tja, das Leben läuft nicht immer so, wie wir uns das wünschen. Doch je ehrlicher und schweißtreibender Sie den eigenen Erfolg von Grund auf in Angriff genommen und sich auch durch ätzende Vorgänge durchgequält haben, umso genussreicher ist der Erfolg am Ende. Je mehr Aktivitäten wir selbst entfalten, desto mehr Chancen erkennen wir.

Halte: Da halte ich mich dran fest!

Stellen Sie sich vor, wir machen eine Umfrage in der Fußgängerzone und fragen die Menschen nach ihren Stärken und Schwächen. Was glauben Sie bekämen wir spontan zur Antwort? Würde zuerst eine Schwäche oder zuerst eine Stärke genannt? Jetzt stünde ich gerne vor Ihnen, um Sie zu fragen, was Ihnen gerade auf sich bezogen durch den Kopf geht. Erfahrungsgemäß behaupten die meisten Menschen nämlich von sich, dass ihre Schwächen ihre Stärken überwiegen. Der Fokus beim täglichen Handeln liegt dementsprechend häufig darauf, die Schwächen auszumerzen, statt auf den Stärken aufzubauen. Doch wie Ihre Liste auch immer aussieht: Eine Stärke bleibt unangefochten eine Stärke. Betrachten Sie sie in der Selbstwahrnehmung am richtigen Platz, zur richtigen Zeit, in der richtigen Dimension – alles an Ihrer Stärke ist perfekt. Sie lieben sie, Ihre Stärken. Sie huldigen ihnen und, tja, an ganz genau der Stelle müssten jetzt die Worte stehen: bauen sie aus. Tun Sie aber nicht, weil dies noch immer eine Wunschvorstellung ist. Denn in der Regel verhält es sich eher so, dass Menschen ihre Stärken maximal akzeptieren, aber demgegenüber nur ihre Schwächen als ausbaufähig im Sinne von abzubauen wahrnehmen.

Damit ist jetzt Schluss! Denn diese durch unsere Erziehung so tief verwurzelte Fixierung auf unsere Schwächen hemmt uns. Worauf lag in Ihrer Schullaufbahn der Fokus Ihrer Eltern? Auf den guten oder schlechten Fächern oder Noten? Okay, werden Sie sagen, was soll eine Eins in Mathe schon anderes bringen als einen herzlichen Glückwunsch und vielleicht fünf Euro auf die Hand, während man eine Fünf in Englisch wohl nicht ignorieren darf. Stimmt. Aber das zweite tun und das erste nicht lassen, das wäre ein Ansatz. Wenn genauso viel Aufmerksamkeit auf eine Vorliebe und auf Erfolge gerichtet wird, stärkt dies die Ambitionen, auch für ein unliebsames Fach zu lernen.

Die Fixierung auf die eher schwierigen Seiten des Lebens ist nicht nur in Familien zu beobachten, es gibt beispielsweise tausendmal mehr Studien zu Depressionen als zu Freude und Glück. Natürlich bringt diese Sicht auf ein Krankheitsbild viele wichtige Therapieansätze hervor, aber läge der Fokus einer Gesellschaft von vornherein eher auf der Gesundheit, könnte sich das seelische Gleichgewicht vielleicht leichter wieder einpendeln. Und so verhält es sich auch beim Gleichgewicht zwischen unseren Schwächen und Stärken. Ja, es macht Sinn, auch mal an die uns frustrierenden und schwierigen Eigenschaften zu denken, sie anzusehen und gezielt zu bearbeiten. Es ist wichtig, Strategien zu entwickeln, wie wir sie abändern oder umschiffen können! Doch dies hilft in erster Linie dabei, Fehlschläge abzumildern. Wirkliche und ausgezeichnete Erfolge erzielen wir mit dem tatkräftigen Einsatz unserer Stärken!

Wo aber liegen die Stärken? Um dem näher zu kommen, schließen wir zwei Wörter aus dem nun folgenden Kontext aus: „Glück" und „Zufall". Was

Sie bislang erreicht haben, wo Sie heute stehen, hat in erster Linie nichts mit irgendwelchen Umständen zu tun. Auch nicht damit, dass Sie Ihre Unzulänglichkeiten bislang geschickt zu verbergen wussten, sondern ganz alleine mit Ihnen. Okay, ich lasse mich darauf ein, Sie zumindest als einen besonderen Menschen zu bezeichnen – trotz Ihrer ganz sicher vorhandenen Unzulänglichkeiten. Besser? Gut. Dann nehmen wir nun Ihre Talente in den Blick. Ihre natürlichen Talente. Nicht Ihre abgelegten Prüfungen oder erreichten Titel. Wenn Ihnen keine spontan einfallen, dann nehmen Sie sich einen Moment Zeit und suchen Sie danach. Haben Sie keine Angst vor Ihrer Scheu, wir befinden uns hier im genau richtigen Kapitel, denn diese winzige Beklemmung, die Sie dabei empfinden, ist ja nicht nur negativ. Schließlich ist die andere Seite der Medaille, die sich Unsicherheit nennt, satte Selbstgerechtigkeit. Dazwischen liegt das, worauf wir unser Augenmerk richten wollen: die Bewusstheit für die Kompetenzen, die uns erfolgreich machen. Sie zu erkennen und auch kleinlich zu sezieren sind wichtige Schritte. Denn das ermöglicht es uns, die Momente, in denen wir bereits einmal gute Ergebnisse erzielt haben, zu analysieren, um den erfolgreichen Einsatz unser Fähigkeiten zu wiederholen. Sind wir in der Lage, uns abrufbar daran zu erinnern, was wir können, kommen wir weg von einem Manchmal-gut und hin zu einem Hinreichend-oder-sogar-meistens-gut. So werden wir es schaffen, auf eine Weise an uns zu glauben, die unsere Versagensängste ins Abseits stellt. Und das wiederum fördert den Mut zum Risiko!

Erfolg ist toll, Versagen eine bittere Pille. Letzteres fühlt sich ganz besonders erniedrigend an, wenn ich meine Kraft, meine Potenziale falsch eingeschätzt habe und mich selbst als unzureichend wahrnehme. Das gilt vor allem, wenn mein Fokus bereits auf meinen Stärken lag und ich erkennen muss, dass Talent nicht alles ist. Doch kann dies ein Grund sein, die Stärken nicht zu bearbeiten? Um einen Misserfolg nicht noch größer wirken zu lassen und mich dadurch kleiner? Unser Verhalten ist also absurd, da werden Sie mir zustimmen, wenn wir genau das nicht tun. Doch dient das gegenteilige Verhalten vielen Menschen als Schutz in ihrem Leben. Das Motto dabei: Lieber an den Schwächen herumfrickeln, lieber bescheiden einen Weg gehen, der bereits gut ausgebaut ist, anstatt die eigenen Talente zu kultivieren und die Steine auf dem Weg als Trainingsgeräte zu betrachten.

Ja, es ist riskant, sich selbst als Maßstab zu nehmen. Ein erfolgreiches Leben anzuvisieren und die Leistung am Ende des Tages an den eigenen Ansprüchen zu messen, das kann fürchterlich schiefgehen. Aber ist ein Versagen das Schlimmste, was passieren kann? Oder ist es nicht sogar schlimmer, nicht wenigstens zu versuchen, dem eigenen Ich auf die Spur zu kommen? So manches im Leben bekommt man geschenkt – vor allem die Liebe eines anderen Menschen ist immer ein Geschenk –, aber Erfolg, der zufrieden macht und glücklich, den muss sich jeder für sich erarbeiten. Der hat immer mit der eigenen Leistung und Anstrengung zu tun. Nur so kommen Wandel und Fortschritt zustande. Es geht Schritt für Schritt, Stufe um Stufe voran. Es heißt Erfolgsleiter, nicht Erfolgslift!

Vermögen: Da ist er, mein innerer Schatz!

Haben Sie eine Idee davon, wer unsere Welt lenkt? Nein, nicht, wer sie in ihren Bahnen hält und sie sich drehen lässt. Das wäre eine metaphysische Fragestellung. Ich möchte Sie zum Nachdenken darüber anregen, wer bestimmt, was sich auf der Welt tut. Sind das die da oben? Die Politik, die Regierenden, die Wirtschaftsbosse? Die Kapitalgeber und Banken? Religionen? Die großen Innovationen? Die Genies? Die Riesen unter den Denkern? Sind es die Konzerne oder die vielen kleinen Unternehmer? Auch hier wieder die leider nicht eindeutige Antwort: Ja und Nein. Von allem Genannten hat alles einen Einfluss, doch in verschwindend geringem Ausmaß. Es gibt sie, die gebündelte Macht, die Kontrollorgane, die fairen, rechtsstaatlichen, genauso wie die mafiösen Strukturen. Aber wie eine Gesellschaft und damit ein Staat aus vielen kleinen Zellen, den Familien und Lebensgemeinschaften besteht, sind es die vielen einzelnen Gedanken, die alles zusammenhalten und gleichzeitig neu definieren. Es sind die Ideen eines jeden einzelnen Menschen. Die zunächst in einem, dann in mehreren und dann vielleicht in ganz vielen Menschen wirken und etwas bewegen. Das können, müssen aber keine visionären Ideen sein. Und jeder Mensch, der sich selbst lediglich als kleines Rädchen im Getriebe sieht, ist aufgerufen, sich stattdessen als Tätigen zu betrachten. Nicht als Schraube, sondern als Schrauber.

Was ich damit meine? Aktivieren Sie sich, setzen Sie sich in Bewegung. Werden Sie zu Ihrer eigenen Idee!

Aber gibt es heute überhaupt noch neue Ideen? Ist nicht jede Melodie geschrieben, jeder wissenschaftliche Ansatz zumindest angedacht und gewagte Thesen Mangelware? Letzteres vor allem, weil sie allzu leicht in die Spinnerschublade gelegt werden oder eine Empörungswelle auslösen, die bereits den Keim der Idee erstickt, statt ihn gedeihen zu lassen?

Neuland ist immer da, wo es noch keine Zäune gibt. Doch die Grenzen liegen meistens in den Menschen selbst. Sie allein sind es, die sie sehen. Innere Begrenzungen, die gar nicht wirklich vorhanden sind, sondern nur in Ihrem Kopf, Herz oder Bauch. Es ist Ihr Leben, das einen Unterschied macht. Suchen Sie Ihren inneren Schatz. Und heben Sie ihn. Das ist Ihr ureigenes Vermögen. Vielleicht müssen Sie ein wenig danach graben, aber in dem Part „Halte", sind einige Schaufeln versteckt. Wenn Sie die nutzen, wird das Wagnis geringer, denn Sie müssen nicht die Hände nehmen und es gelingt Ihnen wesentlich leichter zu gewinnen und erfolgreich zu sein.

Erfolgsfaktoren für Unternehmen

Den wichtigsten Erfolgsfaktor für Ihren eigenen Erfolg haben Sie nun kennengelernt. Sich selbst! Doch was gilt für Unternehmen? Wie sieht deren Schatz aus und wie können sie ihre Ressourcen sinnvoll einsetzen? Auch bei ihnen steht die Idee am Anfang, der Unternehmer unternimmt etwas, um diese umzusetzen. Dazu bedarf es einer straffen Organisation. Netzwerke aufzubauen und zu pflegen und nicht alles alleine machen zu wollen, sondern fachmännischen Rat erfragen und annehmen, das sind die Grundbedingungen. In der Regel braucht es eine solide Finanzierung mit einer Mischung aus Fremd- und Eigenkapital. Die strategische Ausrichtung und eine glasklare Positionierung sollten von Anfang an in ein gezieltes Marketing münden. Häufig läuft es umgekehrt, so wird wertvolle Zeit verschenkt. Darüber hinaus müssen externe Faktoren wie die allgemeine konjunkturelle Lage, auch unter Einbeziehung der aktuellen Wirtschaftspolitik, berücksichtigt werden, und nicht zuletzt spielt der richtige Standort eine Rolle.

Zum sogenannten Humankapital: Die breite Altersspanne lässt mich behaupten, das Alter ist egal. Die Beobachtungen vieler Coachees zeigen: der familiäre Hintergrund nicht. Die Erfahrungen, im Rahmen einer Unternehmerfamilie aufzuwachsen, bilden einen guten Nährboden. Doch werde ich in Kapitel 9 einen Mann beschreiben, der aus einer einfachen Arbeiterfamilie kommt und es vermutlich ganz genau gerade deshalb geschafft hat, ein erfolgreiches Unternehmen zu gründen. Nicht weil ihn seine Vergangenheit besonders resilient gemacht hätte. Nein, bei ihm liegen die Ursachen für den Erfolg nicht in seiner besonderen Charakterstärke, sondern in seinen Beweggründen. Weil er Honig saugte aus dem Fleiß seiner Eltern, die zwar aufgrund der Nachkriegsverhältnisse im Sinne (k)eines höheren Schulabschlusses ungebildet waren, die aber das Leben rundweg bejahten und nicht bejammerten. Die Anpacker waren, Macher und in übertragenem Sinne auch so etwas wie Unternehmer auf Arbeitnehmerseite. Auch das kann vorbildhaft prägen und entsprechend umgedeutet in wirklich unternehmerisches Denken führen.

Männer liegen mit einem Anteil von zwei Dritteln bei den Gründern vorne, aber die Frauen holen auf. Das gesellschaftlich verankerte Rollenbild verändert sich und begünstigt diese Entwicklung. Frauen sind bei der Gründung meistens älter und besser ausgebildet, auf dieses Thema kommen wir im folgenden Kapitel noch zurück. Am Rande sei erwähnt: Ob Gründungen im Team erfolgreicher sind, hängt von den jeweils beteiligten Persönlichkeiten ab. Da lässt sich nichts generalisieren.

Kreativität und die richtige Nase, also Intuition, sind für den Erfolg von Unternehmern sehr wichtig. Genauso, die Ahnungen, Gefühle und Annahmen zu validieren. Schon so manches Pferd wurde totgeritten, nur weil sich jemand in eine Idee verrannt hat. Zwingend ist eine klare Geschäftsidee mit echten Chancen am Markt! Am besten eignen sich Ideen, die sich einem Laien in wenigen Minuten verständlich erläutern lassen. Es sollte etwas nicht allzu Außergewöhnliches, aber durchaus Innovatives sein.

Damit alle diese Faktoren am Ende auch zum Erfolg führen, braucht es die persönliche Überzeugung eines Unternehmensgründers, dass er die richtigen Eigenschaften und Fähigkeiten mitbringt, um sein Vorhaben zu realisieren. Damit sind wir wieder beim Thema Selbstbewusstsein. Ob der Gründer Risiken richtig einschätzen kann, sich entsprechend verhält, mit hoher Leistungsbereitschaft und viel Ehrgeiz ausgestattet ist, spielt natürlich auch eine Rolle. Doch wesentlich wichtiger ist seine Überzeugung, dass sich die

Idee am Markt positionieren und durchsetzen lässt. Spannend oder? Und damit wird noch einmal klarer, warum mir das erste Kapitel so am Herzen lag.

Dazu passt, dass auch der ökonomische Erfolg nicht das ausschlaggebende Moment bei einer Gründung sein muss und sogar häufig gar nicht ist. Stattdessen zählen nicht-ökonomische Faktoren, die zwar eine Existenzverbesserung einschließen, aber vorrangig auf psychisches und körperliches Wohlbefinden abzielen. Zufriedenheit, der Wunsch nach Autonomie, das Glücksgefühl, eigene Ideen umzusetzen und vor allem eigene Entscheidungen treffen zu können, darauf kommt es an.

Sind bereits Erfahrungen in der gewählten Branche vorhanden, steigt die Erfolgswahrscheinlichkeit entsprechend. Sich etwas in Gänze nur vorstellen zu können, aber keine Vorstellung zu haben, reicht selbstverständlich nicht aus. Dennoch: Die besten Anlagen und Kenntnisse bringen nichts, wenn sich der Gründer immer wieder sagt: Das können andere aber doch besser. Es gibt schon so viele, die das anbieten. Und überhaupt müsste ich erst noch dieses oder jenes dazulernen … Das soll nicht heißen, dass für Unternehmensgründer Selbstreflexion nicht infrage kommt. Doch sinnvollerweise sollte sie von den auftretenden Probleme und dem eigenen Engagement ausgehend betrieben werden.

Natürlich gilt auch für Unternehmer: Stressresistenz und Durchhaltevermögen fördern den Erfolg ihres Vorhabens. Und: ohne Fleiß, kein Preis. Es kann nur Stufe um Stufe vorangehen, ganz ohne Fahrstuhlknopf. Und dann ist da noch: die Risikofreude. Untersuchungen legen auf den ersten Blick den Schluss nahe: Unternehmer sind keine besonders risikofreudigen Menschen. Allerdings beruht dies darauf, dass sie versuchen, das einzugehende Risiko möglichst klein zu halten, indem sie strategisch intelligent vorgehen. Na das klingt doch schon anders!

Situationen mit sehr geringem Risiko werden deshalb gemieden, weil die Aufwand-Ertrag-Relation ungünstig ausfällt. Zudem hängt die Entscheidung, ob neue Risiken eingegangen werden – anders als bei angestellten Führungskräften – davon ab, ob die alleinige Kontrolle über das Vorhaben und genug Know-how in Bezug auf die wichtigen Marktkenntnisse gesichert ist. Die mangelnde RisikoFREUDE bedeutet also nicht, dass Risiken besonders selten eingegangen werden. Ganz im Gegenteil: Die meisten Unternehmer agieren besonders risikointelligent. Wenn sie Risiken vermeiden, hat das nichts mit mangelndem Mut zu tun, sondern eher mit der Fähigkeit, Situationen richtig einzuschätzen und sie zu beherrschen. Natürlich bleiben Risiken bestehen, aber der kontrollierte Umgang damit und ein gutes Risikomanagement (siehe Kapitel 6) sind ganz sicher ein Erfolgsfaktor! Und immer zählt auch die Freude an und Begeisterung für das Projekt an sich, denn: „Wer seine Sache nicht mag, den mag sein Geschäft auch nicht" – wie schon William Hazlitt, ein englischer Schriftsteller des 18. Jahrhunderts, wusste.

Erfolgsfaktor: Mann und/oder Frau

Eines vorweg: Wenn ich im Folgenden von Geschlecht spreche, meine ich das biologische, sogenannte eindimensionale Modell von Mann und Frau. Es legt zugrunde, dass jede Person eine biologische Geschlechtszugehörigkeit hat. Die Bandbreite von Männlichkeit und Weiblichkeit reicht von extremer Maskulinität über einen Neutralbereich bis zum Pol extremer Femininität. Das dualistische Modell nimmt hingegen an, dass ein Mensch sowohl weibliche als auch männliche Merkmale mit graduellen Abstufungen aufweisen kann und spricht insofern vom sozialen Geschlecht (Gender).

Und: Es geht hier weder darum, einen Diskurs zur Identitätsfindung oder zu Rollenbildern anzustoßen, noch darum, vermeintlich falsche Sozialisationsmodelle oder -praktiken anzuprangern oder zu feiern. Noch weniger möchte ich Klischees bedienen oder gar Geschlechterstereotypen heranziehen. Vielleicht geht es darum, zum Hinterfragen anzuregen, zum Beispiel: Warum mache ich das eigentlich? Warum verhalte ich mich so? oder: Warum verhalte ich mich nicht so? Das entscheiden Sie ganz alleine. Fakt ist, unser individuell empfundenes stereotypisches Geschlecht haben wir immer dabei. Es begleitet uns durchs Leben, also auch bei unseren Entscheidungen. Um jegliche weitere Spannung aus dem Thema herauszunehmen – so oder so: Männer sind risikofreudiger als Frauen.

Das gilt zumindest, wenn das Wort „Risikofreude" als Synonym für eingegangene Risiken herhalten soll. Nehmen wir es beim Wort, kommen wir allerdings auch hier, ähnlich wie im vorigen Kapitel, ein wenig ins Schlingern.

Macht es den Herren der Schöpfung wirklich mehr Spaß, sich entsprechend der männlichen Geschlechterrolle – mutig, willensstark und unabhängig – zu präsentieren und riskantere Dinge zu tun? Und wenn ja, ist das angeboren? Oder spielt die genetische Disposition, so es sie denn gibt, im Vergleich zu den Einflüssen der Umwelt eine untergeordnete Rolle? Fühlen sich die Männer also lediglich dazu gedrängt? Dadurch, wie ihre Identitätsfindung abläuft, oder durch den Wandel der Geschlechterrollen in der Gesellschaft? Auch hier wieder: Die Auseinandersetzung darüber könnte ein ganzes Buch füllen – vielleicht das nächste.

Hier geht es also schlicht und einfach um die Information unter dem Strich, die sich aus experimentell bestätigten Befunden ziehen lässt. Das Ergebnis, dass es in der Tat geschlechterspezifische Unterschiede in der Risikoneigung gibt. Noch einmal andersherum formuliert: Frauen sind grundsätzlich vorsichtiger, umsichtiger und treffen lieber weniger riskante Entscheidungen. Das betrifft den Wertpapierkauf genauso wie die Abwägung, beim Fahrradfahren einen Helm aufzusetzen. Glücksspiele stehen beim weiblichen Geschlecht auch nicht so hoch im Kurs. Und wenn die empfundene Wahrscheinlichkeit, dass ein Bungeesprung negativ ausgeht, den Kickfaktor wegreduziert, dann lässt Frau es eben sein. Warum sich in die Tiefe stürzen, wenn die Angst vor einem Aufprall den Genuss des sicheren Flugs stört?

Männer fühlen sich hingegen von Risikosportarten stark angezogen, oft riskieren sie sogar mehr, als sie sich eigentlich selbst zutrauen. Das zeugt aber doch weniger von Freude am Risiko, nicht mal von Freude an der Gefahr, sondern von einem übersteigerten Geltungsbedürfnis. Oder es spricht dafür, den Rollenbildern in der Gesellschaft nicht nur erlegen zu sein, sondern sie nachhaltig weiter mit zu prägen, sie zu mainifestieren, statt sie auszudifferenzieren oder zu hinterfragen. Dass sie die Erwartungen der anderen nicht enttäuschen wollen, ist dann auch ein sehr häufiger Grund für riskantes Verhalten.

Hinzu kommt, dass Männer es belastend finden zuzugeben, vor etwas Angst zu haben, oder wenn sie einer Frau die Kontrolle überlassen müssen. Der Macho als Stereotyp männlicher Geschlechterrollenorientierung – so ganz kommt man wohl um das Wort doch nicht herum – scheint noch lange nicht ausgedient zu haben. Und dieser innere Druck lässt den Mann häufig notwendige Risikomanagement-Maßnahmen, die er vermutlich sogar kennt und verinnerlicht hat und in einer reinen Männergruppe abspulen würde, in einer gemischten Gruppe schlichtweg verdrängen.

Bedeuten diese Ergebnisse auch, dass die Erfolge in gleichem Maß un-gleichmäßig verteilt sind? Das hieße: Risikofreude gleich Erfolg, und ich hätte mir weiter oben keinen Knoten in meine Zunge oder die Finger auf der Tastatur machen müssen, um eine generalisierende Erfolgsformel zu entwickeln. Nein, so einfach tickt das Leben nicht. Wer wagt, gewinnt, ja, durchaus. Aber das bedeutet nicht, dass der Satz: Wer etwas später wagt, gewinnt auch, nicht ganz genauso zutrifft. Es geht doch in der Regel nie um die Schnellschüsse. Und es geht vor allem nie ohne Abwägungsprozesse. Manchmal gar in mehreren Instanzen. Es geht um effizientes und effektives Entscheidungsverhalten. Wie das aussehen kann, wollen wir uns im folgen-den Kapitel näher ansehen.

IV. Nur wer Entscheidungen trifft, gewinnt. In Entscheidungen hinein- leben

Wenn Du merkst, dass Du ein totes Pferd reitest, sorge für einen bequemen Sattel – es könnte ein langer Ritt werden!
Frank Menzel

Ein Risiko einzugehen bedeutet immer, eine Entscheidung zu treffen. Diesen Prozess zu optimieren kann das Leben im Alltag erleichtern. Deshalb ist es sinnvoll, die verschiedenen Wege der Entscheidungs- findung einmal für sich strukturiert zu durchdenken. Damit Sie den unterschiedlichsten Anforderungen, die das Leben an Sie stellt, leichter gerecht werden können. Treten Sie mit Ihrem empfundenen Konflikt in einen Dialog und nehmen Sie seine Herausforderung an. Wenn Sie überdies Ihrem Leben ein Muster geben, kann dies in einen Kreislauf münden, der Ihre Entscheidungen in Zukunft besser fließen lässt.

83

W er wird Millionär?" Ja, wer? Vielleicht diese junge Frau, die da jetzt auf dem Stuhl Platz nimmt. Die zwar keinen Lottoschein ausgefüllt, aber sich doch in dieses Quiz beworben hat. Sie hat ihre Scheu überwunden, sich in einer Sendung mit solch hoher Zuschauerquote, womöglich zu blamieren. Sie kam durch die Vorentscheidungen, ist ins Studio vorgedrungen und beantwortet sogar die Eingangsfrage richtig und vor allem richtig flott. Fröhlich und sympathisch aufgedreht plaudert sie mit Günther Jauch. Eine toughe Frau, denke ich.

Bis sie erzählt, wie sie an ihren Studienplatz gekommen ist. Sie konnte sich für kein Fach entscheiden und hat sich deshalb einfach für mehrere unterschiedliche Fächer beworben, um dann das zu studieren, wofür sie genommen wurde. Und das hatte schon eine interessante Spanne, die von Linguistik über Architektur bis zu Chemie reichte. Illustre, breit gefächerte Interessen – beneidenswert könnte man denken. Aber alles hat eben zwei Seiten und sie die Qual der Wahl. Statt in einem Abwägungsprozess zu entscheiden, was sie aus ihrem Leben machen will, lässt sie den Zufall spielen. Ist das nun besonders intelligent, so frage ich mich, oder besonders dumm? Oder vielleicht besonders gleichgültig? Sich selbst gegenüber?

Alles unsinnige Fragen, denn diese Bewertungsmaßstäbe haben da nichts zu suchen. Denn es ging einzig und allein um das Leben dieser jungen Frau. Sie warb ja nicht darum, dass alle es so handhaben sollten wie sie, und vor allem: Sie war letztlich glücklich und zufrieden mit dem Studienfach, in dem sie angenommen worden war. Diese Frau wird ihren Weg gehen, da bin ich mir sicher. Denn sie hat die Fähigkeit, über den Tellerrand hinauszusehen und die normalen ausgetretenen Pfade zu verlassen. Und das sogar ganz besonders entscheidungsfreudig, denn schließlich ist keine Entscheidung zu treffen auch eine Entscheidung. Aber ist ein solches Vorgehen auch besonders mutig? Geht es überhaupt darum in diesem Buch? Geht es beim Thema, etwas zu wagen, um auf diese Weise zu gewinnen, um Mut? Ja. Es geht dabei um *Waagemut*! Um Selbstfindung und die Balance. Immer wieder. Das ist der rote Faden.

Niemand betritt diese Welt mit einer bestimmten, in Stein gemeißelten Identität. Vielmehr eröffnen die uns mitgegebenen grenzenlosen Potenziale einen unendlich großen Raum zur Entfaltung. Wie wir uns entwickeln, hängt von Anfang an von Entscheidungen ab. Natürlich zunächst von denen unserer Eltern. Sie sichern uns das Überleben und behalten einige Jahre lang die Zügel in der Hand. Doch je nachdem, wie sie ihre Erziehungsaufgabe wahrnehmen und leben, stellen sie damit schon in ganz jungen Jahren die Weichen dafür, ob der Heranwachsende später viel Zeit damit verbringt, wieder jemand anderem die Zügel für sein Leben zu übergeben oder es weitgehend selbstständig zu lenken. Wir haben uns mit diesen Wechselwirkungen ja schon eingehend beschäftigt.

Viele Menschen warten darauf, bewegt zu werden, statt sich ihrer Befähigung bewusst zu werden, sich selbst bewegen zu können und ganz genau damit etwas Wichtiges beizutragen. Die Verantwortung für das eigene Erleben des Lebens zu übernehmen macht lebendig! Wie sie ausgestaltet wird, steht natürlich wiederum jedem frei. Wer die Endlichkeit des Lebens nicht leugnet – und wer könnte das schon –, der dürfte sich wohl irgendwann einmal die Frage stellen: Macht es überhaupt einen Unterschied, ob ich lebe oder nicht? Beziehungsweise möchte ich einen Unterschied machen? Möglich wird dies, indem ich nicht nur überlebe, sondern etwas beitrage, eine Wirkung hinterlasse, mich unterscheide von der Masse. Das gelingt nicht durch Passivität – zumindest selten, denn die Studentin im Beispiel hatte ja beschrieben, dass selbst das ein Weg sein kann. Doch normalerweise ist Voraussetzung, in die Aktion zu kommen, und dafür sind Entscheidungen erforderlich.

Den inneren Konflikt lösen: die Kraft der Entscheidung

Zum Risiko gehört immer das Pendant der Chance. Beide gehen Hand in Hand. Manchmal stehen sie händchenhaltend eng beieinander oder verschränken die Hände, um nicht handeln zu müssen, jedenfalls nicht sofort. Aber die Schnittmenge bildet die Entscheidung. Diese zu treffen fordert mich. Immer. Auch, oder gerade wenn sie mein Unterbewusstsein für mich trifft, basiert sie auf meinen Erfahrungen. Bezieht sie mein Leben mit ein. Meine Prägungen. Selbst wenn wir es wollten, wir können nicht damit aufhören, Entscheidungen zu treffen. Sie gehören zu uns wie der Sauerstoff zum Überleben. Menschen entscheiden sich für die Ehrlichkeit, die Manipulation oder die Lüge. Sie entscheiden sich, anderen Menschen zu helfen oder ihnen zu schaden. Bis zu 20.000 Entscheidungen fällen wir am Tag, heißt: alle drei Gedanken eine Entscheidung. Dass die meisten davon unbewusst ablaufen, dürfte klar sein. Und doch heißt unbewusst nicht ohnmächtig. Letztlich bleibt und steht jede auch noch so automatisierte Entscheidung in der eigenen Verantwortung. Ob ich das will oder nicht. Diese Entscheidung obliegt mir nicht. Die kann ich nicht abgeben. Da müsste ich mein Hirn abgeben. Man kann sich nicht nicht entscheiden. Dieser abgewandelte bekannte Satz von Paul Watzlawick ist wohl einer der wichtigsten des menschlichen Zusammenlebens – mit sich selbst!

Somit ist unser Leben die Summe unserer Entscheidungen. Es gibt Menschen, die sich sehr leicht entscheiden können und andere brauchen Tage, Wochen, ja Jahre dafür. Es gibt Wahlsituationen von lediglich peripherer Bedeutung bis zu existenziell bedeutsamen Problemen, die mitten ins Zentrum der Konflikte menschlicher Existenz führen – und manchmal nicht mehr hinaus.

Stehe ich früh morgens auf, um zur Arbeit zu gehen, oder bleibe ich noch liegen? Studiere ich oder mache ich eine Ausbildung? Kinder, ja oder nein? Erkläre ich einer anderen Nation den Krieg oder nutze ich meine Position, um mich nachhaltig für den Weltfrieden einzusetzen? Die Bandbreite wird deutlich. Zudem gilt: Entscheide ich mich, entscheide ich oft auch für andere mit. Es gibt Menschen, die es lieben, wenn andere für sie entscheiden. Auch eine Entscheidung. Anderen Menschen werden Entscheidungen von anderen Menschen übergestülpt. Damit müssen sie etwas hinnehmen, das sie vielleicht gar nicht wollen, ihnen fehlt aber die Kraft, sich dagegen zu wehren. Wer trägt dann letztlich die Verantwortung? Und: Warum fällt es uns mitunter überhaupt so schwer, Entscheidungen zu treffen? Weil wir mit dem Für gleichzeitig etwas loslassen müssen. Und wir wissen nicht immer ganz genau, ob das nicht ein Fallenlassen bedeutet. Es kommt also auch auf die Perspektive an: Trenne ich mich von etwas oder bekomme ich etwas? Ist das Glas halb voll oder halb leer? Darüber kann man ein ganzes Leben lang philosophieren. Oder es hier zumindest lediglich mittels weniger Sätze ableiten und damit jedenfalls zumindest grundsätzlich im Kopf klären.

Das Stammwort „scheiden" entspringt dem Germanischen und bedeutet „schneiden" oder „trennen". Die Vorsilbe „ent" bezeichnet sowohl die Richtung auf etwas hin als auch die Trennung von etwas. Wir haben es also mit der Trennung von Sachverhalten zu tun, indem wir sie voneinander abheben und sie ordnen. Ich kann mich für, gegen oder zwischen etwas entscheiden. Soweit die wortwörtliche Bedeutung, aber viel wichtiger ist: Meist geht es dabei um das Ordnen von in Konflikt zueinander stehenden Handlungsmöglichkeiten. Meine Entscheidung schafft Ordnung! Sie stellt etwas hierarchisch dar, was sich zuvor konträr gegenüberstand. Meine Entscheidung befriedet, weil ich mich auf etwas festlege. Und somit haftet Entscheidungen grundsätzlich etwas Gutes an und das macht sie im Leben begrüßenswert. Auch wenn sie nicht immer leicht zu treffen sind.

Den inneren Dialog führen: der Vorgang des Entscheidens

Kommen wir nun dazu, wie wir entscheiden, und beschäftigen uns mit Teilaspekten der Frage: Welche Determinanten begründen unsere Urteilsbildung über einen Sachverhalt?

Der Mensch ist in seiner Individualität ein sehr komplexes Gebilde. Auf dieses Gebilde und seine Wahrnehmung von Entscheidungs- und damit Handlungsmöglichkeiten prasseln immerzu unendlich viele Einflüsse ein. Wie diese verarbeitet werden und worauf sich bestimmte Präferenzen gründen, hängt von der Persönlichkeit und den eigenen Fähigkeiten ab, diese Informationen angemessen zu verarbeiten. Die Befähigung dazu ist zwar unzweifelhaft bei jedem Menschen begrenzt, aber ebenso sicher auch bei jedem unterschiedlich ausgebildet. Daraus resultieren Lernprozesse genauso wie eine mögliche Anfälligkeit für die Manipulation von Wahrnehmungen und daraus entstehende Bewertungen. Das Denken in Kategorien und Normen, die eigene verinnerlichte oder übergestülpte Wertematrix, Rollenklischees und -erwartungen, der Einfluss affektiver sowie emotionaler Faktoren – und das alles situativ in unterschiedlicher Ausprägung.

Wundert es da noch irgendjemanden, dass wir hin und wieder, also ab und zu und nicht selten, aber oft Entscheidungsprobleme haben? Wie schön wäre es doch, es gäbe allgemeine Richtlinien zur rationalen Auswahl der perfekten Handlungsalternative. Ja? Wäre das schön? Sicher nicht in der Stringenz multifunktionaler Schemata, die jedermanns Problemstellungen abdeckt. Aber eine für mich persönlich herausgearbeitete, quasi meine ureigene individualisierte Richtlinienkompetenz. Das wär's doch. Etwas, auf das ich immer dann zurückgreifen kann, wenn es mal etwas zu rasant oder gar außerordentlich riskant in meinem Kopfkino zugeht. Ich denke, dass das geht. Aber natürlich nicht von heute auf morgen. In Kapitel 4 widme ich mich dem etwas ausführlicher.

Aber kommen wir zunächst zu den persönlichen Eigenschaften. Kommen wir zu Ihnen und Ihren inneren Stimmen und der Frage: Wie frei sind wir in unseren Entscheidungen überhaupt? Unsere alltägliche Wahrnehmung von Freiheit setzt sie im Alltag als impliziert voraus – die Freiheit, die auch all unseren Entscheidungen zugrunde liegt. Die Vorstellung, dabei vielleicht einer Illusion zu erliegen, ruft Unbehagen hervor. Doch es hilft nichts, denn in Bezug auf den Grad der Verwirklichung der getroffenen Wahl sind wir natürlich an die Grenzen des Realisierbaren gekoppelt. Was einem Menschen subjektiv zu verwirklichen verwehrt ist, kann er zwar anstreben, doch das führt zu nichts. Oder nur dazu, dass er sich aufreibt. Er sollte sich lieber schnellstens den Zielen zuwenden, die er zumindest wahrscheinlich erreichen kann. Insofern sehen wir bereits an diesem Punkt unseren Freiheitsspielraum auf der Sachebene, auf Inhalte und Ziele beschränkt, die jenseits von Phantastereien oder Wahrnehmungsstörungen liegen. Wie Sie merken, bin ich kein Verfechter der Sie-können-alles-schaffen-Affirmationen. Das sind reine Worthülsen, die von Luftnummern propagiert werden, um damit neue Mandanten in ihre Coachings zu bringen. Die es dann aufzubauen gilt. Deren Positionierung festzustellen. Und individuellen Möglichkeiten. Das grundsätzlich anzubieten, dagegen spricht nichts. Aber doch bitte bevor Sie auf die Nase geflogen sind. Und nicht hinterher, um Sie wieder mühsam aufzurichten. Sie können in Ihrer individuellen Ausprägung alles schaffen. Ja, einverstanden. Und da heraus setzen Sie sich Ihre Ziele. Selbst. Glasklar.

Obwohl: Natürlich hängt die Festlegung unserer Ziele auch immer von übergeordneten Bedingungen ab. Und hinter, über oder unter diesen wirken wiederum die soziokulturellen Systeme, in denen wir leben. Völlige Ungebundenheit, vollkommene Freiheit gibt es also nie. Doch jetzt genug mit meiner Rolle als Spielverderber, denn glücklicherweise sind diese theoretischen Überlegungen ja bei den allermeisten Entscheidungen in unserem Leben so in unseren Blutkreislauf integriert, dass wir uns dessen derart bewusst sind, dass sie unbewusst, quasi reflexartig ablaufen können. Etwa bei den einfachen Kaufentscheidungen. Ja, ich weiß, auch die sind nicht komplett frei, jedenfalls nicht, wenn man mögliche einschränkende Rahmenbedingungen wie den Preis einbezieht oder wenn das Marketing funktioniert hat.

Nennen wir sie also nicht freie Entscheidungen, sondern spontane. Denn ein sehr großer Teil unseres Verhaltens basiert ja nun mal nicht auf überlegten und bewussten Entscheidungen, sondern ist spontaner Natur. Dazu nutzen wir den Teil unseres Gehirns, der in der Lage ist, Informationen zu speichern, um diese dann zu einem späteren Zeitpunkt ad hoc wieder zu aktivieren, wenn sie gebraucht werden. Unser Gedächtnisspeicher operiert insoweit selektiv in Bezug auf die Wahrnehmung von Dingen, Abläufen und Sachverhalten. Wenn wir spontan entscheiden und handeln, oft in einem Vorgang, dann aufgrund unserer vorgenommenen Interpretation dieser subjektiven Wahrnehmung und Klassifizierung. Und das gilt sowohl bei der Auswahl aus zehn Regalmetern unterschiedlicher Pastasorten als auch beim abrupten Blinkersetzen und Abbiegen von der Autobahn, wenn wir auf ein Stauende zurasen, dann aber lieber doch die Landstraße nehmen.

Demgegenüber basieren das überlegte Handeln und ein vielleicht lange ersonnener Plan, auf meinen individuellen Normen und nachhaltigen Intentionen. Dabei wäge ich mein in Aussicht stehendes konkretes Verhalten anhand der Erwartung der Wahrscheinlichkeit ab, bestimmte vorab bewertete Ziele durch eigene Handlungen erreichen zu können. Zudem beziehe ich die Meinungen oder Erwartungen anderer, mir wichtiger Menschen mit ein. Aus der Gewichtung meiner Motivation, diesen Erwartungen oder Wünschen gerecht zu werden, ergibt sich wiederum meine eigene, subjektiv individualisierte Norm – oder wie ich oben schrieb: Richtlinienkompetenz.

Ganzheitliches Denken

„Im Idealfall lenken uns Gefühle in die richtige Richtung, führen uns in einem Entscheidungsraum an den Ort, wo wir die Instrumente der Logik am besten nutzen können", erklärte der Neurologe Antonio R. Damasio. Das hört sich jetzt alles rein kognitiv an. Aber sind es wirklich nur rationale Aspekte oder berücksichtigen wir nicht auch immer innere emotionale Vorgänge? Oder berücksichtigen diese uns? Wie sehr beeinflussen Emotionen unser logisches Denken und damit unsere Entscheidungen? Und wie wirken sie auf unser unmittelbares reaktives Verhalten bei einer spontanen Entscheidung? Sollten wir sie vielleicht besser ausschalten, um einen kühlen Kopf zu bewahren, und einen Sachverhalt ganz nüchtern betrachten? Aber geht das immer? Was, wenn ich vor Wut schäume oder am liebsten durch die Decke ginge? Kennen Sie noch das HB-Männchen? Perfekte Visualisierung eines, sagen wir mal, emotional entgleisenden Mannes, der nach Entspannung sucht, und sie sich – in Form einer Zigarette – zuführt. In dem Fall half kein beruhigender Gedankengang, sondern das Nikotin. Wir machen das besser!

Dass Emotionen und unser Denken irgendwie miteinander verbunden sind, werden wir nicht bestreiten können oder gar wollen. Auch wenn es sie geben mag, die Gelassenen. Die immerzu im Hier und Jetzt Lebenden. Die mit sich absolut im Reinen sind und nicht nur die Emotion, sondern sogar das Gefühl zu fühlen weitestgehend ausschalten, um die gehörige Ration Ratio in ihrem Leben so weit zu pushen, dass ihr Herzschlag nur noch Blut pumpt und kein Leben mehr. Doch ist es nicht auch eine Emotion, sich in sich rein kognitiv einzurichten? Wenn wir Emotion als affektive Gemütsbewegung definieren, so ist doch gerade eine inaktive Gemütsstarre purste Emotion. Denn man kann nicht nichts tun und man kann nicht nichts fühlen. Negiert man gerade dies, empfinde ich das als extrem emotional.

Aber zurück zur Norm: Menschen aus Fleisch und Blut denken, fühlen und (re)agieren emotional. Egal ob in sich gekehrt oder nach außen gerichtet. Ist dieser Einfluss auf unsere Gedankenwelt eher negativ oder unterstützend? Können sachliche, kognitiv gesteuerte Evaluierungsprozesse und Gefühle Hand in Hand gehen und dabei ausgleichend und sich gegenseitig unterstützend wirken? Oder prallen sie immer aufeinander? Unversöhnlich. Suchen sie

vielleicht geradezu den Konflikt, um sich hernach wieder versöhnen zu können? Mr. Spock und Captain Kirk lassen grüßen! Oder ist es gar kein Konflikt, sondern Interaktion, die uns Menschen erst überlebensfähig gemacht hat? Leben wir trotz oder wegen unserer Emotionen? Oder über sie?

Rein auf den Körper bezogen, lassen sich relativ einfach Antworten finden, denn ganzheitliches Denken bedeutet, beide Gehirnhälften einzusetzen. Unser Großhirn ist für die Verarbeitung komplexer Denkprozesse zuständig, also für kognitiv anspruchsvolle und damit logische Gedankengänge. Man nennt es auch das bewusst rationale und der Außenwelt zugewandte Gehirn. Hier wird das polare Denken verortet: richtig und falsch, links und rechts, gut und böse, machbar und unmöglich. Unser limbisches System stellt hingegen das emotionale Gehirn dar, das das schöpferische Denken beherbergt. Wir brauchen es vor allem dazu, um überhaupt zu überleben, denn hier stecken Phantasie und Kreativität. Sie schlummern einträchtig nebeneinander und warten auf Reize. Beide Anteile des Gehirns nehmen die Stimuli aus der Außenwelt nahezu gleichzeitig auf, danach interagieren sie entweder gut oder schlecht. Das Resultat daraus bestimmt, wie sich unser Verhältnis zur Umwelt und zu anderen Menschen gestaltet. Und es legt fest, wie wir unsere Emotionen kognitiv verarbeiten, um Entscheidung zu fällen. Insofern geht dies bei jedem Einzelnen etwas anders vor sich, schließlich sind wir echte Individuen.

Der Vorgang des Entscheidens an sich läuft jedoch als immer gleicher Prozess ab. Er beginnt mit der Wahrnehmung mehrerer Optionen und endet mit der Festlegung auf eine bestimmte, indem die Alternativen voneinander getrennt und eingeordnet werden. Zu unterscheiden ist dabei noch, ob ich die aktuelle Situation bereits kenne – Entscheidung unter Sicherheit – oder nicht – Entscheidung unter Unsicherheit. Letztere werden noch einmal aufgegliedert: Es gibt Entscheidung unter Risiko, bei denen bekannt ist, welche Handlungsoptionen mit welcher Wahrscheinlichkeit zu einer bestimmten Situation führen. Dabei werden Erfahrungswerte herangezogen, um etliche Konsequenzen gedanklich durchzuspielen. Genau das fehlt bei der letzten Kategorie, der Entscheidung unter absoluter Ungewissheit. Zwar weiß der oder die Betreffende, wohin sein Entschluss möglicherweise führt, aber er kennt nicht die Wahrscheinlichkeit, mit der es dazu kommt. Dieses Risiko erscheint schon im theoretischen Konstrukt schier unüberwindlich und damit sind wir endlich bei unserem Kernthema: dem Wagen und dem Gewinnen. Denn wer soll sich denn bitteschön entscheiden können oder gar wollen, wenn völlig unklar ist, wie das Ergebnis aussehen wird?

Ganz einfach: Sie. Denn Sie erinnern sich? Eine Entscheidung bringt mir die Auflösung eines inneren Konflikts. Es nicht zu tun, belässt das drohende Damoklesschwert über meinem Kopf. Und ich habe ständig das Gefühl wie vor einem demnächst anstehenden Zahnarzttermin in den Knochen. Kennen Sie das? Bei allem, was Sie tun, schwingt dieser Termin mit. Beim Essen, Arbeiten, Flirten, Holz hacken oder Zähne putzen – das Unterbewusstsein mit seinen schon betrachteten Mechanismen kocht sich aus Erfahrungswerten vergangener Zahnarztbesuche sein eigenes Süppchen, vergisst nichts und klopft ständig unterschwellig an, bis Sie den Termin hinter sich gebracht haben. Erst dann können Sie wieder frei atmen – und das ist jedes Risiko wert.

Leidenschaft und Vernunft – Emotion und Kognition – sollten beim Entscheidungsprozess nicht getrennt herangezogen werden, sondern Hand in Hand gehen dürfen. Analog zu Risiko und Chance, sind sie vor allem gemeinsam unschlagbar! Erst wenn sich emotionale und kognitive Funktionen verbinden, können wir erkennen, was in einer bestimmten Situation als Nächstes angebracht erscheint: erkenntnisgesteuerte Urteilsgrößen erlauben dann den Entwurf eines Handlungsplans. In ihm werden die Alternativen einer rationalen Abwägung unterzogen. Das häufig rein reaktive emotionale Verhalten, das wir beispielsweise bereits bei der Furcht kennengelernt haben – beim evolutionär geprägten Fluchtreflex des automatischen Furchtsystems – geht so in die vernunftgesteuerte Aktion über. Kommen wir auch heute nur noch eher selten mit Raubtieren in Kontakt, so haben wir diese Furcht ja keineswegs überwunden, sondern sie in fundamentale Versagens- und Existenzängste umgewandelt. Und das ist eben nicht nur schlecht, sondern schützt uns vor den scharfen Zähnen eklatanter Fehlbewertungen und dem überschnellen, unvorsichtigen Sprung ins kalte Wasser.

Genauso wie andere Emotionen, der Ärger, die Freude, das Mitleid oder die Liebe, als Korrelat dienen können. Ob als ausgleichender, mindernder oder steigernder Faktor. Da ist alles denkbar und nicht nur erlaubt, sondern geboten. Kopf und Bauch, Verstand und Gefühl, Emotion und Kognition,

Rationalität und Intuition – all das sollte als komplementäre, sich ergänzende Erkenntnisformen betrachtet und genutzt werden. Mit fließenden Grenzen, aber durchaus gemeinsamem Wirkungsmodell. Ich nenne es die vernunftgesteuerte Verarbeitung meiner stimmungsgeschalteten Ratio. Und für Letztere und die überlegten Entscheidungen will ich noch ein Hilfsmittel zur Entscheidungsfindung ins Spiel bringen: die Kausalitätsprüfung.

Kausales Denken

Unsere Wahrnehmung von Informationen gelingt nie umfassend, sondern ist immer selektiv. Rein visuell können wir knapp zwei Prozent unserer Umgebung erfassen. Wir müssen also auswählen. Aber was? Auch hier hilft das Unterbewusstsein in gleichem Maß, wie es uns aufs Glatteis führt. Wir wählen auf Basis unserer Erfahrungen aus, da wir daraus eine gewisse Erwartungshaltung generieren. Unsere Erwartungen beeinflussen daher, was wir sehen.

Anders sollte es bei unseren entscheidungsrelevanten Informationen sein. Die gilt es zusammenzutragen, bewusst und gesteuert. Und sie dann zu verarbeiten, indem wir sie strukturieren und bewerten, um zu einer konsistenten Entscheidung zu gelangen. Ein Weg dahin führt über das kausalanalytische Denken. Es wird von Verfechtern des ganzheitlichen, systemischen Denkens kritisiert, weil es ihnen in seiner zerlegenden Reduktion zu kleinteilig und damit zerstörerisch daherkommt. Der Prozess, der gedanklich komplett zu erfassen sei, würde noch vor einer Entscheidungsfindung zerstört, da er eben genau nicht in seiner ganzen Komplexität gewürdigt würde. Ich sehe das anders. Ganz anders. Und ich möchte Ihnen gerne, ein wenig ausholend, erklären, warum.

Kausalität ist grundlegend definiert als das Prinzip von Ursache und Wirkung. Ich sage etwas, Sie hören es. Ursache: Ohren und Schallwellen, die transportiert werden. Wirkung: Sie hören. Ein Teller fällt vom Tisch: Ursache ist die Kraft, die einwirkt und dazu führt, dass der Teller kaputtgeht. So weit, so klar. Das vermittelt den Eindruck, die Welt unterliege eindeutigen Gesetzmäßigkeiten. Bei näherer Betrachtung ist das Verhältnis zwischen Ursache und Wirkung jedoch erheblich komplexer.

Ein Schwein freut sich darauf, dass jeden Tag ein Mann in den Stall kommt, um es zu füttern. Irgendwann kommt der Bauer in den Stall und schlachtet das Schwein. Soll heißen: Ein regelmäßiger Ablauf sagt nicht grundsätzlich etwas darüber aus, dass Abläufe wie bislang fortdauern. Die Tatsache, dass wir überhaupt etwas von dieser Welt verstehen, setzt voraus, dass in unseren Köpfen eine Vorstellung davon existiert, was eine Ursache und was eine Wirkung ist. Es handelt sich um eine Art Gedankennetz, in dem sich die Wirkung immer an die Ursache anschließt und nicht umgekehrt. Und damit der Verstand überhaupt etwas feststellen kann, müssen Ursache und Wirkung voneinander getrennt werden können. Aber wer sagt, dass zwischen der erkannten Ursache und der Wirkung nicht eine andere Ursache liegt, die die Wirkung ausgelöst hat? Es könnte ja sein, dass die erste Ursache rein zufällig kurz vor dieser Wirkung aufgetaucht ist. Unsere Welt ist voller verzwickter Kausalketten und letztlich – Sie kennen den Spruch mit dem Schmetterlingsflügelschlag – hängt sowieso alles mit allem zusammen.

So steckt auch hinter dem Kausalitätsbegriff mehr, als kleinteilig einem gewissen Korinthenkackerstatus zu frönen. Eine Art Weltanschauung. Erlauben Sie mir einen kleinen Ausflug in die naturwissenschaftliche Philosophie – und umgekehrt. Der Frage nachgehend, wie unser Universum aufgebaut ist und was es in seinem Inneren zusammenhält. Denn die Kritiker des kausalen Denkens behaupten, es mache uns blind für alles, was unablässig um uns herum geschieht und geschah. Weil es quasi immer, nutzt man es konsequent, an einem Punkt ankommt, wo das gedankliche Scheitern vorprogrammiert ist, weil die Grenze nicht nur imaginär, sondern unüberwindbar scheint. Bei der Frage: Was war vor dem Urknall?

Nun brauchen Sie ganz gewiss nicht zu wissen, was vor dem Urknall war, wenn es bei Ihrem Entscheidungsprozess darum geht, ob Sie einen weiteren Geschäftsführer mit ins geschäftliche Boot holen oder nicht. Aber hierbei geht es ums Prinzip, ob dieser gedankliche Ansatz überhaupt förderlich ist, wenn er sich doch aus sich selbst heraus immer wieder seiner Legitimation enthebt. Was ich vehement bestreite.

Faktisch lassen sich gewisse Prozesse mittels der Mathematik ja durchaus zutreffend prognostizieren und so auch kausale Gesetzmäßigkeiten darstellen. Doch stolpert die Wissenschaft tatsächlich immer wieder über Hürden. Lange ging die klassische Physik davon aus, dass experimentell bedingte Ungenauigkeiten nur die Folge ungenauer Messinstrumente wären und in Folge deren Verbesserung beliebig klein gemacht werden könnten. Offene Fragen würden sich also mit der Zeit beantworten lassen. Doch spricht der gegenwärtige Erkenntnisstand der Quantenphysik eine andere Sprache. Dem einst als universell angesehenen Determinismus, dass alle – insbesondere auch zukünftige – Ereignisse durch Vorbedingungen eindeutig festgelegt sind, wird heute die Allgemeingültigkeit aberkannt, da das Prinzip begrenzt ist und damit nicht umfassend gültig sein kann.

Kausalität ist dadurch ein in die Naturwissenschaft eingelegtes Prinzip, das aber von ihr weitestgehend ausgespart wird. Quasi aus Hilflosigkeit. Denn ansonsten drehte sich alles ununterbrochen um die Frage: Was war der Anfang von allem? Und die Antwort müsste lauten: Der Anfang war eine Ursache für alles, das keine Ursache hatte. Unbefriedigend. Wenn auch gleichzeitig hochinteressant. Aristoteles nannte es: der unbewegte Erstbewegte. Und wenn wir ehrlich sind, sind wir bis heute nicht wesentlich weitergekommen, als uns in philosophischen Wortkonstrukten zu gefallen.

Jeder Anfang, wenn er klar gesetzt wäre, hätte keine Zeit davor. Kausalität definierte dann die Begrenzung oder den Rand unserer Erkenntnis. Sehen wir den Beginn des Universums als akausal, nehmen wir ihm die Ursache. Da wir sie (noch) nicht kennen (können), läge darin unsere kausale Erkenntnisgrenze. Schluss.

Die fundamentalen Fragen der Welt sind für uns, ich wiederhole, aufgrund der kausalen Struktur, die innerhalb des Universums herrscht, gerade nicht beantwortbar. Gleichwohl ist es so wichtig, sie zu stellen.

Genauso ergeht es uns, wenn wir in die tiefsten Teile der Materie vordringen. Zu den nicht mehr teilbaren Teilchen. Atome, Protonen … wo ist das Ende? Heute: bei der Quantenmechanik. Sie bildet die Grenze, unter die wir nicht kommen können. Es ist das Prinzip der Heisenberg'schen Unschärfe: Die Natur wird ab einem bestimmten Niveau unscharf, sie existiert nicht mehr als Teilchen, das mit einem anderen Teilchen als Kraft zusammenarbeitet. Das, was vielleicht vor dem Urknall war, außerhalb des Universums gelegen und abgelaufen, all die offenen Fragen, die uns umtreiben, sind gerade aufgrund der kausalen Struktur innerhalb des Universums (noch) nicht erforschbar. Und insofern haben die Kritiker der kausalen Denke durchaus recht! Aber darf ich etwas deshalb nicht erfragen, weil mir die Antwort verborgen bleiben wird? Wäre dem so, wir würden wohl immer noch unseren Fluchtreflex am Mammut erproben, statt an potenziellen Vergewaltigern.

Die fundamentalen Fragen und Gesetzmäßigkeiten der Welt sind für uns, ich wiederhole, aufgrund der kausalen Struktur, die innerhalb des Universums herrscht, gerade nicht beantwortbar. Gleichwohl sind sie so wichtig zu stellen. Auch, wenn sie uns stetig vor Augen führen, dass sie uns Antrieb und Grenze in einem sind, so machen sie dennoch deutlich: Jedes Lebewesen, das versucht herauszufinden, wie die Welt um es herum funktioniert, sollte einen solchen Wirkungszusammenhang im Kopf haben, um auch nur ansatzweise verstehen zu können, was sich um es herum abspielt. Ansonsten macht es Götter für Blitz und Donner verantwortlich. Okay, wir kennen heute die Gründe für elektrostatische Entladungen, wir brauchen zumindest dafür keinen mythischen Bereich mehr. Aber es bleiben Fragen: Was ist innen drin tatsächlich? Das können wir nicht verstehen. Weil uns der Zugang durch die physikalischen Wechselwirkungen selbst verstellt ist. Wir sehen nach einer Weile nichts mehr. Bleiben blind.

Das heißt: Die Kausalität ist Voraussetzung, um die Naturwissenschaften zu begreifen, aber bei den entscheidenden Frage verlässt sie uns. Wir kommen hier nicht weiter. Unsere Vernunft ist in der Lage, Fragen zu stellen, die wir nicht beantworten können. Die Welt stellt also eine Verschachtelung so vieler Wechselwirkungen dar, dass wir vermutlich niemals werden exakt sagen können, warum sie so geworden ist. Und doch steht die Kausalität im Zentrum einer jeden intelligenten Tätigkeit im Universum. Zwar bringt das Kausalprinzip einen physikalisch erkenntnistheoretischen Nachteil mit sich, dennoch ist das Erkennen kausaler Zusammenhänge und somit die Fähigkeit zu schlussfolgern für des Menschen alltägliche Entscheidungen von Vorteil, wenn nicht gar immens wichtig – Quantenphysik hin oder her –, denn unser alltägliches Leben ist durch kausale Prozesse determiniert. Unser Überleben setzt voraus, dass wir mit unserer Umwelt interagieren können. Unser Handeln kann wiederum nur dann erfolgreich sein, wenn die Prozesse eine sich wiederholende Ordnung aufweisen. Sind diese Vorbedingungen gegeben, können wir durch zweckgerichtetes Handeln die passenden Wirkungen hervorrufen. Daraus entwickelt sich ein Bewusstsein für unsere Fähigkeit, auf Dinge in der eigenen Umwelt Einfluss zu nehmen. Das kausalanalytische

Denken bildet so eine optimale Basis für die Erstellung eines Plans und die daraus folgenden Handlungen.

Nun ist der Moment gekommen: Öffnen wir unseren Blick dafür, dass wir – die wir sowohl Körper als auch Geist sind und nur interaktiv das Leben meistern können –, mit der Kombination beider Denkansätze sehr viel erfolgreicher sein können. Indem wir die linear-kausale Denke mit dem ganzheitlichen Kopf-Bauch-Ansatz vernetzen, lösen wir Probleme und grenzen Risiken ein und kommen so zu nachhaltigen und richtigen Entscheidungen. Das fällt umso leichter, wenn der Einzelne sich zuvor seine eigene Basis dafür geschaffen hat.

Eine innere Haltung finden: die Basis der Entscheidung

Muss ich mich immer wieder neu fragen, ängstigen, freuen, analysieren, erden? Oder kann ich nicht mal an bestimmte Themen einen gedanklichen Haken machen, statt sie immer wieder hochkochen zu lassen?

Sie können nicht nur, Sie sollten es unbedingt! Denn es spart Zeit und andere Ressourcen, vor allem Kraft und Nerven. Stellen Sie sich den Entscheidungsprozess doch mal als ein Maßband vor: von eins bis zehn. Wäre es da nicht schön, Sie müssten nicht immer bei eins anfangen, sondern könnten bei gewissen Entscheidungen schon bei vier oder fünf ansetzen? Mal ein lapidares Beispiel: Ich habe eine Freundin, die jedes Jahr, ja wirklich, jedes Jahr erneut vor ihrem Geburtstag in den Entscheidungsprozess einsteigt, ob sie ihn feiern soll oder nicht. Und im Grunde sind ihre Überlegungen auch in jedem Jahr die gleichen. Was sollte nach 46 Jahren auch Neues hinzukommen? Man macht das so. Ich werde eingeladen, da muss ich mich auch mal revanchieren. Die denken ja sonst, ich kapsle mich total ab. Oder ich hätte ein Problem mit dem Älterwerden. Oder sei geizig. Oder faul. Und für mich ist es ja eigentlich auch ganz schön. Ich bin ja nicht ungesellig. Nur eben auch nicht so ne Partymaus. Ach, ich sag einfach: Wer kommt, der kommt. Aber was, wenn dann keiner kommt und ich habe etwas vorbereitet? Oder es kommen ganz viele und ich habe nicht genug für alle?

Wochen vorher beginnt sich ihr Gedankenkarussell im Kopf zu drehen. Meistens entscheidet sie sich erst Tage vorher – und allermeistens – dagegen. Was für ein Stress, ein absolut unnötiger Stress. Zwar keine Entscheidung, die mit einem Risiko einhergeht. Jedenfalls geht es um nichts, bei dem es etwas zu wagen und infolgedessen zu gewinnen oder zu verlieren gäbe. Oder vielleicht doch? Ich werfe einfach mal das Stichwort „Lebensqualität" in den Ring. Denn Menschen, die so ticken, sind auch bei anderen Sachlagen wankelmütig und empfinden dadurch immer Stress, egal ob hausgemacht oder nicht. Dabei wären feste Strukturen nicht nur für sie von Vorteil. Sie wären wohl auch weniger anstrengend für ihre Umwelt, weil sie und ihr Verhalten in positivem Sinn berechenbar würden. Was-kümmert-mich-meine-Meinung-von-gestern-Menschen mögen sich selbst als besonders flexibel bezeichnen, doch sind das nach meiner Erfahrung gerade diejenigen, die sich selbst am wenigsten leiden können, ihre Unzufriedenheit dann jedoch an anderen festmachen, die es oft einfach nur leid sind, deren Opferstory zum x-ten Mal anhören zu müssen.

Dieses Beispiel zeigt, dass die innere Haltung oder die Einstellung eine wichtige Rolle spielt. Damit meine ich, dass Ihr Leben konsequent eingestellt um einiges leichter läuft. Stellen Sie sich mal ein Autoradio vor, in dem Sie nicht die Sender programmieren könnten. Sie müssten jedes Mal, wenn Sie das Auto starten, Ihre Lieblingsprogramme suchen, das Radio immer wieder neu einstellen. Das ist lästig, nervig und total unnötig. Ich weiß, wie sich das anfühlt, mein Autoradio war kürzlich kaputt … Nein, ich will ehrlich sein: Es war neu und ich wusste nicht, wie ich die Sender speichern konnte. Ich bin dann in die innere Vermeidungshaltung gegangen: Bis ich mir endlich die Zeit nahm, die Anleitung zu lesen, habe ich kein Radio mehr gehört, mich also selbst beschnitten.

Dafür gibt es nur ein einziges Wort: selber schuld. Das mag ein profanes Bild sein, aber es versinnbildlicht genau das, was ich meine. Wenn wir uns entweder in ständigem Sendersuchlauf befinden oder statt klarer Übertragungen nur ein Rauschen und Knistern hören, dann ist das so, als wenn sich unsere ungeordneten Gedanken andauernd selbst überholen, im Kreis drehen, sich verwirren und in Denkknoten verfangen. Wie oft kam es schon vor, dass Sie um eine Entscheidung gerungen haben und dabei dachten: Oh je, ich kann nicht mehr klar denken. Das kann dann natürlich viele Ursachen gehabt haben, aber ich wette, eine davon war es, zu viele Fragen auf einmal beantworten, zu viele Probleme gleichzeitig lösen zu wollen. Und die ändern dann auch noch ihre Richtung, widersprechen sich heute und münden morgen in stützende Informationen. Das führt viel eher in innere Konflikte, als Ärger, Angst oder Niedergeschlagenheit oder als immer mal wieder die Prämissen meines Lebens festzulegen und damit eine konsistente Haltung nicht an-, sondern einzunehmen. Auch auf die Gefahr hin, deshalb vielleicht als Sturkopf oder Prinzipienreiter bezeichnet zu werden. Ja, mag sein, dass das dann so rüberkommt. Mag sogar sein, dass das sogar stimmt. Aber, was spricht eigentlich dagegen, Prinzipien zu haben? Und welche Argumente gibt es gegen logische Schlussfolgerungen, die mich zu einem verbindlichen Menschen machen, ohne mich auf ewig zu binden? Ich kette mich ja damit nicht an mich selbst und werde mich ganz sicher auch immer mal wieder hinterfragen. Doch ich bin dann eben auch kein Ping-Pong-Ball (mehr), der sich je nach Unterlage und in seinem Sprungverhalten verändert und immerzu anpasst.

Eine Entscheidung zu treffen ohne vorherige gewisse Grundentscheidungen birgt das Risiko, baden zu gehen, noch bevor jemand anderer das Wasser eingelassen hat. Und einen Kopfsprung in ein leeres Becken zu machen, dürfte zu nachhaltigen Kopfschmerzen führen.

Genug der Metaphern – Tacheles: Die Wissenschaft versteht unter Einstellung eine relativ stabile, zeitlich unabhängige Verhaltensdisposition. Genauer beschreibt der Marketingexperte Volker Trommsdorff diesen Begriff als den „Zustand einer gelernten und relativ dauerhaften Bereitschaft, in einer entsprechenden Situation gegenüber dem betreffenden Objekt regelmäßig mehr oder weniger stark positiv beziehungsweise negativ zu reagieren." Ich finde, das klingt ziemlich beruhigend. So, als würde ich mit jeder gefundenen Einstellung in meinem Leben mindestens zwei Ängste, drei unangenehme Diskussionen und vier gefühlte Risiken verhindern.

Nun muss ich nur noch wissen, wie ich (in) diesen Zustand finde. Sie haben das schon viele, viele Male unbewusst gemacht, ohne dies als solches mit Fachtermini zu belegen. Denn natürlich wissen Sie, wie man sich eine Meinung bildet. Das tun Sie, indem Sie Ihre Wahrnehmung auf die Beurteilung des Themas und seine Eigenarten richten und auch mal eine Weile wirklich fokussieren. Was meine ich mit wirklich? Man könnte es mit dem kurzen Dialog vergleichen: „Komm doch mal vorbei." „Och, ich würde auch gerne hineinkommen." Sich nicht nur am Rande Gedanken machen, sondern in die Gedanken mitten hineinspringen. Und sich eine Weile dort aufhalten. Das wäre dann die kognitive (wissende) Komponente, die in die affektive (gefühlsbedingte) führt, indem Sie für sich herausfinden, ob Sie etwas positiv oder negativ bewerten. Bemerken Sie daraufhin einen inneren Antrieb, eine Entscheidung zu treffen, statt sich weiter den Kopf zu zerbrechen, hat mein Rat unmittelbar angeschlagen. Darin drückt sich die konative Komponente einer Meinungsfindung aus: die Absicht zum Handeln, zum Wagnis.

Anmerken möchte ich, dass dieses Thema nichts, aber auch gar nichts mit Wahrheit zu tun hat. Es geht nicht darum, ob oder dass Ihre Einstellung oder konsequente Haltung die einzig Wahre ist. Die Sie nun in missionarischem Eifer anderen überstülpen müssten. Damit gäben Sie jedem, der zu seiner eigenen Einstellung gefunden hat, die ihm Halt gibt, unrecht. Es geht aber nicht um recht oder unrecht haben. Nein, es geht um die Definition und Wahrnehmung Ihrer Einstellung als grundlegend für Sie, für eine bestimmte Situation oder vielleicht auch als Wertematrix, an der Sie Ihr ganzes Leben ausrichten.

Nehmen sich Menschen ein Beispiel an Ihnen und folgen Ihren Einstellungen, so bleibt das denen überlassen. Das ist nicht das Ziel. Denn das gibt Ihnen keinen Halt. Sie benötigen keinen Applaus von außen. Sie sind in sich perfekt und vollkommen. Und Ihre gewonnene Einstellung ist es auch. Das gibt Halt und macht das Entscheiden leichter. Wenn ein Gerüst entsteht. Wird es aber zu einem Korsett, das Ihnen die Luft zum Atmen nimmt, ist es an der Zeit, die Einstellung zu überdenken. Vielleicht hat sich die Lebenssituation dann grundlegend geändert oder Ihr Umfeld. Sei es beruflich oder der Freundeskreis oder Ihre Lebensbedingungen. Obwohl beides ja normalerweise mit Ihrer Grundeinstellung zu tun hat und harmonisieren wird. Und doch gilt: Selbst wenn sich Menschen nicht grundlegend verändern, so wird sich letztlich jeder Mensch im Lauf seines Lebens weiterentwickeln und seine Lebensanschauungen entsprechend anpassen. Und das – ist auch gut so.

AUS DEM LEBEN GEGRIFFEN: WIE IM FLUG

Wie das alles perfekt aufeinander wirken kann, wie innerhalb nur weniger Minuten eine gleichzeitig spontane und überlegte Entscheidung aufgrund kognitiv-emotional verflochtener und mit linear kausal-analytisch gekoppelter Meinungsfindung getroffen werden kann, die auf einer gefestigten Werteauffassung fußt, mit der Folge, dass 155 Menschen, deren statistische Überlebenswahrscheinlichkeit relativ gering war, gerettet wurden, zeigt dieses Beispiel: Es geht um einen Mann, der seine Professionalität und Geistesgegenwart, seinen Mut, seine Angst und seine Resilienz nutzte, um zu handeln.

Um besser zu verstehen, worum es dabei geht, ein paar Gedanken vorab zum Thema Fliegen, das bei näherer Betrachtung als das Dümmste erscheint, was wir tun können: Die Passagiere liefern sich drei Menschen – dem Piloten, dem Co-Piloten und dem Fluglotsen – vollkommen aus. Hinzu kommt, dass eine Technik genutzt wird, deren Abläufe man als Laie kaum zu erfassen vermag. Als Fluggast gibt man also die Kontrolle über sich und sein Leben ab. Beim Zugfahren gibt es wenigstens Schienen, beim Busfahren kann man zur Not das Fenster einschlagen, um auszusteigen. Beim Autofahren kann der Fahrer im letzten Moment noch selbst reagieren, wenn sich eine brenzlige Situation ergibt. Doch ein Flugzeug ist von der ersten bis zur letzten Minute ein Gefängnis, aus dem der Passagier bei Gefahr nicht selbstständig entkommen kann. Stimmt alles. Und auch nicht. Das Risiko, bei einem Flugzeugunglück ums Leben zu kommen ist statistisch sehr gering. Die Wahrscheinlichkeit, von einem Esel totgetreten oder von einem Hai tödlich verletzt zu werden, liegt weit darüber. Von einer Kokosnuss am Strand erschlagen zu werden, ist sogar noch wahrscheinlicher. Obwohl Flugangst so gesehen keine Grundlage hat, kommt sie doch sehr häufig vor.

Doch nun zu Chesley Burnett Sullenberger, einem Piloten, dessen Leben sich am 15. Januar 2009 radikal änderte, als er 155 Menschen das Leben rettete. Dreieinhalb Minuten hatte er dafür Zeit. Dreieinhalb Minuten, die sich nach seiner eigenen Aussage anfühlten wie – dreieinhalb Minuten. Ein Schwarm Vögel war mit seinem Flugzeug derart kollidiert, dass beide Triebwerke ausfielen. Sofort reduzierte sich die Geschwindigkeit und Sullenberger übernahm das Steuer. Obwohl er das Gefühl hatte, dass sich unter ihm eine Falltür geöffnet hätte, funktionierte er. Er setzte einen Notruf ab, dachte blitzschnell nach und traf eine Entscheidung. Auch wenn seit dem Start erst 90 Sekunden vergangen waren, wäre die Rückkehr zum Flughafen nicht machbar gewesen. Angesichts der extrem verminderten Flughöhe war die Notwasserung des 75 Tonnen schweren Segelflugzeuges auf dem unter ihm liegenden Hudson River die einzige Möglichkeit. Sullenberger musste die Nase des Flugzeugs so weit oben halten, dass es sich beim Aufsetzen nicht überschlug und infolgedessen auseinanderbrach. Gleichzeitig musste er in der richtigen Geschwindigkeit die beiden Tragflächen möglichst parallel ausrichten. Dafür waren Abläufe in perfekter Koordination erforderlich.

Wie viele Simulationen von Unfällen durchlaufen Piloten? Wie realistisch können diese Szenarien sein? Angesichts der Konstellationen, der Drehbücher und der Kenntnis der Übung? Sicher ist es ganz wichtig, dies so oft wie möglich durchzuspielen, doch kann das zu instrumentalisierten Abläufen führen? Jenseits der sowieso automatisierten, abrufbaren Techniken, die Start und Landung betreffen? Vielleicht ist man bei einem solchen Manöver nervös. Hat einen etwas erhöhten Puls wie in einer Prüfungssituation. Aber ist dies alles vergleichbar mit einem realen Notfall? Da man sich nicht nur des Risikos einer schlechten Bewertung gegenüber sieht, sondern dem Tod ins Auge?

Sullenberger spürte eiskalte, nackte Angst, aber – er wusste, was er tat, und er tat es professionell. Kurz vor der Landung sprach er zu den Passagieren: „Brace for impact" („Bereiten Sie sich auf den Aufschlag vor"). Dies war gleichzeitig das Signal für die Stewardessen, den Passagieren lautstarke Anweisungen zuzurufen. Auch die Crew im Cockpit agierte professionell. Was er, wie er hinterher sagte, wahrnahm und was ihm auch einen klitzekleinen Teil seiner Angst abgenommen hat. Er war nicht alleine in dieser irren Situation. Das half.

Kurz darauf folgte die Landung, sie war alles andere als sanft. Im hinteren Teil des Flugzeugs wurde ein Loch in den Boden gerissen, durch das schnell Flusswasser einströmte. Dadurch wurde die Lage noch einmal dramatisch, da das Risiko des schnellen Sinkens bestand, bevor alle Passagiere das Flugzeug verlassen hatten. Doch die Menschen halfen sich gegenseitig und auch die Stewardessen handelten geistesgegenwärtig und vorbildlich, sodass die Evakuierung rechtzeitig funktionierte. Sullenberger hat zwei Jahre nach der Havarie seinen Beruf wieder aufgenommen, flog noch einige Jahre bis zur Rente große Flugzeuge und landete sie sicher. Auch das ist Ausdruck seiner Stärke, das Leben als Herausforderung zu begreifen und sich nicht zu verstecken. Was für ein mutiger Mann.

V. Nur wer mutig ist, gewinnt. Den Mut ausleben

Mut besteht nicht darin, dass man eine Gefahr blind übersieht, sondern dass man sie sehend überwindet.
Jean Paul

Dieses Kapitel schnürt die vorherigen zusammen. Angst zu erleben, auszuhalten oder durch sie hindurchzugehen kann sehr aufregend sein und sogar Mut machen. Dabei spielt das Selbstbewusstsein eine große Rolle: Der Mut, Konflikte anzupacken und zu lösen oder etwas Neues aufzubauen und etwas zu wagen, braucht Selbstbewusstsein, und wer mutig ist, tut etwas dafür und stärkt es. Keine halsbrecherische Selbstüberschätzung, aber auch keine Akzeptanz, von der eigenen Angst ausgebremst zu werden. Ein beständiger Kreislauf, wenn man ihn betritt! Auch hier geht es wieder um die Balance, um den Waagemut – mit zwei a!

Mutig zu sein bedeutet nicht, nie Angst zu haben. Es ist vielmehr wichtig, sich nicht von ihr regieren zu lassen, sondern sie zu kontrollieren und zu überwinden. So weit, bis sie sich vielleicht gar nicht mehr einstellt. Den Mut gut zu dosieren und nicht über das Ziel hinauszuschießen und zu viel zu riskieren, ist dabei eher weniger das Problem. Viel zu oft unterlassen wir es ganz. Auf die richtige Dosierung kommt es an. Wer selbst mutige Entschlüsse fasst, ermutigt in der Folge nicht selten andere Menschen.

Meine geschätzte Speakerkollegin Christina Linke unterstützt mich genau an dem Punkt mit einem hervorragenden Beitrag zum Themenkomplex Mut. Sie gibt uns darin einen sehr persönlichen Blick auf einen Part ihres Lebens, der deutlich macht, wie der Umgang mit einer Krise in großartige neue Chancen münden kann: beruflich wie privat; wenn der Wagemut auch den *Waagemut* einbezieht und beides entsprechend austariert.

Mut zur Freiheit

2012 in Portugal: Jetzt geht es los … Ich stehe vor einer Mauer aus Steinen und Geröll. Gut 1,20 Meter hoch schätze ich. Eigentlich ein überwindbares Hindernis. Normalerweise. Jetzt aber stehe ich vor dem Felsvorsprung und überlege, wie ich ihn überwinden soll. Ich bin mitten auf dem Land und auf meinem Rücken befindet sich ein circa 13 Kilogramm schwerer Rucksack, an dem eine Jakobsmuschel hängt. Das sichtbare Zeichen, dass ich eine Pilgerin bin. Es ist früh morgens, 7.00 Uhr. Weit und breit ist kein Mensch zu sehen. Nebelschwaden liegen schwer über den Wiesen. Gelegentlich hört man eine Kuh. So steinig hatte ich mir den Weg gar nicht vorgestellt. Hinter dem Felsvorsprung sehe ich bereits, was mich danach erwartet, und das stimmt mich nicht froher: eine Piste aus weiterem Geröll und großen Felsklötzen. Wurde nicht immer berichtet, dass es sich bei dem Jakobsweg um wunderschöne Waldwege mit herrlichen Aussichten handelt? Ich pilgere nicht auf den Spuren von Hape Kerkeling von Frankreich aus, sondern bin von Porto in Portugal gestartet. Wir haben alle dasselbe Ziel: Santiago de Compostela. Und: uns selbst.

Es ist eine spannende Reise. Man lernt enorm viel: Neben dem Grundwortschatz Portugiesisch und Spanisch lerne ich sehr bald, dass es in Galizien selbst im Sommer sehr oft regnet – der Preis dafür, dass es sehr grün ist. Ich registriere außerdem staunend, dass es ganz offensichtlich nicht nur gefühlte Temperaturen gibt, sondern auch gefühlte Kilometerentfernungen. Auch morgendliche Aufstehgewohnheiten ändern sich: Ich starte – ganz im Gegensatz zu Zuhause – immer früh am Morgen. Es ist einfacher, wenn man schon mittags den Großteil der Tagesetappe geschafft hat. Über die Mittagshitze durchzulaufen ist nicht ratsam, wie ich am ersten Tag überhitzt feststellen musste. Also gewöhne ich mir an, morgens um 7.00 Uhr zu starten. Spätestens gegen 11.00 Uhr melden sich dann mit schöner Regelmäßigkeit sowohl mein Magen als auch meine Blase. Damit scheine ich in Galizien ganz im Trend zu liegen, denn wo immer ich auch um diese Uhrzeit eine Bar sehe, stehen unmittelbar davor bereits ganze Horden von Männern, die Kaffee oder Bier trinken und dabei rauchen. Mir ist es absolut unangenehm, mir so verschwitzt und dreckig meinen Weg durch die Menge zu bahnen, zumal die Gespräche auch regelmäßig verstummen, wenn ich eintreffe. Auf diesem Teil des Weges sind Pilger immer noch seltene Erscheinungen. Machen diese Männer eigentlich gerade frühe Mittags- oder späte Frühstückspause? Ich versuche früher oder später eine Bar anzusteuern, um die Menschenansammlungen zu vermeiden. Aber es nützt nichts. Die Kerle sind immer schon vor mir da. Aber meine Blase kennt keine Gnade. Also allen Mut zusammennehmen, nett grüßen und durchgehen. Es passiert: nichts. Absolut gar nichts. Im Gegenteil: Meine paar Brocken Portugiesisch führen dazu, dass ich überall freundlich aufgenommen werde und mir immer wieder Hilfe angeboten wird. Mit allen Höhen und Tiefen: Als ich mich einmal nach den örtlichen Spezialitäten erkundige, bekomme ich sofort eine Probierportion Kutteln vorgesetzt. Ablehnung wäre grob unhöflich angekommen, also rein damit. Gar nicht so schlecht. Freiwillig hätte ich das aber nicht bestellt.

Mit der Zeit des Laufens verkürzen sich interessanterweise die Gespräche mit den anderen Pilgern. Am Anfang der Pilgerreise führt man normale Urlaubsgespräche, erkundigt sich nach dem Herkunftsland, der Familie, vorherigen Urlauben und Berufen. Doch schon nach kurzer Zeit verändert sich das. Wenn man sich begegnet, guckt man sich tief in die Augen und fragt genau zwei entscheidende Sachen.

Erstens: Wie geht es deinen Füßen? Denn wenn die nicht mehr mitmachen, ist es vorbei, da kann man noch so sehr weiterlaufen wollen. Ich wachte in der dritten Nacht meiner Pilgerreise gegen 2.00 Uhr nachts auf, weil meine drei Blutblasen wild pochten. Das laute Schnarchen meiner 20 erschöpften Mitpilger im Schlafsaal des Refugiums gaben mir eindeutig zu verstehen, dass ich keinesfalls das Licht anschalten konnte. Was tun? Was für ein Luxus im 21. Jahrhundert: Ich unternahm eine kurze Internetrecherche mit dem Ergebnis, dass Aufstechen erlaubt, sofern alles sterilisiert ist. Wie gut, dass mein iPhone eine Taschenlampenfunktion hat. Durch beherztes Aufstechen, Desinfizieren und Verbinden konnte ich mein Vorhaben jedenfalls weiterführen. Anderen erging es da schlechter, sie mussten aufgeben. Erkenntnis: Füße können alles entscheiden.

Zweitens: „Und warum läufst du?" Jeder hat seinen ganz eigenen Grund, warum er auf dem Jakobsweg pilgert: Das kann die bevorstehende oder erfolgte Pensionierung sein, eine Trennung, eine Krankheit oder der Tod eines nahen Angehörigen. Meist sind es durchlebte Krisen oder anstehende Neuorientierungen, die dazu führen, dass man sich eine solche Strapaze antut. Denn ein Zuckerschlecken ist dieses Vorhaben nun wirklich nicht. Oft genug ist mir vor Anstrengung derart schlecht, dass ich kurz davor bin, mich zu übergeben.

Und doch ist es eine der besten Zeiten in meinem Leben. Der Weg schüttelt mich hin und her. Er zwingt mich in der einen Sekunde zu Boden und richtet mich in der nächsten wieder auf. Und das nicht nur einmal, sondern an jedem einzelnen Tag, oft sogar mehrmals täglich. Ich gehe an meine Grenzen und darüber hinaus. Viele meiner Freundinnen haben mir davon abgeraten. „Warum willst du das machen? Und dann auch noch alleine. Mach eine organisierte Pilgerreise oder suche dir wenigstens eine andere Frau, mit der du zusammen laufen kannst." Doch ich will das alles nicht. Ich will genau diesen Weg. Und ich will ihn in genau meinem Tempo laufen. Ich will keine vorgebuchten Hotels, keine Kofferträger und keine aufgezwungene Gemeinsamkeit. Mit diesen Wünschen bin ich nicht allein. Wie stark die Sehnsucht der Menschen ist, sich eine ganz eigene Auszeit zu nehmen, zeigt der Hype, den Hape Kerkeling mit seinem Buch „Ich bin dann mal weg", das 2006 bei Malik erschienen ist, ausgelöst hat. Er hat genau den Nerv vieler Menschen und deren tiefe Sehnsucht nach einer Auszeit und nach einem tieferen Sinn getroffen.

Karin, Rechtsanwältin und Gelegenheitsprostituierte

Während ich also vor dem Felsvorsprung stehe und noch überlege, wie ich das Hindernis schaffen soll, kommt Karin, eine andere Pilgerin. Wir überwinden die Mauer gemeinsam in zwei Etappen: Dazu schnallen wir unsere Rucksäcke ab und wuchten sie mit einem Schwung auf den Felsen. Dann helfen wir uns gegenseitig auf den Vorsprung. Als ich mit ihr weiterlaufe, bemerke ich an ihrer Art zu gehen, dass es ihren Füßen gut geht. Aber ich erkenne auch, dass es um ihr Seelenleben nicht gut steht, sie läuft wie eine Getriebene. Ich erfahre, dass sie eine Berufskollegin ist. Eine Rechtsanwältin aus Wien, aktuell arbeitslos und in Geldnot. Nach weiteren fünf Minuten erfahre ich, dass sie als Gelegenheitsprostituierte tätig ist. Wie gesagt, die Gespräche verändern sich, man kommt schnell zum Wesentlichen. Sie ist als Dauergeliebte einem verheirateten Mann hörig, der sie regelmäßig verprügelt und als Sexsklavin für Spiele mit anderen Frauen einsetzt. Ich bin bereits an diesem Punkt der Unterhaltung überrascht – eine Berufskollegin als Prostituierte ist mir neu. Doch richtig erstaunt bin ich erst, als sie weitererzählt. Denn wer denkt, dass das aus ihrer Sicht ein Problem ist, irrt gewaltig. Der Grund ihrer Pilgerreise: Sie ist maßlos enttäuscht von ihrem Leben. Nicht wegen ihrer jetzigen Situation, sondern weil kurz zuvor (2011) das Buch „Shades of Grey" von E. L. James herausgekommen ist und zu einem Riesenverkaufserfolg wurde. Ständig denkt sie darüber nach, ob sie ihre eigene Geschichte hätte veröffentlichen sollen, um erfolgreich zu sein, und ist deprimiert. Und sie überlegt, ob sie den Mut aufbringt, sich zu trennen.

Mut ist relativ

Das, was jeder von uns vermutlich als das Selbstverständlichste der Welt ansieht, bedeutet für Karin Schwerstarbeit. Erfahrungsgemäß unternehmen wir viel mehr Anstrengungen, um Schmerz zu vermeiden, als dafür, uns Vergnügen zu bereiten. Erst wenn der Schmerz zu stark wird, bringen wir den Mut auf, etwas zu verändern. Karin hält nicht viel von sich selbst, deshalb ist ihr Schmerz nicht sehr ausgeprägt, wenn sie gedemütigt und geschlagen wird. Sie glaubt allen Ernstes, dass sie es verdient hat, schlecht behandelt zu werden. Und sie weiß von sich selbst, dass sie gut schreiben kann. Umso mehr trifft es sie, dass die E. L. James mit einer Geschichte, die sie nicht wirklich, Karin aber tatsächlich erlebt hat, einen solchen Erfolg für sich verbucht.

Was hält uns davon ab, die entscheidenden Schritte in unserem Leben in die Wege zu leiten? Genau, der Mut fehlt. Mut ist eine Kardinaltugend. Dies ist umso auffälliger, wenn er fehlt. Aber was sind das genau für Gründe, die die Ängste dann auflösen wie Schnee in der Sonne? Was brauchen wir, um mutig zu sein? Wie fühlt es sich an, mutig zu sein?

Ungeliebte Arbeit – gefangen im Hamsterrad

Während ich darüber nachdenke, erinnere ich mich an meine eigene Geschichte. Nach einer schwierigen Lebensphase fand ich mich in einem Job wieder, der mir wirklich keine Freude machte. Wie es dazu kommen konnte? Nach der Trennung von meinem Mann wurde ich zur Alleinerziehenden mit zwei Töchtern, die damals erst ein und vier Jahre alt waren. Doch so sehr ich mich auch bemühte, es war schier aussichtslos, in dieser Situation eine Wohnung zu finden. Ich konnte es kaum glauben, wie schnell sich alles ändern kann. Eben noch war ich die Frau eines Vorstandsvorsitzenden und lebte in einem 300 Quadratmeter großen Haus mit allem Luxus. Von einer Sekunde zur anderen musste ich erfahren, wie es ist, bei der Suche nach einer Mietwohnung zu scheitern. Entweder wegen der Frage nach meinen Kindern – sie waren nicht erwünscht – oder bei der Frage nach einem festen Job, den ich während der Elternzeit nicht aufweisen konnte. Aber mein Entschluss, mich zu trennen, stand fest. Also musste schnell ein Job her. Sehr schnell. Da ich jahrelang in der Personalabteilung eines Konzerns gearbeitet hatte, fiel es mir leicht, praktisch mit der ersten Bewerbung eine Stelle in meinem Beruf als Juristin zu bekommen. Ich leitete nun also die Kreisgeschäftsstelle eines Verbandes mit insgesamt vier Beratungszentren. Die Arbeit war ein Halbtagsjob, den ich zeitlich mit der Kinderbetreuung und meinem Privatleben gut vereinbaren konnte.

Doch was sich anfangs so gut anhörte, entwickelte sich für mich zu einem wahren Albtraum. Die Arbeit machte mir keine Freude. Überhaupt keine Freude. Ich fühlte mich in der Fachrichtung nicht wohl. Einarbeitung und Onboarding? Fehlanzeige, denn meine Vorgängerin war schon Monate vor meinem Eintritt in Rente gegangen. Mit ihr waren auch alle wichtigen Unterlagen verschwunden. Nach einem kurzen Schulterklopfen der Geschäftsführung fand ich mich alleine wieder – mit dem besonderen Auftrag, den Mitarbeitern mehr Kundenorientierung zu vermitteln, diese seien „wenig serviceorientiert". Meine Ausgangssituation: Fast alle Mitarbeiter waren per Tarifvertrag unkündbar, Kunden wurden als störend empfunden, es wurde Dienst nach Vorschrift gemacht. Ich fühlte mich wie in einer Behörde. Schlimmer noch: Einer meiner Mitarbeiter, nennen wir ihn R., ebenfalls Volljurist, hatte jahrelang auf meinen Job hingearbeitet und war von der Entscheidung, die Leitungsfunktion in eine Halbtagsstelle umzuwandeln, überrascht worden. Seine Karriere war damit praktisch beendet – mit 35 Jahren. Er war frustriert – verständlicherweise –, doch wie er damit umging, konnte ich nicht verstehen. Nach und nach machte er mir das Leben zur Hölle. Eine meiner Vorstellungen für den Job war, die richtigen Dinge zu machen, die andere, die Dinge richtig zu machen. Hier passte für mich beides nicht. Tag für Tag schleppte ich mich regelrecht zu meiner Arbeit. Zwei Jahre lang. Ich wurde immer öfter krank, fühlte mich ausgelaugt und leer. Ich fragte mich, ob ich inzwischen an einem Burnout litt. Ich, die immer behauptete, dass es sich dabei um eine Modeerscheinung handelt und man selbst verantwortlich ist, wenn man es so weit kommen lässt.

Meine Überlegungen endeten ebenso unerwartet wie endgültig mit der nächsten Weihnachtsfeier. R. hatte durch Abwesenheit geglänzt. Doch als er am nächsten Tag den Schokoladenweihnachtsmann, den ich ihm auf den Schreibtisch gestellt hatte, vor seinem Bürofenster mit Blick auf ein Hospiz „erhängte", war auch für mich eine Grenze überschritten. Ich schenkte mir meine Kündigung zu meinem Geburtstag – einige Wochen, nachdem ich meinen ersten unbefristeten Vertrag erhalten hatte. Ohne einen neuen Job in Aussicht zu haben, immer noch alleinerziehend mit zwei kleinen Kindern.

Momente der Wahrheit

Arbeitslosigkeit, finanzielle Probleme und die Sorge, was aus mir und den Kindern wird? Das alles waren plötzlich keine Hinderungsgründe mehr. Wir handeln häufig erst, wenn wir zu sehr leiden, aber ist diese Schwelle überschritten, gibt es kein Zurück mehr. Dann kündigen Manager ihren hochdotierten Job, auf den sie seit Jahren hingearbeitet und deshalb zahlreiche

Überstunden geleistet und Wochenenden geopfert haben. Dann verlassen Frauen ihre Männer nach 30 Ehejahren und geben mit einem Lächeln alles auf: Haus, Hund und Cabrio.

Meist führt ein Schlüsselerlebnis dazu, endlich den Mut aufzubringen, grundlegende Entscheidungen zu treffen. Das kann spektakulär sein, muss es aber nicht: Anstoß geben kann der Herzinfarkt des besten Freundes oder auch nur das Klassentreffen nach 30 Jahren. Insbesondere Menschen in der Lebensmitte, also mittleren Alters, stellen sich plötzlich ganz neue Fragen und suchen neuen Sinn in ihrem Leben. Bei meiner langjährigen Tätigkeit als Rechtsanwältin im Arbeitsrecht treffe ich sehr häufig Menschen in der Lebensmitte, die plötzlich einen Sinn in ihrer Arbeit sehen wollen. Jahrelang hat es ihnen gereicht, gut bezahlt zu werden. Aus Angst vor Geldmangel bleiben wir in Jobs, die wir nicht lieben, und kompensieren mit dem Verdienten die Leere in unserem Leben. Wir haben immer mehr, doch der innere Mangel wird größer und größer. Die Jagd nach Geld verschlingt alle Energie, die wir für unsere Neuorientierung bräuchten.

So kommt es dazu, dass wir nicht nur tote Phasen, sondern sogar tote Jahre, manchmal tote Jahrzehnte durchleben. Und dann kommen sie doch, die Momente der Wahrheit. Da stellt sich bei dem einen oder anderen der Mut praktisch von selbst ein. Wir wissen, dass wir in diesem Job oder gar diesem Beruf nicht mehr weiter arbeiten können. Selbst wenn wir dann erst einmal ein paar Schritte zurückgehen müssen, arbeitslos werden oder in einem Übergangsjob weniger verdienen – wir tun es. Bereits der erste Schritt ändert alles.

Money follows Passion

Nichts wird so sehr missverstanden wie der Zusammenhang zwischen Beruf und Geld. Menschen verbiegen sich in den für sie falschen Jobs, um ihre Einkünfte mühsam zu erringen. Sie denken, dass es schwierig sein muss, wenn sie gutes Geld verdienen wollen. Mit dem, was wirklich Freude macht, wäre es nicht möglich. Interessanterweise verhält es sich genau andersherum: Während wir davon ausgehen, dass wir mit dem, was wir lieben, kein Geld verdienen können, kommt es meist von alleine, wenn wir genau das tun. Denn dann fühlt sich die Tätigkeit gar nicht wie Arbeit an. Vielmehr nimmt sie uns ein, was sich sofort und unmittelbar auf die innere und äußere Haltung auswirkt. Kunden spüren zum Beispiel ganz genau, wenn Menschen ihre Arbeit aufrichtig lieben. Und genau von solchen Menschen kaufen wir alle gerne.

Davor steht allerdings der Mut zum ersten Schritt, den Schritt zurück. Oft bedeutet dies, selbst zu kündigen, manchmal ist auch die Kündigung des Arbeitgebers ein Auslöser. Indem wir zurückgehen, nehmen wir Anlauf für den alles entscheidenden Sprung, der uns dann richtig nach vorne bringt.

Oft benötigt man mehr Mut, um eine neue Meinung zu finden, statt der alten treu zu bleiben. Es dauert oft länger, die innere Haltung zu ändern und darauf zu vertrauen, dass sich alles zum Guten, sogar zum Besseren wendet. Wir brauchen eine gewisse Zeit, um herauszufinden, was wir wirklich tun wollen. Danach müssen wir mit voller Entschlossenheit, Konzentration und Zuversicht daran arbeiten, dass unsere Berufung auch unser Beruf werden kann. Dabei ist es äußerst wichtig, dass wir nicht die ganze Zeit daran denken, mit der neuen Tätigkeit möglichst viel Geld zu verdienen. Geld ist wie Wasser: Es findet seinen Weg. Das bedeutet, dass es von alleine kommt, sogar teilweise aus ganz unerwarteten Quellen, wenn wir an unsere Berufung glauben. Die meisten Menschen denken aber in der Hauptsache daran, mit der Arbeit möglichst viel Geld zu verdienen.

Mut macht frei

Ist der erste Schritt getan, fällt alles weitere deutlich leichter. Nach meiner damaligen Kündigung fühlte ich mich, wie erwartet, absolut befreit. Mein Bauchgefühl hatte mir den richtigen Weg gewiesen. Doch es hatte mich nicht darauf vorbereitet, was dann kommen sollte: die Wirtschaftskrise. Auch wenn ich noch nichts Neues in Aussicht hatte, war ich bei der Kündigung felsenfest davon ausgegangen, dass ich als Volljuristin mit zwei Staatsexamen und einigen Jahren Berufserfahrung schnell wieder einen neuen Job bekommen würde. Doch auch meine zahlreichen Bewerbungen führten nicht zum gewünschten Erfolg. Nach ein paar Monaten musste ich einsehen, dass ich mir wohl etwas Neues einfallen lassen musste. Damals war in meinem Beruf nichts zu finden.

Aber auch das, was im ersten Moment vermeintlich schlecht ist, hat sein Gutes: Ich war gezwungen, mir noch einmal Gedanken darüber machen, was ich von Herzen gerne machen wollte, wo meine Stärken und Schwächen lagen und wie die nächsten Schritte aussehen könnten. Es kam zu einer echten Zäsur in meinem Leben: Weil ich über viele Jahre als Personalreferentin in einem Konzern gearbeitet hatte, war ich wie selbstverständlich davon ausgegangen, dass dies meine Tätigkeit für den Rest meines Lebens sein würde. Mitnichten.

Neues Spiel, neues Glück

In den meisten Fällen liegen die Stärken dort, wo Leidenschaft herrscht. Meine Leidenschaft umfasst alles, was mit Kommunikation und dem Umgang mit Menschen zu tun hat. Nachdem mir das klargeworden war, konnte ich mich beruhigen und dazu übergehen, auf meine Stärken zu vertrauen. So probierte ich aus, was mir dauerhaft gefallen könnte. Einige Monate lang schrieb ich für verschiedene Zeitschriften Beiträge und Kolumnen und führte Interviews für Hochglanzmagazine. Später arbeitete ich als Coach und brachte schwerbehinderte Langzeitarbeitslose zurück in den Job. Insbesondere Letzteres war eine schwere Aufgabe, die mir jedoch sehr viel Freude bereitete und mir immer wieder vor Augen führte, wie viel Grund ich hatte, dankbar zu sein. Bis heute denke ich besonders gerne an diese Tätigkeit zurück.

Ich empfinde es ohnehin als absolutes Privileg, dass ich in meinem Leben in so viele verschiedene Berufe hineinschnuppern konnte. Schon während meiner Studienzeit hatte ich das Glück, einige Berufe ausprobieren zu dürfen, um mein Studium zu finanzieren. Zwischen Abitur und Studium jobbte ich in einer Bank als Mädchen für alles. Ein Leben zwischen Konventionen in Dunkelblau – nichts für mich. Dann ging ich für sechs Monate nach Norderney und arbeitete als Zimmermädchen in einem Hotel und landete später schließlich in der Gastronomie. Während meines Studiums war ich dann sechs Jahre lang als Schuhverkäuferin in einem ganz wunderbaren Geschäft tätig. Herrlich, dieser Duft nach Leder. Selbstverständlich war ich damals noch nicht wirklich dankbar dafür, dass ich mein Geld selbst verdienen durfte. Und ich habe erst viel später verstanden, dass es nicht die Vergütung war, die diese Zeit so kostbar gemacht hat. Das kostbarste Geschenk war, dass ich in diesen Jobs alles lernen konnte, was man eben nicht in der Schule und auch nicht an der Universität lernt. Den Umgang mit Menschen, ein wertschätzendes Miteinander mit Kollegen, die richtige Serviceeinstellung und – ganz wichtig – auch das Verkaufen. Schließlich sind wir alle Verkäufer unserer eigenen Person. Heute bin ich sehr dankbar für diese Lektionen.

Das Leben ist kürzer, als wir denken

Dann, ganz plötzlich während meiner beruflichen Findungsphase, stirbt der Vater meiner Kinder ohne jede Vorwarnung mit 50 Jahren an einem Herzinfarkt. Ich bin geschockt. Trennung hin, Trennung her – ein Mensch, mit dem ich zehn Jahre lang eng verbunden war und zwei Kinder habe, ist von einer Sekunde zur anderen tot. Meine Kinder haben mit acht und elf Jahren keinen Vater mehr und können nie mehr „Papa" sagen. Einige Tage später bin ich starr vor Erstaunen: Der Wecker, den er bei unserer Trennung vergessen hatte mitzunehmen, ist genau in der Sekunde seines Todes stehen geblieben. Ich habe das mehrfach überprüft.

Grundsatzentscheidung: das Beste aus sich machen

Nachdem sich die erste Schockstarre gelöst hat, reflektiere ich den Verlust. Ich erinnere mich an viele schöne Momente vor unserer Trennung. Wie wir jung und unbeschwert durch viele Länder gereist sind und so häufig gesagt haben, dass wir später an den einen oder anderen Ort noch einmal zurückkehren wollen. Ich erinnere mich an all die Pläne, die wir geschmiedet haben. Was wir noch alles vorhatten. Und das soll jetzt alles vorbei sein? Der Mensch, mit dem ich dies geteilt habe, kehrt nie mehr zurück? Was geschieht mit all den ungelebten Träumen und Wünschen? Und was für Konsequenzen hat das für mein eigenes Leben?

Ich treffe eine grundsätzliche Entscheidung, lege meine Ängste ab und starte durch. Nichts wird mehr auf später verschoben. Wir tun immer so, als hätten wir noch ein zweites Leben in der Hinterhand, ewig gilt der Grundsatz: Ich lebe später. Dieses Später verschiebt das Leben nach hinten. Oft heißt es: wenn ich zu Hause ausgezogen bin, wenn ich meine Schule beendet habe, wenn ich mein Examen habe, wenn ich verheiratet bin, ein Haus habe, die Kinder aus dem Haus sind. Für den beruflichen Alltag bedeutet das: Ich lebe, wenn ich Feierabend habe, wenn ich Urlaub mache, wenn ich in Rente bin. Wir spalten unser Glück von unserer Arbeit ab und verlagern unser Leben auf die Freizeit. Dabei verrinnt die Zeit wie Sand zwischen unseren Fingern.

Trennung zwischen Arbeit und Leben

Dennoch ändert sich nichts Grundlegendes in den Jahren, die viel zu schnell vergehen. Nur der Moment für das Mache-ich-später verschiebt sich immer mehr nach hinten. Und doch gibt es Menschen, die im Hier und Jetzt leben. Wir treffen auch immer jemanden, der die Trennung zwischen Arbeit und „Leben" nicht vollzieht und sogar pure Freude an seiner Arbeit empfindet. Es wird sofort spürbar, wenn wir im Alltag auf einen solchen Menschen treffen: der Obstverkäufer auf dem Wochenmarkt, der selbst bei Schnee und Eis noch freundliche Worte findet, die Reinigungskraft, die jeden Morgen lächelt und der Kioskverkäufer, der immer ein Lied auf den Lippen hat. Bei ihnen stimmt offensichtlich die Einstellung.

Während meiner Tätigkeit als Rechtsanwältin treffe ich übrigens unentwegt Menschen, die mir zwar grundsätzlich beipflichteten, dass es entscheidend ist, mit welcher Einstellung man an seine Arbeit geht. Allerdings gelte dies nicht für ihre Branche, dort sei alles ganz anders. Und überhaupt sagen viele, dass heute alles viel schwerer und härter sei als früher. Jeder denke nur noch an sich selbst und es gäbe überhaupt keine fairen Arbeitgeber mehr. Beispielsweise erzählte mir eine Mandantin, dass sie keine Arbeit habe, weil sie mit 49 Jahren schon zu alt sei, um überhaupt noch eine Stelle zu bekommen. Wie es in den Jahren davor gewesen sei, wollte ich wissen. In den letzten zehn Jahren habe sie keine Arbeit bekommen, weil ihr Kind noch zu klein gewesen sei und die Arbeitgeber befürchtet hätten, dass sie deswegen zu oft ausfallen würde. Mir war klar: Sie sucht nach Schuldigen und nicht nach Gründen. Die Gründe liegen immer in uns selbst. Sicher hatte diese Frau auch schon für sie passende Gründe, nicht zu arbeiten, als sie 20 oder 30 Jahre alt war. Ich sah keinen Sinn darin, ihr die Augen dafür zu öffnen und mit ihr daran zu arbeiten. Ändert sich ihre Einstellung nicht, wird sie weiterhin die leibhaftige selbsterfüllende Prophezeiung sein. Sie war damals einfach noch nicht so weit.

Ich meine, es kommt weder auf das Alter noch auf die Branche an, sondern einzig und alleine auf die innere, mutige Haltung. Sehr eindrucksvoll ist das auf dem Pike-Place-Fischmarkt in Seattle zu sehen. Die Arbeitseinstellung und Mentalität der Arbeiter auf diesem Markt ist berühmt. Obwohl sie hart arbeiten, früh aufstehen und die unangenehmen Gerüche aushalten müssen, findet dort jeden Tag wieder eine große Show der guten Laune statt.

Fische fliegen umher, unentwegt werden Späße gemacht und die gute Stimmung verbreitet sich. Einfach. Bewundernswert. Nachahmenswert.

Mut zu Korrekturen

Und wir? Wir ergeben uns unseren Ängsten. Was ich als Rechtsanwältin für Arbeitsrecht beispielsweise immer wieder erlebe, ist, dass beide Seiten, also sowohl Arbeitnehmer als auch Arbeitgeber, es nicht schaffen, sich voneinander zu lösen. Wir warten hier in Deutschland immer viel zu lange, bis Kündigungen ausgesprochen werden. In den meisten anderen Ländern geht das viel schneller und unkomplizierter. Was Menschen nach meiner Erfahrung am stärksten belastet, ist eben dieser demotivierende Schwebezustand, der sich wegen unseres Besitzstandsdenkens über Jahrzehnte hinzieht. Beiden Seiten fehlt schlichtweg der Mut, längst überfällige Korrekturen vorzunehmen. Warum das so ist? Fester Teil unserer Mentalität ist der Wunsch nach Vollversicherung, wir kleben sozusagen in unserer Komfortzone fest.

Wie häufig höre ich von meinen Mandanten: Ich wünschte, ich hätte mich schon früher bewegt. Ich wünschte, ich hätte den Mut schon früher besessen. Aber wir sind beschäftigt mit „Besitzstandswahrung" und das ist anstrengend. Wenn man ewig Dinge festhält, hat man keine Hand frei, um nach etwas Neuem zu greifen. Doch freie Hände und einen freien Kopf braucht, wer das Drehbuch seines Lebens neu schreiben möchte. Jeder Einzelne hat es selbst in der Hand, wie erfolgreich er ist. Dazu ist es erforderlich, sich zunächst mit sich selbst zu beschäftigen. Das wiederum setzt voraus, sich die Zeit zu nehmen, um sich die richtigen Fragen zu stellen und Entscheidungen zu treffen. Woran empfinde ich pure Freude? Was sind meine Ziele? Darauf lässt sich eine Karriere aufbauen. Ziele sind elementar wichtig, sie bestimmen die Qualität unseres Lebens(inhalts). Die meisten Menschen sind sich dessen jedoch nicht bewusst. Sie wurschteln sich durch und versuchen, irgendwie durchzukommen. Dabei fällt immer wieder auf, dass manche zwar auf Ziele hinarbeiten, diese aber meist in Richtung Vermeidung gehen: Ich weiß, was ich nicht will. Und wer denkt: Ich weiß, wer schuld ist an meiner Situation, aber nicht bei sich anfängt, der wird sich nicht aufmachen, um seinen eigenen Weg zu gehen. So verpufft die Energie, die man dringend braucht, um seine Ziele zu bestimmen, durch negative Gedanken.

Hurra, ich bin gekündigt

Meine Erfahrungen zeigen, dass es nicht von Nachteil sein muss, gekündigt zu werden. Das kann durchaus der Schubs sein, der nötig ist, um später das eigene Glück zu finden. Ja, ich behaupte, dass eine Kündigung sogar ein Glücksfall für den Betroffenen sein kann. Ich sage dies mit allem Respekt vor den Ängsten und Nöten gekündigter Arbeitnehmer, denn es gibt nichts Negatives, was nicht auch positive Konsequenzen für den Einzelnen hätte. Aus einer Schwäche oder einer Niederlage einen Erfolg zu machen, das ist, was zählt. Plötzlich müssen wir handeln, uns aus unserer Komfortzone bewegen, uns verändern – ob uns das gefällt oder nicht. Das macht Angst, setzt aber auch ungeheure Energien frei. Ich weiß, dass es funktioniert. Ich habe es unzählige Male miterleben dürfen. In meiner ganzen Laufbahn als Rechtsanwältin jedenfalls habe ich keinen einzigen Mandanten gehabt, der nicht gesagt hätte, dass es rückblickend doch gut war, dass er aus dem Unternehmen ausgeschieden ist. Fast alle haben sich sogar finanziell verbessert und mehr Freude an ihrer neuen Arbeit gewonnen.

Natürlich höre ich jetzt schon die Stimmen, die sagen: Bei mir ist das aber ganz anders. Die Gründe, warum Menschen nicht aktiv werden, sind vielfältig: wegen ihres Alters, wegen der regionalen Struktur, wegen ihres Berufs, einfach wegen aller möglichen Faktoren. Es ist ja auch viel einfacher, die Verantwortung abzugeben. Die Schuld hat immer jemand anderes, ich selbst habe nichts damit zu tun. Genau hier liegt das eigentliche Problem: Wer sich immer nur mit Schuldzuweisungen und Problemen beschäftigt, gibt Macht ab. So kommt man nicht voran. Eine Lösung kommt nie von außen, wir tragen sie immer in uns. Nur wir und niemand anderes trägt die Verantwortung. Wer mehr erreichen will, muss sich bewegen. Praktisch alle Erfahrungen und Lebenssituationen, die für uns zunächst schmerzhaft, unangenehm und unbequem sind, schenken uns die wertvollsten Lebenserfahrungen. Daran lernen wir und entwickeln uns. Wenn wir kämpfen und Hindernisse überwinden müssen, können wir über uns selbst hinauswachsen. Das werden wir nicht erleben, wenn alles glattgeht und wir in unserer Komfortzone vor uns hin leben. Natürlich tut es gut, wenn das Leben einfach mal gut läuft, das sollten wir auch genießen. Aber hin und wieder braucht es einen Weckruf.

Die einfachen Erfolge bringen uns nicht weiter

Ich bin heute noch dankbar für die zuvor beschriebenen Schwierigkeiten, mit denen ich als Leitung in dem Verband konfrontiert war. Heute danke ich R. innerlich sogar dafür, dass er mir damals so viele Steine in den Weg gelegt hat. Wäre es für mich auch nur annähernd akzeptabel gewesen, dort zu arbeiten, säße ich heute noch in dem Büro. Stattdessen habe ich einen mutigen Schritt nach vorne tun dürfen. Ich habe selbst entschieden zu kündigen und angefangen, darauf zu vertrauen, dass das Leben Besseres mit mir vorhat. Ich habe daran geglaubt, dass sich alles zum Guten fügt, auch wenn ich den Weg vor mir zu dem Zeitpunkt noch nicht sehen konnte.

Am Ende war dieser Schritt entscheidend dafür, dass ich Unternehmerin geworden bin und mich für die Selbstständigkeit entschieden habe. Etliche Jahre habe ich jetzt als Rechtsanwältin zahlreichen Mandanten aus ihren Jobs geholfen und sie bei der Neuorientierung unterstützt, junge Abiturienten zu ihren Traumberufen gelotst und später in passende Firmen begleitet. Und es bleibt immer noch viel zu tun: Die ungefähr 500 Seminarteilnehmer jährlich zeigen mir ein sehr realitätsnahes und ungefiltertes Bild von der Arbeitsmotivation in Deutschland. Ich weiß, dass die alarmierenden Ergebnisse der Studien, die die Gallup Organization zum Thema Arbeiten und Beschäftigung durchführt, nur die Spitze des Eisbergs sind. In der Realität ist alles noch viel schlimmer. Auch deshalb habe ich mich nach insgesamt 20 Jahren Berufserfahrung im Arbeitsrecht entschlossen, mein Wissen und meine Erfahrungen als Speaker zu teilen. Ich kann nicht anders: Meine Mission ist es, Menschen Mut zu machen, sie aufzurütteln und zu inspirieren, das Beste aus ihrem Leben zu machen, alles aus sich herauszuholen. Das ist nicht immer bequem, aber es lohnt sich.

Übrigens: Im Jahr 2012 sind insgesamt 192.488 Pilger (Quelle: Pilgerbüro Santiago) in Santiago angekommen: Ich war einer von ihnen. Zwar mit wunden Füßen und von allerlei Ungeziefer befallen, aber ich habe es geschafft. Man sagt, dass jeder den Empfang in Santiago de Compostela bekommt, den er verdient. Als ich nach mehr als 30 gelaufenen Kilometern an eben diesem besonderen Tag nachmittags den Platz vor der Kathedrale erreiche, erwarten mich pure Sonne und ein blauer Himmel, kein Wölkchen ist zu sehen. Noch bis spät nachts sitze ich auf diesem wunderbaren Platz, genieße die besondere, ausgelassene Stimmung in der Stadt und den Mond in dieser sternenklaren Nacht – und bin einfach nur dankbar. Dankbar dafür, dass ich gesund in Santiago angekommen bin. Vor allem aber dafür, dass ich den Mut gefunden habe, diese Reise anzutreten. Am nächsten Tag treffe ich in Santiago übrigens ausgerechnet wen? Genau: Karin! Leider hat sie keine Zeit. Während ich mit vielen anderen Mitpilgern noch ein paar Tage unseren Erfolg und die fröhliche Stimmung genieße, hat Karin es vorgezogen weiterzulaufen. Ich hoffe sehr für sie, dass sie irgendwann den Mut findet anzukommen.

Ja, dem Mutigen gehört die Welt, so lautet ein Sprichwort. Und wenn man die Schilderungen von Christina Linke liest, wird es mit Leben gefüllt. Dabei geht es im Alltag nicht um Tapferkeit oder Unbesonnenheit, sondern um die Zuversicht, dass ein fester Wille und der Glaube an sich selbst einen zupackenden Geist des Aufbruchs erzeugen. Eigenschaften, die sie uns dankenswerterweise vor Augen geführt hat und die als feste Grundlage für Bewältigungsstrategien von Risiken dienen.

VI. Nur wer ein Risiko eingeht, gewinnt.
Das Risiko wegleben

Nur wer bereit ist außergewöhnliche Risiken einzugehen, wird außergewöhnliche Erfolge ernten.
Donald Trump

Lassen Sie uns den Schwung meiner Kollegin mitnehmen und direkt hineinspringen in die Kernthematik: das Risiko mit vielen seiner Facetten. Existiert dafür überhaupt eine einheitliche Definition? Oder ist es so etwas wie eine Gefühlssache? Gibt es Unterschiede in der Wahrnehmung einer Situation, je nachdem, ob es sich um etwas Privates handelt oder um einen unternehmerischen Aspekt? Zumindest gibt es Strategien, die für beide Blickwinkel hilfreich sind. Die sich vernetzen lassen, um aus den jeweiligen Anleihen das Beste herauszuholen für die Herangehensweise an das, was sich wie ein Risiko anfühlt oder wirklich eines in sich birgt.

Risiko – was ist das? Definieren Sie es doch mal zunächst selbst für sich. Vermutlich fallen Ihnen keine theoretischen Wortkonstrukte ein, sondern Begebenheiten und Erlebnisse. Also Ihre bereits gemachten Erfahrungen, die Sie als riskant empfunden haben. Gestern, als Sie die Kurve schnitten und Ihnen ein Lkw entgegenkam, der ebenfalls nicht ganz auf seiner Spur geblieben war. Letztes Jahr, als Sie einen vordergründig lukrativen Auftrag ablehnten, weil dies Ihrer Marschrichtung widersprochen hätte und Sie in einem anderen Kunden großes Potenzial sahen, das sich aber dann erst vor ein paar Tagen in barer Münze niedergeschlagen hat. Vor zehn Jahren, als Sie Ihr Studium abgebrochen haben, um zunächst ein Jahr nach Neuseeland zu gehen und sich dort darauf zu besinnen, was Ihr eigentliches berufliches Lebensziel ist. Letzte Woche, als Sie den Rock etwas kürzer, die Krawatte etwas lockerer getragen, das Steak mal nicht medium, sondern blutig bestellt oder Ihrem besten Freund etwas gesagt haben, was Ihnen schon seit mehreren Jahren im Magen lag; Sie aber immer Angst davor hatten, dass dies Ihre Freundschaft gefährden könnte.

Und wer weiß, vielleicht habe ich auch den Klassiker unter meine Lesern: einen Bungeejumper. Aber ist das wirklich mit einem Risiko verbunden? An einem TÜV-geprüften 150 Meter langen Seil, das absolut sicher um den Bauch gewickelt und mit deutschen Qualitätskarabinern gesichert ist, von einer 200 Meter hohen Brücke zu springen? Oder geht es dabei nicht eher um den Kick? Das Fallen zu spüren, das Rauschen in den Ohren? Weil das Leben ansonsten kaum noch Risiken bereithält, die mir den Atem rauben, mache ich es eben so, aber eben ohne ein Risiko einzugehen. Zu solchen abenteuerlichen Pseudogefahren kommen wir später noch.

An dieser Stelle versuche ich es erst einmal fern aller praktischen Erfahrungen mit einer theoretischen Definition. Und das ist gar nicht so einfach. Wie es scheint, herrscht über das, wozu uns jederzeit zig Beispiele einfallen, in der Wissenschaft eine heillose Verwirrung. Es gibt keine einheitliche Definition für Risiko. Im alltäglichen Gebrauch meistens eher mit Gefahr verglichen, verortet die Wissenschaft es in ein Umfeld der Unsicherheit, verweist auf Auswirkungen von Störfaktoren oder subsumiert unter eine Zielverfehlung.

Also orientieren wir uns mal am Grundlegendsten, dem Wortstamm. In die deutsche Sprache wurden die Wörter „Risiko" und „riskieren" erst im

16. Jahrhundert aufgenommen, und zwar mit der Doppelbedeutung: Gefahr und Wagnis. Der Duden bleibt bei dieser ziemlich engen Klammer und beschreibt: „Wagnis oder Gefahr; geht mit Verlustmöglichkeiten bei einer unsicheren Unternehmung einher".

Heutige Betriebswirte nehmen wenigstens schon mögliche positive Folgen und Begleitprozesse von Risiken in ihre Betrachtung auf. Sie sprechen von reinen Risiken, wenn der Effekt ausschließlich negativ ist. Bei spekulativen Risiken hingegen besteht zwar die Gefahr eines Verlustes, wenn das Ziel negativ verfehlt wird, aber auch die Chance eines Gewinns, bei positiver Abweichung vom Ziel.

Und damit kommen wir der Sache ihrem tiefen Ursprung nach schon sehr viel näher, denn „riscare" geht auf das altgriechische „$\rho\iota\zeta\alpha$" zurück und heißt so viel wie „Wurzel", aber auch „Klippe" (im Sinne von eine gefährliche Klippe umschiffen). Wie spannend, weil genau entgegengesetzt, ist das denn? Man mag mal versuchen, sich in die Ambivalenz eines Schiffers der Antike hineinzuversetzen, der seinen Gewinn enorm vergrößern konnte, wenn er Abkürzungen abseits der üblichen Schifffahrtsrouten suchte, aber auch Gefahren ausgesetzt war, weil ihn dies an gefährliche Klippen heranführte. Die Abwägung zwischen der möglichen Vorteile und Verluste war ganz bestimmt nicht leicht. Eine Sachversicherung für das Schiff, eine Betriebshaftpflicht oder Unfallversicherung für die Matrosen gab es damals noch nicht. Und nicht zuletzt stand das eigene Leben auf dem Spiel: es zu verlieren oder es in Zukunft wohlhabend und sorgenfrei zu genießen. Zudem zeigt es eines ganz deutlich: Die ursprüngliche sozialhistorische Wortbedeutung setzte noch eine sehr viel breitere Klammer und nahm sowohl die positiven als auch die negativen unsicheren Konsequenzen und Ergebnisse mit hinein.

Aber wenden wir uns nun wieder der neueren Gegenwart zu. Hat der sich stetig verändernde Zeitgeist auch Einfluss auf den Begriff des Risikos genommen? Interessanterweise, oder sagen wir eher logischerweise, hat sich gerade im letzten Jahrhundert sehr viel getan. Das Versicherungswesen wurde etabliert, was den Menschen an vielen Stellen das existenzielle Risiko nahm. Das blanke Überleben war gesichert, wenn auch mit den Unabwägbarkeiten, die das Leben immer bereithält. Die Geisteswissenschaften betrachteten die Unsicherheit eines Menschen als eine wichtige Befindlichkeit, nahmen sie ernst und beleuchteten sie in alle erdenklichen Richtungen. Gleichzeitig führten die Errungenschaften der Technik und Medizin zu immer mehr Stabilität in allen möglichen Lebensbereichen. Das Gefühl, das Risiko abfedern zu können und gewisse Dinge im Griff zu haben, die früher noch das Leben oder die Existenz hätten kosten können, manifestierte sich zunehmend.

Dennoch ist und bleibt Risiko kein objektives, sondern ein subjektives Merkmal einer Situation, die eine Entscheidung verlangt. Es definiert sich insofern in erster Linie über die Bedeutsamkeit und den Grad der Wahrscheinlichkeit, den eine bestimmte Person einem bestimmten Ergebnis zuordnet. Verlust definiert jeder für sich anders, insofern können Risiken niemals allgemeingültig bewertet werden, was bei der Risikowahrnehmung und -identifikation noch eine Rolle spielen wird.

Der Mensch wäre nicht Mensch, hätte er einfach so die Bedeutung von Risiko als Wagnis oder Gefahr akzeptiert. Stattdessen hat er Theorien ausgebrütet, die es ermöglichen, den abstrakten und damit riesengroß erscheinenden Risikobegriff auseinanderzunehmen. Er wurde zerlegt, um sich dann seiner Kleinteiligkeit mit eigener Größe und Professionalität nähern zu können – und zu einer Entscheidung zu finden und/oder prozessoptimiert weiterzuarbeiten.

Risikomanagement

Der Begriff „Risikomanagement" kommt aus der Wirtschaft. Hier hat sich diese Disziplin etabliert, da Unternehmen immer wieder vor der Herausforderung stehen, Risiken eingehen zu müssen, wenn die Auswirkungen von Entscheidungen nicht valide voraussagbar sind. Wenn Wirkungszusammenhänge nicht klar erkannt werden und/oder mangelnde, zu viele oder schlechte Informationen vorliegen.

Geschäftstätigkeit bedeutet, Finanz-, Markt- und Betriebsrisiken, die aus dem Management heraus entstehen können, stetig abzugleichen. Je nach Branche, Größe und Struktur eines Unternehmens variieren die Risiken stark, während die Forderung nach Ertragswachstum im Grunde überall präsent ist. Und das lässt sich nicht durch Stagnation erreichen, die am Ende in die Resignation führt. Jedoch darf der Drang nach Wachstum nicht dazu führen, unkalkuliert und blind drauflos zu wirtschaften. Ganz im Gegenteil: Es geht darum, neue Märkte zu erschließen, in komplexe Technologien zur Verbesserung der Leistung zu investieren, dabei die immer größer werdende Regulation und Nomenklatur der Behörden zu beachten, über alles die Kontrolle zu behalten und gleichzeitig Transparenz zu zeigen – eine enorme Aufgabe unter den vielfältigen Einflüssen und unübersichtlichen Marktbedingungen.

Deshalb gehört die Disziplin des Risikomanagements zu den wichtigsten Säulen einer tragfähigen Unternehmenskultur. Die Bestandsgefährdung, die von bestimmten Risiken ausgeht, ernst zu nehmen, ohne sie zu verteufeln, und sich die darin liegenden Chancen nutzbar zu machen, zeichnet ein weitblickendes Unternehmensmanagement aus. Allerdings präsentieren sich die wichtigsten Risiken nicht auf den ersten Blick. Bei riskanten Strategien wird das Potenzial oft erst sichtbar, wenn sie schon aktiv sind. Operative Risiken hingegen lassen sich allüberall finden und sie sind häufig so offensichtlich, dass eher über sie getuschelt wird, als dass sie wirklich angepackt werden. Die Risiken zu erkennen und damit handhabbar zu machen, sie kontinuierlich und systematisch zu steuern und zu bewältigen, statt von ihnen überrascht oder gar überrollt zu werden – darum geht es. Entscheidungen dürfen nicht nur an der Kosten-Nutzen-Relation ausgerichtet werden, sondern sind ganzheitlich anzugehen. Eine Art Frühwarnsystem zu implementieren, das interne Überwachungs- und Controllingaufgaben wahrnimmt, stellt die Grundlage für ein sinnvolles Risikomanagement dar.

Der Risikoanalyse kommt eine Schlüsselfunktion zu. Mit ihr werden Risiken bereits in Planungsphasen mit Verfahren identifiziert, die eine gewisse Wahrscheinlichkeit möglicher Risiken bewerten. Dafür gilt es einen bestimmten Zeitraum zu definieren, in dem meist vorausschauend mögliche Ursachen von Risiken und deren Folgen eruiert werden. Grundlegend für die Bewertung ist nicht das Ziel, aus der Identifikation einen validen Wert zu skalieren, sondern sich in Form einer Priorisierung anzunähern. Daraus werden fundierte Entscheidungsvorschläge für die Risikoabwehr, -vermeidung oder -verminderung erarbeitet. Sie dienen dann als Grundlage für eine wirksame Risikosteuerung in Form von Behandlung und Kontrolle.

Ein gutes Risikomanagement sichert also die Planung und Umsetzung komplexer Vorhaben, so gut es geht, prophylaktisch ab und begleitet den gesamten Prozess auch nach der Entscheidung im Rahmen der sich einstellenden Konsequenzen nachhaltig in Form eines Risikocontrollings: Hat die Analyse funktioniert? Oder an welchen Stellschrauben muss für den nächsten Schritt noch etwas gedreht werden?

Die vier Stufen des Risikomanagementes im Einzelnen:

Risikoidentifikation

Die Risikoidentifikation bildet eine wichtige Grundlage für einen effektiven Risikomanagementprozess. In ihrem Rahmen werden alle Risiken identifiziert und systematisiert. Ausgangspunkte sind das zu erreichende definierte Ziel und die potenziellen Gefahren, die auf dem Weg dorthin drohen. Die Risikoarten, mit welcher Wahrscheinlichkeit sie auftreten und damit ihre Bedeutung für das Unternehmen hängen dabei sehr stark von dessen individuellen Besonderheiten ab. Die gilt es natürlich zu berücksichtigen. Es empfiehlt sich, vorab eine Checkliste zu erstellen, um eine sinnvolle Systematik zu etablieren. So sind Umfragen unter den Mitarbeitern denkbar, aber auch der Blick auf vergangene Abläufe und die dort gemachten Erfahrungen. Ob das Ganze dann in einer Excel-Tabelle aufbereitet oder an einem Flipchart griffig in Echtzeit visualisiert wird, ist Geschmackssache.

Ich will nun mal als Beispiel für den gesamten Prozess die Anleihe aus dem Unternehmertum herunterbrechen auf eine ganz alltägliche Geschichte. Etwas, das jeden einzelnen Tag millionenfach auf dieser Welt vorkommt und vollkommen unterschiedlich gehandhabt wird. Manchmal aus dem Bauch heraus, völlig intuitiv, manchmal total verkopft und manchmal einfach nur überaus ängstlich.

Kleinkind und Treppe. Da ein ganzer Satz schon eine Wertung impliziert, beginne ich mal mit diesen einfachen zwei Nomen. Jeder von Ihnen wird nun seine eigene Assoziation haben. Egal ob als Mutter, Vater, Onkel, Tante, Schwester oder Bruder, irgendwann wurde jeder schon mal mit diesem Problem konfrontiert. Und wenn nicht mittelbar in der Verantwortung stehend oder als Beobachter, so doch ganz unmittelbar als Krabbelkind!

Okay, hinein ins verbale Vergnügen. Wie können wir also die Ausgangsfrage für unseren Entscheidungsprozess formulieren? Sodass sie möglichst neutral daherkommt?

→ Wie bringe ich einem Kleinkind bei, die Treppe nicht herunterzufallen?

→ Wie bringe ich einem Kleinkind bei, die Treppe zu benutzen?

→ Wie bringe ich einem Kleinkind bei, die Treppe sicher zu benutzen?

→ Wie bringe ich einem Kleinkind bei, die Treppe zu nutzen?

→ Wie lernt ein Kleinkind, dass eine Treppe nichts Besonderes bzw. Gefährliches ist?

→ Warum sollte ich einem Kleinkind überhaupt beibringen, die Treppe selbstständig zu nutzen?

Okay, die letzte Frage fällt ein wenig aus dem Rahmen. Sie beantwortet sich vielleicht in den folgenden Ausführungen, soll jedoch nicht unseren primären Einstieg bilden. Hier geht es ja nicht um Pädagogik. Na ja, jedenfalls nicht durchweg …

Aber eine hab ich noch: Wieso gibt es Kinder, die komplett autark die Treppen hinauf- und herunterkommen – ja wieso gibt es 19 Monate junge Kleinkinder, die sogar, noch mit Windelhintern, bereits eine Kletterwand hochkraxeln können (googeln Sie mal: „Kleinkind + Kletterwand", da wird Ihnen ein erstaunliches Video begegnen), während die meisten anderen Kinder in den westlichen Industrienationen das nur mit wackelnden und zittrigen Beinchen an der Hand eines Erwachsenen bewältigen?

Die in Nuancen unterschiedlich formulierten Ausgangsfragen lassen enorme Rückschlüsse darauf zu, was dem Kind blühen könnte. Oder formulieren wir auch das möglichst neutral: welches Risiko auf das Kind zukommt.

Wie könnte hier die Risikoidentifikation aussehen? Eine Umfrage unter Kleinkindern bringt wahrscheinlich keine verwertbaren Ergebnisse. Aber warum nicht ein paar Mütter befragen, deren Kinder aus dem Kleinkindalter schon heraus sind? Dabei zeigt sich: Ein Kind kann die Treppe herunter- und sogar hochfallen, wenn es versucht, sie alleine zu bewältigen. Das Risiko, sich dabei zu verletzen, ist hoch. Die Palette reicht von einem Schreck über einen Schock bis hin zu Schürfwunden und Knochenbrüchen. Schlägt es gar mit dem Kopf auf, sind Folgeschäden denkbar. Kurz und überhaupt nicht gut: So eine Treppe ist theoretisch brandgefährlich für das Liebste, was wir auf dieser Welt haben, sie rangiert noch vor der heißen Herdplatte – und das will schon was heißen. Verdauen wir das erst einmal und wenden uns dem nächsten Schritt des theoretischen Risikomanagements zu.

Risikobewertung

Sind die potenziellen Risiken identifiziert und in einem Risikokatalog zusammengefasst, ist es die Aufgabe der Risikobewertung, die Wahrscheinlichkeit des Auftretens dieser Risiken zu bestimmen. Außerdem werden deren mögliche Auswirkungen im beruflichen Umfeld ermittelt, genauer: in welchen Sphären sich der möglicherweise entstehende Schaden für das Unternehmen sowie seine Produkte und Prozesse bewegt. Dafür gilt es unterstützendes Datenmaterial zu finden. Natürlich lassen sich nicht alle Risiken samt Folgen exakt messen, doch haben sich in verschiedenen Bereichen spezielle Bewertungsmethoden entwickelt. So setzt man im finanziellen Bereich auf Nutzwertanalysen und quantitative Methoden, die die empirisch erfassten Daten und dokumentierten Statistiken in Gleichungen mit der Zufallsvariablen X für das Risiko einbinden. Ist nicht genug Datenmaterial vorhanden, weil es nicht erhebbar war oder die Zeit oder anderweitige Ressourcen zu knapp waren, um sich darauf berufen zu können, greift man auf qualitative Methoden zurück. Diese gründen sich auf die Individualität und den Erfahrungsschatz des Unternehmens und seiner Führungskräfte.

Übertragen auf das Kind, das unten an der Treppe steht und nach oben will oder umgekehrt, bedeutet das: Die Wahrscheinlichkeit, dass es diese Hürde in seinem so jungen Leben unbeschadet überwinden kann, ist umso höher, je besser wir es schützen. Bewertung bedeutet also, sich besonders gut zu informieren und dann zu entscheiden. Zwischen dem, was vermeintlich offensichtlich ist, und dem, was vielleicht nicht so naheliegt, aber dafür umso nachhaltiger wirkt.

Was aber sorgt für besonderen Schutz? Ein Verbot. Wird dem Kind der Zugang zur Treppe verwehrt, ob verbal mit einem Nein oder physisch mit einem Törchen, kann nichts passieren. Wer auf Nummer sicher – zumindest im eigenen Haushalt – gehen will, tut dies. Die eingeschobene Einschränkung untermauert meine Aussagen, dass es hundertprozentige Sicherheit niemals geben kann. Und: Ein Verbot wirkt trotz des hohen Schutzfaktors destruktiv, da es das Kind in seiner Entwicklung hemmt. Es nimmt dem Kind die Gelegenheit, sich in motorischen Fähigkeiten zu üben, die es für den Alltag benötigt. Ein konstruktiver Ansatz wäre es also, dem Kind das Lernen zu gestatten, damit es sich zukünftig selbstständig sowohl die Treppe hinauf- als auch hinunterbewegen kann. Weitestgehend autark ohne die schützende Hand von Mama oder Papa. Und vor allem ohne die ständige Angst im Nacken, was passiert, wenn sich die Familie mal nicht zu Hause aufhält und trotzdem Treppen vorhanden sind. Schließlich müssen Eltern ihre Augen sowieso immer überall haben, da wäre es doch schön, zumindest diese Gefahr aus dem Bewusstsein streichen zu können. Weil man weiß, dass das Kind gelernt hat, weitestgehend sicher eine steile Treppe zu benutzen. Indem es sich von Stufe zu Stufe krabbelnd bewegt oder vorsichtig am Geländer festhält und eben nicht an Mamas schutzgewährender und den Verlust der Balance ausgleichenden Hand. Das Ziel besteht darin, dass das Kind lernt, einzig und allein auf die eigenen Fähigkeiten zu vertrauen.

Risikosteuerung

Damit der Weg sicher zum Ziel führt, sollten dann Steuerungsmaßnahmen bestimmt und ergriffen werden. Die Frage dabei lautet: Wie lässt sich der Umgang mit den identifizierten und bewerteten Risiken gestalten? Meistens sind mehrere Alternativen vorstellbar, wobei die passende Handlungsweise grundsätzlich von der Situation und dem Unternehmen abhängt. Der einfachste Vorschlag, der aber auch das Ende eines Vorhabens bedeutet: Man kann versuchen, die Risiken zu vermeiden, indem man es komplett absagt, das Produkt oder die Realisierung des Projekts einstampft. Oder die Risiken werden durch eine Versicherung externalisiert. Oder durch Verträge auf Dritte abgewälzt, was auch als Risikostreuung bezeichnet wird, da es ein einvernehmlicher Akt ist. Insgesamt gesehen geht es bei der Risikosteuerung aber vorrangig darum, die Risikopositionen aktiv zu beeinflussen. Unter Beachtung gewisser herausgearbeiteter Vorgaben – zusammengeführt in der sogenannten Risikopolitik – sollen geeignete Steuerungsmaßnahmen eingeleitet werden, um die Risiken zu mindern, wenn nicht gar zu nivellieren.

Das Thema Kind und Treppe gewinnt nun an Fahrt, denn natürlich wirft man die Kleinkinder nicht ins kalte Wasser, sondern steuert ihren Lernerfolg, indem man mit ihnen übt. Ganz einfach. Zunächst an wenigen Stufen, sonst geht man eben von Stufe drei aus und bringt das Kind in eine entsprechende Position zum Hinauf- und Hinunterklettern. Selbstverständlich immer in Habachtstellung. Schritt für Schritt geht es so in die Unabhängigkeit für das Kind und damit auch für die Eltern, die weitaus ruhiger schlafen können, wenn sie dem Kleinen diese Kompetenz beigebracht haben. Die es natürlich im Auge zu behalten gilt. Wie bei jedem Lernerfolg ist die Nachhaltigkeit desselben nur zu erreichen, wenn er weiterhin begleitet und an die kommenden Entwicklungsstufen angepasst wird. Und damit sind wir schon beim letzten Schritt des Risikomanagements angekommen.

Risikocontrolling

Sind die Steuerungsmaßnahmen implementiert, fängt die Arbeit erst richtig an. Denn nun gilt es, die damit erreichte Beeinflussung der Risiken sowie die Wirkungen der Steuerungsmaßnahmen permanent im Blick zu behalten. Sind die Maßnahmen des Risikomanagements noch effizient und zweckmäßig? Hier ist Kontinuität das Zauberwort: in der Erfassung möglicher risikospezifischer Veränderungen, die die Anpassung der Inhalte des Risikomanagementsystems unter Umständen notwendig machen.

Werden die Unternehmen also nie fertig? Oder hat es sich doch irgendwann ausgemanagt? Ist er irgendwann erreicht, der ideale Zustand, bei dem Normen derart standardisiert sind, dass man allen Bedrohungen perfekt präventiv begegnen kann, sodass alle Risiken ausgeschaltet sind? Kann mit richtigem Management erreicht werden, was ich im ersten Kapitel so vehement ausgeschlossen habe: absolute Sicherheit?

Nein, ich bleibe dabei. Sie wird es nie geben, genauso wenig wie ein vollkommenes Management. Würde es perfekt funktionieren, hätte es in der gleichen logischen Sekunde seine Existenzberechtigung verloren. Ohne Risiko kein Risikomanagement. Probleme können minimiert werden, ja. Aber eine Annäherung an einen harmonischen Idealzustand würde doch die Grundlage für die möglichen Steuerungsmechanismen infrage stellen. Das heißt nicht, dass man deshalb nicht alle Kraftanstrengungen voll entfalten sollte, doch wird die Erfahrung damit einhergehen, dass es nie zu hundert Prozent reicht.

Immer ganz kurz vor Ultimo – das wirft beispielsweise die Frage auf:

Wozu das alles? Es ist doch alles wunderbar. Vielleicht genügt dann eine kleine Nachlässigkeit hier und da und schon kann man wieder in die Vollen gehen. Umgekehrt bedeutet dies allerdings, dass es keinen Grund gibt zu verzagen, wenn sich das Gefühl der Perfektion einfach nicht einstellen will. Denn das Wichtigste ist, dass man den Weg überhaupt begeht! Mit dem Bewusstsein im Gepäck, dass dieser nie geradewegs ins Paradies führt, aber doch vom Fegefeuer fernhält! Und bedenken Sie: Sie arbeiten mit Menschen zusammen. Und sobald Abläufe menschliches Verhalten einschließen, befindet sich in deren Steuerung und Kontrolle eine Varianzquelle, die nicht objektivierbar ist. Und das ist auch gut so!

Risiko- und Abenteuerlust

Manche Menschen gehen sogar noch einen Schritt weiter. Sie managen Risiken nicht nur, sondern betrachten sie wie einen Freund in ihrem Leben. Gezielt unter unsicheren Bedingungen zu handeln, bewusst ein Risiko einzugehen, es vornehmlich zu suchen, diese Motivation kommt nicht selten vor. Häufig stellt sich das Gefühl ein, dass es dabei um sogenannte Mutproben geht – kriminelle Handlungen an dieser Stelle ausgeschlossen. Sozialwissenschaftler sprechen von einer stetig wachsenden Risiko- und Abenteuerlust auch beim Otto Normalbürger. Dem langweiligen Durchschnitt zu entfliehen mag dabei die wesentliche Motivation sein.

Mittlerweile hat sich eine ganze Industrie darauf eingestellt, das, was früher Durchschnitt war, immer weiter zu verschieben. Dadurch fällt die Suche nach dem, was den ultimativen Kick gibt, leichter. Die passenden Events und Erlebnisse können aus dem Katalog oder übers Internet bestellt werden. Alles ist steigerbar, alles geht schneller, höher, weiter. Statt Tiefschneefahrens abseits markierter Pisten werden die eigenen Kräfte beim Steilwandskifahren und bei Orientierungsläufen in Marathonlänge in Richtung Nordpol erprobt. Andere Extrem-Risikosportler haben das Freesoloklettern für sich entdeckt, das Klettern ganz ohne technische Hilfsmittel und vor allem ohne Sicherung, gerne auch in Form von Deep-Water-Freesolo über einer Wasseroberfläche. Vulkane werden bestiegen und Höhlen erforscht und ja klar, das gibt es auch noch das allseits bekannte Bungeejumping (über das ich aber nun doch nicht weiter schreiben will, weil es im Grunde ein ausgelutschtes Thema ist). Bei allem geht es um das Erlebnis mit sich selbst, darum, den eigenen Mut auszuloten und neue Welten zu entdecken. Doch was bewegt die Menschen, die sich keine Schlingen um den Hals legen, um das Adrenalin zu spüren, sondern die dies tun, um anderen Menschen zu helfen?

In Kapitel 8, in dem es um Risikobereitschaft für andere geht, wird dieses Thema eingehend beleuchtet. Aber die Beispiele der freiwilligen Feuerwehr, von THW-Helfern, den German Doctors e.V. (ehemals Ärzte für die Dritte Welt), Greenpeace-Aktivisten und so weiter passen auch schon hierher. Nicht weil ich diesem Naturell unterstelle, in erster Linie der eigenen Lust am Kick zu frönen, nein. Und wäre es so, wäre das auch vollkommen in Ordnung! Doch ich bin davon überzeugt, dass deren Einsatz die Liebe zum Menschen und durchaus altruistische Gedankenmuster zumindest auch zugrunde liegen müssen. Getragen von dem Gefühl, jederzeit über die eigenen Grenzen hinauswachsen zu können oder es auf jeden Fall zu versuchen. Ein deutscher Rettungssanitäter, der aus seinem sicheren Hort NRW bewusst in ein Ebola-Krisengebiet reist, um dort zu helfen, ist für mich jedenfalls ein Held.

Eines der prägnantesten und interessantesten Beispiele dafür, die ich in letzter Zeit wahrgenommen habe, war die Rettungsaktion in der Riesending-Schachthöhle. Der bekannte Höhlenforscher Johann Westhauser erlitt bei deren Erkundung einen Unfall und verletzte sich schwer am Kopf. Die Hilfsaktion, die daraufhin anlief, gehört zu der spektakulärsten in der deutschen Geschichte. Sie dauerte zwölf Tage, 728 Helfer waren im Einsatz. Sie – und darauf will ich hinaus – wären allesamt auch dann aufgebrochen und zu Hilfe geeilt, wenn Westhauser kein erfahrener Forscher gewesen wäre, sondern ein Tunichtgut, der sich durch Unachtsamkeit, Überschätzung oder einfach Dummheit in die missliche Lage gebracht hätte. Schließlich galt es, ein Menschenleben zu retten. Auch mit dem Risiko für die körperliche Unversehrtheit weiterer Menschen, selbst wenn es sicher mit allen zur Verfügung stehenden Mitteln abgefedert wurde.

Diese Denke, diese Eigenschaft, anderen selbstlos zu helfen, macht Menschen so wertvoll. Hebt sie ab. Es gibt so viele Situationen oder Taten von Menschenhand herbeigeführt, die leider erkennen lassen, dass Eigenschaften in uns stecken, die martialisch und monströs erscheinen. Vermutlich trägt sie jedermann in sich, bei dem einen liegen sie tiefer, bei dem anderen weniger tief verborgen. Doch bei Katastrophen jeden Ausmaßes verhält es sich ganz genau anders herum. Da wo der Mensch Mensch ist und als solcher agiert, keimt die Hoffnung. Diese Menschen gehen weit vorher in die Risikoabwägung, bevor sie sich solch einer Organisation überhaupt anschließen. Und dann zählt nicht das Ob oder das Wie, sondern einzig und allein die Prämisse: Wenn Not am Mann ist, dann stehen wir bereit! Aus unserer inneren Haltung heraus!

Die folgenden Beispiele sind keine klassischen aus der Sparte Abenteuerlust. Vielmehr erzählen sie von Menschen, die auf ihre eigenwillige Art anders sind und leben. Sei es nach einem Schicksalsschlag oder sei es ihnen in die Wiege gelegt.

· ·

BETHANY MEILANI HAMILTON
UND DU GEWINNST KEINE MACHT ÜBER MEIN LEBEN!

Kennen Sie Bethany Meilani Hamilton? Vermutlich nicht ihren Namen, aber vielleicht ihre Geschichte. Bethany ist eine sehr erfolgreiche und ambitionierte und, ja, wie sollte man es anders formulieren, surfverrückte Wellenreiterin. Sie lernte das Surfen schon als kleines Kind von ihren Eltern, die, Sie ahnen es, als begeisterte Surfer extra nach Hawaii gezogen waren. Schon mit fünf Jahren gewann das kleine Mädchen Wettbewerbe, in den Jahren danach wurde sie immer besser. Sie trainierte hart und perfektionierte ihren Stil, sodass sie mit noch nicht mal 15 Jahren schon einen Sponsor hatte und so ihren Traum vom Profigeschäft leben durfte.

Doch im Oktober 2003 wurde sie beim Training von einem über vier Meter langen Tigerhai angegriffen, der ihr den linken Arm abtrennte. Glücklicherweise war sie nicht alleine im Wasser, sondern konnte mithilfe ihrer Freunde das Ufer erreichen. Eine OP rettete ihr Leben. Ein Wunder, sagten die Ärzte. Drei Wochen später – stand sie wieder auf ihrem Board. Durchdrungen von ihrem Lebensziel, ihrer Lebenskraft und einem ganz besonders starken Willen? Oder vollkommen durchgeknallt, wie man es vielleicht eher ausdrücken möchte.

Suchte sie das Risiko, den Kick? War oder ist sie ein besonders mutiger Mensch? Süchtig? Ein Junkie auf dem Surfbrett? Oder ließ sie sich einfach nur nicht so leicht aufhalten? War und blieb ihr eigener Herr, indem sie ihr Schicksal annahm, ohne sich ihm auszuliefern? Vielleicht bedeutet, etwas anzunehmen, dass man es wieder in die eigene Hand nimmt. Nicht tut, was jeder ganz selbstverständlich erwarten würde. Wahrscheinlich auf jeden Fall einen großen Bogen um Salzwasser zu machen. Na ja, vielleicht doch irgendwann wieder zu surfen, aber nur zum Spaß. Sie aber wollte weiterhin Profisurferin bleiben. Wie um alles in der Welt kann man nur so unvernünftig sein?

Ich kann sie nicht fragen. Ich habe auch nicht ihre Biografie gelesen oder den Film über sie, „Soul Surfer", gesehen. Nein, bei der Recherche zu diesem Buch bin ich zufällig über ihr Bild im Internet gestolpert: Ich sah eine bildhübsche junge Frau am Meer mit nur einem Arm und hochschwanger, das Surfbrett neben sich, von dem sie auch in ihrem damaligen „Zustand" nicht lassen konnte. Konnte oder wollte sie nicht? Was in ihrem Kopf vorging, wissen wir nicht. Ihre Geschichte ist auch kein Märchen nach dem Motto: Und sie stieg drei Wochen später wieder auf ihr Surfbrett, besiegte ihren Schmerz, die Wellen und die Konkurrenz und heimste fortan Pokale ein. Und wenn sie nicht gestorben ist, dann … Nein, so war es nicht: Sie fing an zu trainieren und nahm an Wettkämpfen teil, war aber natürlich mehr als gehandicapt. Nach einigen – in ihren Augen – Misserfolgen beendete sie dann zunächst ihren Kampf. Doch nach ganz besonderen Erlebnissen in Thailand nach dem Tsunami änderte sie ihre Meinung und begann erneut zu trainieren. Sie gewann zwei Jahre später einen wichtigen Wettkampf und ist seitdem – Profisurferin!

Sie sieht ihren Schicksalsschlag unter dem Strich als Glücksfall, denn sie hat überlebt! Aus der Dankbarkeit heraus, ihr Leben weiterführen zu dürfen, tut sie es auf eben diese Weise, wie zuvor. Genießt es nur noch überproportional mehr. Weil sie das Wellenreiten zu sehr liebt, als das sie damit aufhören könnte.

⋯⋯⋯⋯⋯⋯⋯⋯⋯⋯⋯⋯⋯⋯⋯⋯⋯⋯⋯⋯⋯⋯⋯⋯⋯⋯

In der nächsten Geschichte geht es wieder um eine weibliche Hauptdarstellerin. Und es geht um einen Job, für den es viel Mut braucht und den vornehmlich Männer ausüben, deshalb stechen Frauen hier einfach doppelt hervor. Lisa Kelly betreibt zudem ein exzellentes Marketing in eigener Sache, weshalb sie sich ganz besonders hervorhebt aus dem Kreis derjenigen, die dieser Arbeit nachgehen. Sie fährt Trucks unter teils lebensbedrohlichen Bedingungen.

LISA KELLY
HEISS AUFS EIS

Als Rückgrat der nordamerikanischen Wirtschaft gelten die Fernfahrer. Sie genießen hohe Achtung und Wertschätzung in der Bevölkerung. Viele von ihnen sind in der berühmt-berüchtigten Gewerkschaft der Teamster organisiert, doch die Unternehmer wehren sich vehement gegen die Gewerkschaft mit für die Fahrer vorteilhaften Mitteln: Sie bieten ihnen extrem verbesserte Arbeitsbedingungen, sodass eine Mitgliedschaft nicht mehr viel Sinn macht. Außerdem ist der Trucker an sich eher Individualist. Das macht sich ganz besonders bei einer Gruppe von Fernfahrern bemerkbar: den Ice-Road-Truckers.

Diese Fernfahrer sind im Norden Kanadas mit wertvoller Fracht unterwegs. Und sie setzen dabei sogar immer wieder ihr Leben aufs Spiel. In teilweise unzugänglichen Gegenden, wo es keine Straßen gibt und die Routen oft verschneit und vereist sind, liegen etliche Diamantminen. Dort arbeiten Menschen, die versorgt sein wollen. Sie benötigen Arbeits- und Lebensmittel, sodass tonnenschwere Lasten über vereiste Seen gebracht werden müssen. Einige Ortschaften nördlich des Polarkreises sind komplett von Wasser umgeben und können deshalb nur mit dem Boot oder aus der Luft versorgt werden. Im Winter übernahmen das bis vor einigen Jahrzehnten Hundeschlitten, dann die Ice-Road-Truckers. Ohne sie blieben ganze Gemeinden und Wirtschaftszweige unversorgt.

Dank modernster Technik ist das Risiko für die Fahrer einschätzbar, wenn auch nicht vermeidbar. Denn die Eisstraßen sind mit Schlaglöchern übersät, die durch gerissenes Eis entstehen. Außerdem sind die Wetterbedingungen extrem. Schneestürme verhindern die Sicht in der menschenfeindlichen Umgebung und Neuschnee erschwert das Fahren zusätzlich. Nicht selten gibt das Eis nach und die Trucks versinken im eiskalten Wasser. Für solche Arbeit, so könnte man meinen, braucht es ganze Kerle.

Weit gefehlt. Lisa Kelly, eine der Frauen in dieser Domäne, hat es zu medialer Berühmtheit gebracht. Eine TV-Dokumentation begleitete sie und ihre Kollegen über den Himalaya über Indiens gefährlichste Straßen. Sie beschrieb die dortigen Bedingungen der Gebirgsstraßen – immer am Abgrund entlang – als noch viel größere Herausforderung. Wer die Bilder sieht, glaubt ihr auf Anhieb. In ihrer Freizeit liebt sie es, Motocross zu fahren und auf galoppierenden Pferden wilde Stunts zu absolvieren. Ach ja und das meiste Geld verdient sie mit – modeln.

Man könnte sie die Herren der Lüfte nennen. Das, was früher die lebenden Kanonenkugeln im Zirkus waren. Die drei Männer, um die es nun geht, machten eher eine lebendige Rakete aus sich und suchten den Geschwindigkeitsrausch, um irrwitzige Rekorde zu brechen.

JOE KITTINGER, FELIX BAUMGARTNER, ALAN EUSTACE
FREIER FALL

Kennen Sie diese drei Namen? Ich schätze mal, bei einem klingelt's. Ja, genau, Baumgartner ist der „Red Bull" unter ihnen. Ihn kennt man dank seiner genialen Marketingstrategie. Ich saß selbst gebannt und atemlos vor dem Fernseher, als er 2012 von 35 Kameras beobachtet ein beispiellos gut inszeniertes Spektakel ablieferte. Das Einzige, was mich damals wunderte, war die Tatsache, dass Joe Kittinger diese Leistung bereits 50 Jahre zuvor fast genauso perfekt abgeliefert hatte, ohne dass es in der breiten Öffentlichkeit wahrgenommen wurde. Natürlich war sein Anzug noch nicht so gut und die Berechnungen waren sicher weniger ausgefeilt. Was meinen Sie, schmälert es die Leistung Baumgartners, wenn man sie in Relation dazu bringt, wie viele Menschen sich dergleichen wohl zutrauen? Und wer ist eigentlich der Dritte in der Reihe? Haben Sie seinen Sprung mitbekommen? Tja, ich auch nicht. Und doch hat er, zehn Jahre älter und zwei Jahre nach Baumgartner, dessen Rekord gebrochen – nahezu geräuschlos und ohne mediales Aufsehen.

Sich aus der Stratosphäre aus 41 Kilometer Höhe hinabstürzen auf die Erde. Mit mehr als 1.300 Kilometer pro Stunde im freien Fall. Unter extremen Bedingungen als Mensch, nur mit einem Schutzanzug bekleidet, die Schallmauer durchbrechen und wie Baumgartner zuvor 130 Mal von einem Wolkenkratzer springen. Reicht der Wunsch, mit irgendetwas in die Geschichte einzugehen, aus, um dies zu tun? Will derjenige damit reich werden? Oder muss man sich dazu auserkoren fühlen? Warum macht ein Mensch aus sich bewusst eine lebende Rakete? Für Eustace kann zumindest das Geld keine Rolle gespielt haben, denn er ist Senior Vice President bei Google. Er scheint sich seinen Traum, der sich doch sehr deutlich von einem Jakobswegmarsch unterscheidet, aus eigener Tasche erfüllt zu haben. Und Berühmtheit ersehnte er definitiv nicht. Worum ging es also?

Letztlich wird wohl jeder der drei und jeder andere Mensch, der Extremsport betreibt oder Stunts absolviert, seine ganz eigene Motivation mitbringen, Risiken einzugehen. Sie alle, so scheint es, gehören zu einem besonderen Menschenschlag. Interessanterweise gibt es in unserer Sprache einen Begriff, der auf sie häufig angewendet wird: „lebensmüde". Dabei müssen die Menschen, die so agieren, doch ganz besonders lebenswach sein. Denn auf sie wirkt in den besonderen Momenten der Cocktail aus Adrenalin und anderen Hormonen wie eine körpereigene Droge. Leicht lässt sich sagen: Wer an seinem Leben hängt, der macht so etwas nicht. Wenn jemand dem Tod offen und häufig ins Auge blickt, die Lust am Risiko in immer neue Sphären pusht, weckt das schon die Assoziation, dass derjenige die Nähe zum Tod sucht, um das Leben zu spüren.

Sieht man näher hin, sind es aber gerade die extremen Menschen, die sehr durchtrainiert und sehr bewusst sind. Sie sorgen gut für ihren Körper, der ihnen ja dienlich ist, um ihre Wünsche und Träume zu erfüllen oder ihren Beruf auszuüben. Sie bereiten sich gut vor. Trainieren hart oder bilden sich aus und weiter. Zumindest ist das die Regel. Todessehnsucht, so scheint es, haben da eher die Couchpotatoes, die jeden Abend mit Bierchen und einer Tüte Chips, vielleicht noch mit Zigaretten, vor dem Fernseher sitzen, um in ein paar Jahren Übergewicht und Bluthochdruck auszubilden – um nur ein Beispiel zu nennen.

Zum Abschluss stelle ich Ihnen noch einen Flieger vor. Es geht um eine kurze Sequenz aus einem Kinofilm, der die ganze Welt berührte. Grundlage dieser Geschichte war kein Drehbuch, sondern das Leben: „Ziemlich beste Freunde". Kaum jemand, der den Film nicht kennt, deshalb nur ein kurzer Abriss.

● ●

PHILIPPE POZZO DI BORGO
DEM SCHICKSAL EIN SCHNIPPCHEN SCHLAGEN

Philippe Pozzo di Borgo ist seit einem schweren Gleitschirmflugunfall querschnittgelähmt. Er kann nur noch den Kopf und die Lippen bewegen. Drei Jahre später erliegt seine Frau einem Krebsleiden, er fällt in eine tiefe Depression. Mit Abdel Yasmin Sellou, seinem algerischen Pfleger, findet er seinen Lebensmut wieder. Die beiden Männer bereichern sich gegenseitig. Der Film zeigt unendlich viele Szenen, die anrühren und nachdenklich stimmen, die fröhlich und traurig zugleich machen. Diese Geschichte bewegt. Aber an einer Stelle war ich schier perplex. Philippe Pozzo di Borgo und Abdel Yasmin Sellou machen sich auf in die Berge. Um was zu tun?

Sie machen Rucksacktandemgleitschirmflüge. Sellou hat riesengroße Angst davor, traut sich trotzdem und schreit, bis er sich, so scheint's, in sein Schicksal ergibt – und den Flug strahlend genießt. Aber warum um alles in der Welt wollte di Borgo das? Warum segelt er selig lächelnd mit dem Gleitschirm ins Tal? Genau das hatte ihm doch diesen allerschwersten Schicksalsschlag beschert. Parallelen zu Bethany tun sich auf – vielleicht geht es darum, dem Schicksal ein Schnippchen zu schlagen. Dennoch geht dieser Moment tiefer. Das Bedürfnis di Borgos nach der empfundenen Schwerelosigkeit. Man kann vermuten, dass gerade ihm, der auf seinen Rollstuhl angewiesen ist, dies ein besonderes Glücksgefühl brachte. Ja, das kann sein. Aber ausgerechnet diese Sportart auszuüben, statt sie für immer zu verdammen? Zu hassen? Ich kann es nicht mit Gewissheit sagen, da ich ihn nicht fragen konnte, aber ich denke, genau das Gegenteil ist der Fall. Er gibt nicht dem Sport die Schuld, nicht dem Leben, nicht irgendeinem Schicksal. Er verteilt überhaupt keine Schuldkarte. Ja, er hatte einen Unfall, als er sein Hobby betrieb. Aber auch ein Autounfall hätte die Ursache für sein Handicap sein können. Wäre er dann nie wieder in einem mitgefahren? Dreht man den Gedanken auf diese Weise weiter, wird die Ausgangsfrage nach dem Warum fast absurd. Sie löst sich auf. Was geschehen ist, ist geschehen. Es lässt sich nicht mehr rückgängig machen und über das mögliche erneute Risiko denken eher Außenstehende nach. Di Borgo hatte bereits fast alles verloren, also konnte er mit dem erneuten Gleitschirmflug nur etwas gewinnen: frische Lebensqualität.

• •

Riskantes Kalkül oder kalkuliertes Risiko? Egal, tun Sie es!

Welche Antwort liegt Ihnen näher? Ich denke, es ist Geschmackssache. Unterm Strich bedeutet beides das Gleiche. Egal wie Sie es nennen, es kommt darauf an, wie Sie es empfinden. Das Risiko beginnt in Ihrem Kopf. Und das Kalkül geht erst auf, wenn Sie – alle Kausalitäts- und Entscheidungsprozesse in Ehren! – vom Ende, vom Ziel her denken. Allein das Motiv, aus einer aktuellen unzufrieden stimmenden Situation herauszukommen, reicht selten. Sich vorzustellen, wie es sich anfühlt, in einer Welt zu leben, die Sie sich geschaffen haben, nach Ihren Wünschen, das ist das richtige Motiv Ihres Handelns.

Aber woher weiß ich, ob mein Gefühl mich nicht trügt? Und: Darf die Prämisse meines Handelns überhaupt mein Wohlbefinden sein? Muss ich nicht immer meine Familie, meine Freunde, meine Kollegen, meine Haustiere, den Planetenstand, die Mäuse auf der Wiese und die Maulwürfe im Garten, einfach alle Umstände einbeziehen? Nein, ich will mich nicht lustig-, sondern Ihnen klarmachen: Die Zeit des Hätte, Wenn und Würde ist nun vorbei. Sie haben sich dieses Buch bestimmt nicht gekauft, weil Sie gebauchpinselt werden wollen oder weil Sie möchten, dass ich Ihr Händchen halte und für alles Verständnis habe. Nein, jetzt heißt es: hopp oder top!

Alles, jeder Sachverhalt, jede Lebenssituation, ist komplex. Das erscheint uns nicht nur so, sondern ist eine Tatsache. Damit gilt es umzugehen und es nicht zu umgehen. Denn sonst werden wir nie durchstarten. Zielführend mit Komplexität umzugehen bedeutet anzuerkennen, dass ich nie alle Fakten kennen werde. Dass ich mich bei meiner Entscheidung mit Wahrscheinlichkeiten und (un)gewissen Größenordnungen begnügen muss. Wer dies verinnerlicht hat, kann wieder pragmatisch werden und sich mit der subjektiven Steuerung von Risikoparametern beschäftigen, diese Option bleibt ja. Dabei ist es sinnvoll, den eigenen Fokus immer erst mal nur auf einen Aspekt zu legen, statt die Multiplikation und die Menge an Informationen und Details auf sich einprasseln zu lassen. Denn Letzteres bedeutet Verunsicherung pur. Nur die selektive Betrachtung kann also Basis für die Akzeptanz oder eben die Zurückweisung eines Risikos sein.

Auf zur Ersten Hilfe in diesem Buch. Na ja, im Grunde hoffe ich ja doch, Sie haben schon den ein oder anderen Impuls mitnehmen können, aber nun gibt es eine Art explizite To-do-Liste:

1. Was sind meine Ziele? Welche Hürden hindern mich an deren Erreichung? Sind diese Probleme wirklich relevant? Wenn nein, aussortieren. Wenn ja:

2. Sind die einzelnen Problemfaktoren miteinander verknüpft? Wie wirken sie aufeinander ein oder sich aufeinander aus? Kumulieren sie? Verändern sie sich unter gewissen Umständen?

3. Welche Umstände sind das? Ergeben sich vielleicht noch andere Veränderungsmöglichkeiten daraus? Welche Rahmenbedingungen gilt es dafür in meinem Leben zu schaffen? Wie sehen die Probleme in diesem Licht aus? Sehe ich nun Chancen das Problem zu lenken?

4. Welche Lenkungsmechanismen stünden mir zur Verfügung? Habe ich die Kompetenz dazu? Oder benötige ich Hilfe? Wo kann ich die bekommen? Welche Ressourcen muss ich dafür einsetzen? Würde mich diese Aufgabe über meine Grenzen führen? Oder kann ich das (mit Hilfe oder unter Anleitung) stemmen?

5. Wo müsste ich ganz genau ansetzen? Lässt sich das Problem vielleicht zerlegen? In viel kleinere Einheiten? Was, wenn ich nur meinen Zeitplan änderte? Oder meinen Erwartungshorizont etwas anpasste? Vielleicht ist das Problem ja gerade dafür da, um mich zu schützen? Nicht jede Hürde muss unmittelbar genommen werden. Auch kleine Schritte führen zum Erfolg. Habe ich bislang Handlungsalternativen übersehen?

Diese gilt es strategisch zu planen. Bedenken Sie zukünftige Entwicklungen. Beziehen Sie Vorkehrungen gegen mögliche Störungen mit ein. Ein Trapezkünstler wird sich immer einem Fänger gegenübersehen, wenn er sich durch die Lüfte schwingt. Das Risiko diesem aus der Hand zu gleiten, schwingt dabei jedoch genauso stetig mit. Ebenso die Möglichkeit, dass das Netz reißt! Und doch ist der Sprung ein kalkuliertes Risiko und kein lebensbedrohliches mehr. Erstellen Sie einen Maßnahmenkatalog und integrieren Sie konkrete Handlungsansätze, ja Handlungsanweisungen, für sich selbst! Kommen Sie ins Handeln. Sie haben lange und sorgsam abgewogen und stehen nun vor dem Sprung: Tun Sie es!

So wie Guy Laliberté, der zum Multimillionär wurde. Sie kennen ihn nicht? Nun, seinen Namen vielleicht nicht, aber dafür den seines Unternehmens: Cirque du Soleil. Laliberté selbst war Stelzenakrobat und Feuerschlucker, als er großen Mut zum Risiko bewies, indem er ein Unternehmen aufbaute. Dabei suchte er nicht nur neue Wege, sondern baute sie sich auch selbst.

AUS DEM LEBEN GEGRIFFEN: SO EIN ZIRKUS

In den 1980er Jahren spielte sich ein Überlebenskampf ab, der in ein perfektes Risikomanagementszenario mündete. Eine uralte und auch ehrwürdige Zunft geriet ins Schlingern. Der Lauf der Welt, vor allem der sich enorm rasant entwickelnden medialen Welt, drohte ihr den Hahn abzudrehen. Das hatte auch damit zu tun, dass sie sich über viele Jahrzehnte hinweg nicht entwickelt hatte. Obwohl dies genau richtig war, denn die Menschen wollten das so. Sie wünschten sich einen Ort, an dem sie das Gefühl hatten, die Zeit wäre stehen geblieben, und sich gleichzeitig aufgehoben fühlen. An dem alle Sinne eine Vergangenheit aktivierten, die positiv besetzt war: der Geruch nach frischen Holzspänen und Popcorn, die Musik blecherner Instrumente und die immer gleichen Melodien, die knisternde Stimmung und Spannung, die ein Kind empfand, das noch nicht von Hunderten Comedy- oder Zaubertrickvideos auf YouTube reizüberflutet war, sondern noch herzhaft lachen konnte über zwei Clowns, die sich in immer wieder neuen Varianten mit Wasser nassspritzten. Die noch unreflektiert mit offenen Mündern Tiertricknummern einfach nur ansahen und staunten, ganz ohne auf die zu engen Käfige und tierschutzrelevanten Merkmale hinter den Kulissen zu schauen. Hatten die Löwen die Manege verlassen, war auch das Thema aus den Köpfen der Menschen verschwunden – egal ob bei Kindern oder Erwachsenen.

Doch das änderte sich, als sich ein Bewusstseinswandel vollzog. Nicht nur die Gier nach immer gefährlicheren Artistikattraktionen, sondern auch die Ablehnung der Tiernummern wuchs. Die Macht des Marktes, der diese Entwicklungen ignorierte, führte zu Umsatzeinbußen, die viele Zirkusse in den Ruin trieb. Und treibt. In dieser Situation entwickelte Guy Laliberté ein Konzept, das den klassischen Zirkus nicht aus den Augen verlor und trotzdem auf Wachstum ausgerichtet war. Eigentlich ein Ding der Unmöglichkeit, denn in einer von Rezession gebeutelten Branche sieht die klassische strategische Analyse keinen Raum für dafür. Theoretisch. Aber warum der Theorie nicht mit guten Ideen zur rechten Zeit ein Schnippchen schlagen?

Der eingeschlagene Weg führte weg von der Denke: Wie grabe ich meinem Konkurrenten das Wasser ab und schöpfe aus seinem Brunnen. Und hin zu: Wie erobere ich mir einen eigenen, meinen ureigenen Markt. In der Praxis ist es häufig so, dass die Fixierung auf den Wettbewerb eine so hohe Hürde bildet, dass dieser das Geschäft nicht mehr belebt, sondern lähmt und keine Innovationen mehr aufkommen.

Anders beim Cirque du Soleil: Er hat sich seinen eigenen Brunnen gegraben und im Zirkuswettbewerb einen neuen Markt geschaffen. Dabei wurde nicht jedes Rad neu erfunden, eine Manege ist immer noch eine Manege, auch ohne Sägespäne, und das Flair der phantastischen Welt des fahrenden Volkes umgibt das Publikum schon vor Betreten des Zelts. Als weitere Elemente kommen Livemusik, grandiose Artistik und vor allem eine durchgehende Geschichte hinzu, hier entsteht also Theateratmosphäre. Vor allem: Es gibt keine Tiere! Zwar ging damit die Hauptzielgruppe konventioneller Zirkusse verloren – die Kinder mit ihren Eltern –, doch eine neue tat sich auf. Der Zeitgeist trug eine weitere Zielgruppe bei: Unternehmen, die Firmenkunden etwas Besonderes bieten wollten. Raus aus dem Alltag in eine andere Welt, und das auf hohem Niveau. Entsprechend konnten die Eintrittspreise gestaltet werden. Bis heute sind fast 40 Millionen Zuschauer auf der ganzen Welt zu verzeichnen – ein nachhaltiger Erfolg. In zahlreichen Städten hat sich der Zirkus fest angesiedelt, mit immer neuen Programmen werden die Menschen angelockt.

Die wesentlichen Faktoren in dieser Geschichte: eine intelligente Marktpositionierung und der Mensch, der den Mut hatte gegen den Strom zu schwimmen – und damit viele Arbeitsplätze schuf. Im April 2015 wurde der Cirque du Soleil mehrheitlich an ein Investorenkonsortium unter Führung des US-Risikokapitalfonds TPG Capital verkauft. Guy Laliberté behält einen Minderheitsanteil von zehn Prozent.

Die Zeit bringt Rat. Erwartet's in Geduld.
Man muss dem Augenblick auch was vertrauen.

VII. Nur wer wagt, gewinnt.
Waagemutige Abwägung leben

Zwei Wege trennten sich im Wald, und ich – ich nahm den, der kaum be-gangen war, das war der einzige Unterschied.
Robert Frost

Geht es darum, eine Brücke zu meinen Wünschen und/oder Zielen zu schlagen, die Risiko heißt, muss ein Abwägungsprozess her. Seine Intensität und Dauer hängen davon ab, wie folgenschwer eine Entscheidung ist. Je länger das Ganze dauert, umso unangenehmer fühlt es sich an. Deshalb nachfolgend ein gutes Dutzend Impulse, mit denen die Suche nach dem Stein der Weisen leichter und ganz bestimmt schneller vonstattengeht.

Automatisierte Alltags- oder Impulshandlungen, zum Beispiel noch schnell bei Dunkelorange das Gaspedal durchzutreten oder morgens das weiße Hemd dem schwarzen vorzuziehen, bedürfen keines Abwägungsprozesses. Doch geht es um größere Ziele in meinem Leben, muss ich sie darauf abklopfen, wie realistisch sie sind. Das bedeutet, sowohl pragmatisch meine Ressourcen zu analysieren – also wie viel Zeit und Mittel mir zur Realisierung zur Verfügung stehen – als auch in mich hineinzuhören und meinen Bauch sprechen zu lassen.

Vorab mein wichtigstes Anliegen: Setzen Sie Prioritäten, und zwar ganz besonders für die Themen und Angelegenheiten, die wichtig, aber noch nicht besonders dringend sind. Das mag unlogisch klingen, aber ich will es erklären: Es könnte zum Beispiel sehr wichtig für Sie sein, dass Ihr Haus irgendwann energietechnisch autark ausgestattet ist. Sie denken diesbezüglich sehr stringent und nachhaltig, doch fehlen Ihnen momentan noch die Mittel zur Umsetzung. Da Sie jedoch um die aktuell gesicherte Versorgung durch die diversen Anbieter wissen, ist sie heute auch noch nicht zwingend notwendig. Dennoch können Sie bereits mit der Planung beginnen, sich um Kredite kümmern oder Angebote einholen. Oder sich auch einfach nur langsam und tiefgründig informieren über alle technischen Errungenschaften der Gegenwart.

Vorausschauende Planung erleichtert das Leben, denn so manche Entscheidung muss dann gar nicht mehr getroffen werden, sondern ergibt sich von selbst. Und das bedeutet: Sie sorgen so gut für sich, dass bestimmte Risiken erst gar nicht entstehen. Dabei geht es nicht um Perfektion. Aber das eigene Leben oder zumindest Teile davon im Griff zu haben ist doch ein gutes Gefühl, oder? Und dieses Gefühl lässt sich ausbauen. Sobald die nächste Unsicherheit sich meldet, werden Sie sich erinnern und die sinnvolle Reihenfolge einhalten: das Wichtige zuerst, dann das Unwichtige. Planung führt in geordnete Bahnen.

Kennen Sie Ihre Prioritäten, können Sie vor allem auch eines, was sonst schwerfällt: Nein sagen! Sie können dabei sogar lächeln, da Sie es aus einer tiefen Gewissheit heraus tun. Dass es sich dabei nicht um eine Laune handelt oder gefühlskalten Egoismus, sondern um das Ergebnis eines Abwägungsprozesses, der nicht immer erst einsetzt, wenn etwas auf Messers Schneide steht, sondern der in ein Gesamtkonzept eingebettet ist. Das muss kein Lebenskonzept sein. Doch kann es für die vielen Lebensbereiche viele Prioritäten geben, die es einmal lohnt, in ruhigen Minuten zu durchdenken.

Ob es um die beruflichen Stationen und heruntergebrochen die jeweiligen Schritte hin zu weiterem Aufstieg oder einem zufriedenen Setting geht. Oder im Privaten um so große Fragen, wie die Familienplanung: Will ich heiraten und Kinder bekommen und wenn ja wie viele? Auch hier hilft es, Prioritäten festzulegen – selbst wenn man sein privates Glück ja niemals en detail planen kann. Der richtige Mann, die richtige Frau sind genauso wenig im Katalog bestellbar, wie man selbst den richtigen Zeitpunkt für die Ankunft der lieben Kinderlein festlegen kann. Doch es macht nun mal einen Unterschied, ob ich irgendwann einmal eine mehrjährige Weltreise unternehmen will, am liebsten so viele Städte und Landstriche bewohnen möchte, dass ich die Kartons nie ganz auspacke, oder mich im Geiste beim Rasenmähen sehe, und zwar an einem Häuschen mit Kinderschaukel und zwei Hundehütten. Dann spare ich entweder gar nicht, sondern lebe jeden Tag, als wäre es mein letzter. Oder ich lege Geld zurück, an das ich jederzeit rankomme. Oder ich schließe einen Bausparvertrag ab. Die Entscheidung, was mit Teilen des Gehalts geschehen soll, fällt so jedenfalls leichter.

Sicher: Ein bis ins Letzte ausbalanciertes Leben gibt es nie. Aber Prioritäten verhelfen zu einer inneren Balance, die Sie die Risiken und Chancen besser auf eine Wippe setzen lassen können und so schneller erkennen, wo noch etwas fehlt (siehe auch unter „Press play!")

Ich bin so hin- und hergerissen!

Wenn Sie sich von zwei möglichen Alternativen wie auseinandergerissen fühlen, spannen Sie doch noch ein paar mehr Pferde an Ihre Glieder. Und Sie werden merken: Indem Sie die zugespitzte Zerreißprobe etwas verteilen, nimmt der Druck ab … Okay, das Bild ist zugegebenermaßen etwas martialisch, aber so werden Sie es sich ganz gewiss merken. Auch wenn Sie sich momentan nicht die geringste andere Option vorstellen können, nehmen Sie sich einen Moment lang Zeit und lassen Sie Ihre Gedanken fließen. Dabei helfen ein Zettel und ein Stift. Kritzeln Sie vielleicht erst nur und schreiben dann alles auf, was Ihnen durchs Hirn fegt. Diese Art Brainstorming kann manchmal gar nicht chaotisch genug beginnen, um dann am Ende doch noch ein paar konstruktive Ansätze hervorzubringen.

Verfahren Sie intuitiv. Lassen Sie die harten Fakten zunächst mal außen vor. Schreiben Sie ohne jegliche Wertung einfach drauflos, lassen Sie Ihrer Spontanität freien Lauf. Geben Sie nicht der vermeintlichen Vernunft nach, sondern Ihrem Typ. Das gelingt, indem Sie Ihre Phantasie auf eine Traumreise schicken. Alles, was sich hinterher als halbseiden herausstellt, können Sie immer noch streichen. Auch wenn Sie es nicht für möglich halten, dass Sie innerhalb kürzester Zeit mehrere alternative Lösungsansätze für ein Problem finden, von denen Sie bis vor ein paar Minuten selbst noch nichts wussten, lassen Sie es zu und überraschen Sie sich selbst.

Alles im Leben hat seinen Preis

Ich habe ja schon mein flammendes Plädoyer dafür gehalten, nicht kleinteilig zu denken. Und dafür, anstehende Aufgaben in kleinere Schritte, in Teilsequenzen, zu zerlegen. Dann können Sie festlegen, in welcher Reihenfolge diese sich umsetzen lassen, damit Sie Ihr Ziel erreichen. Stellen Sie diese Alternativen vertikal zusammen und listen Sie demgegenüber horizontal die jeweiligen Chancen und Gefahren auf.

Zu wie viel Risiko bin ich bereit? Generell und im Speziellen? Welche Geschehnisse sind in meiner Vorstellung denkbar? Im besten Fall und auch im denkbar ungünstigsten? Sie werden schnell merken, wo der Gaul mit Ihnen durchgegangen ist und Sie ein bisschen zu phantasievoll waren. Diese Alternativen werden dann gestrichen – ein gutes Gefühl. Denn damit haben Sie eine erste Entscheidung getroffen, etwas aussortiert. Und spüren, wie Sie der großen Entscheidung näher kommen. Das motiviert!

Wer so vorgeht, dem stellt sich ganz automatisch die Frage: Wovon will ich mich keinesfalls verabschieden? Und: Was ist der „Preis" dafür? Bearbeiten Sie Ihre Liste ruhig weiterhin impulsiv. Haken Sie ab, was in Ihrem Leben nicht unbedingt nötig ist, und lassen Sie übrig, was Sie unbedingt brauchen.

Ganz wichtig ist es, dabei die Kurve zu kriegen und kein Wolkenkuckucks-heim zu bauen. Davor schützt Sie die zweite Frage: Was kostet es mich? Wie hoch ist der Preis, den ich zahle, wenn ich mich gegen x und für y entscheide?

Ein Traumjob wird angeboten, aber laut Anzeige des Unternehmens nur in einer Millionenstadt. Sie sind jedoch ein Landei. Richtig durchatmen kön-nen Sie nur, wenn Wald und Wiesen in der Nähe sind. Und wenn Sie das zum Überleben brauchen, dürfte die Entscheidung klar sein. Sie verzichten auf den Traumjob und suchen vor Ort weiter. Stopp: Nein, es geht nicht um Verzicht. Richten Sie den Fokus auf etwas anderes: Sie entscheiden sich be-wusst für etwas, trotz des Preises. Das mag merkwürdig anmuten, da Sie sich das Landleben ja schon ermöglicht und erhalten haben. Wenn Ihnen aber etwas so wichtig ist, dann macht es auch Sinn, dessen Bestandssicherung zu feiern.

Ganz, ganz wichtig: Tragen Sie am Ende das Empfinden des Für in sich. Ja, Sie lehnen den Job ab. Aber eben weil Ihnen Ihr Lebensumfeld wichtiger ist, nicht weil Sie ein Feigling oder Drückeberger sind! Das können Sie sicher sagen, weil Ihre innere Haltung und Einstellung zum Leben manifest ist und Sie davor bewahrt, etwas Unüberlegtes, Blauäugiges zu tun. Weil es nicht darum geht, sich oder anderen etwas zu beweisen, sondern für sich selbst zu sorgen. Indem Sie sich dafür entscheiden. Nein, damit lügen Sie sich nicht in die Tasche. Vielmehr bewahrt Sie dieser kleine psychologische Trick in Zukunft davor, jedes Mal mit dieser Entscheidung zu hadern, wenn Sie eine ähnliche Anzeige sehen. Ach, hätte ich doch damals … – zählt nicht mehr. Der Entscheidungsprozess kann ewig dauern, aber ist er beendet, bleibt es dabei. Und wenn Sie ihn mit einem positiven Gedanken beenden, bleibt dem inneren Zweifler und Zeterer auch jegliches Getöse im Halse stecken.

Die Osborn-Methode

Vielleicht ist Ihnen zuvor bei der affektiven Auflistung eine Alternative ent-gangen. Denn was, wenn Sie den Personalchef fragen, ob nicht auch ein ande-res Arbeitsmodell infrage kommt, um den Wohn- und Arbeitsort zu verknüp-fen? Solche Lösungsvorschläge erarbeiten Sie sich mit der Osborn-Methode.

145

Ging es zuvor weitestgehend um Emotionen, die Sie unreflektiert notieren und dann rein subjektiv bewerten, wenden wir uns nun der Versachlichung zu. Dabei unterstützt Sie ein Fragenkatalog, bei dem Sie die einzelnen Positionen abhaken können. Sie selbst entscheiden, ob Sie die beiden Methoden nebeneinander oder vernetzt anwenden oder nur die eine oder andere. Was sinnvoll ist, hängt von Maß und Art des mit der Entscheidung verbundenen Risikos ab.

Osborn gilt als geistiger Vater des Brainstormings. Und hat etwas für die chaotisch-kreativen Strategen und Logiker entwickelt. Ein Gegensatz? Ja und nein. Zwar analysieren Sie bei dieser Anwendung Ihr Problem logisch, doch mit dem Ziel, kreative neue Lösungsansätze zu finden. Die Methode basiert wie gesagt auf einem Fragenkatalog, der Ihre Assoziationen im geschäftlichen oder privaten Umfeld fördern soll. Es geht darum, Folgendes zu erkennen: Gab es das Problem so ähnlich schon einmal? Und habe ich es konstruktiv und zu meiner Zufriedenheit gelöst? Gelingt der Transfer auf die heute anstehende Entscheidung? Kurzum: Wo und wie kann etwas weggenommen oder erweitert werden oder kann alles einmal durcheinandergewuselt und wieder neu zusammengesetzt werden, um auf neue effizientere Lösungsansätze zu kommen? Dabei helfen folgende Fragen:

1. Alternative Verwendung: Welche andere Verwendung gibt es? Wofür können Sie es noch verwenden? Können Sie es anders einsetzen?

2. Anpassen: Gibt es bereits andere Probleme, zu denen Ideen existieren? Ähnelt es etwas anderem? Kann etwas übernommen werden?

3. Verändern: Was lässt sich ändern? Welche Eigenschaften lassen sich umgestalten?

4. Erweitern: Lässt sich etwas hinzufügen? Lässt sich etwas verstärken?

5. Reduzieren: Lässt sich etwas wegnehmen? Lässt sich etwas abschwächen?

6. Ersetzen: Was lässt sich ersetzen? Kann man etwas austauschen?

7. Umordnen: Hilft eine andere Reihenfolge? Kann an der Struktur etwas verändert werden?

8. Umkehren: Kann der Ablauf umgekehrt werden? Wie sieht das Gegenteil aus?

9. Kombinieren: Können Ideen verbunden werden? Lässt sich die Idee in Teile zerlegen?

Wo Licht ist, ist auch Schatten!

Diese Weisheit überrascht nicht. Warum aber bewerten wir dann die Bedeutung gewisser Entscheidungen so, als brächte ein vermeintlich falscher Entschluss nur Dunkelheit? Als ginge es um Leben oder Tod? Ja, solche Entscheidungen gibt es auch. Aber das Leben ist nicht so grausam, dass dies ständig von uns verlangt wird. Derartige Situationen kommen vielleicht ein- oder zweimal im Leben vor. Ansonsten die Mahnung: Bewahren Sie den Blick für die Realität. Worum geht es wirklich? Darum, etwas zu sortieren und zu trennen, sich von einer Alternative zu verabschieden. Das müssen Sie immer, daran führt kein Weg vorbei. Nicht weniger, aber auch nicht mehr. Leben bedeutet entscheiden: Wer das akzeptiert, hat den ersten Schritt getan, um von einer abwägenden in eine planende Bewusstseinslage zu kommen.

Dale Carnegie präsentiert in seinem Buch „Sorge dich nicht – lebe", das erstmals 1948 veröffentlicht wurde, die Frage: Was ist das Schlimmste, das passieren kann? Malen Sie sich wirklich das Allerschlimmste aus. Die schrecklichste Konsequenz Ihrer Entscheidung. Und dann – finden Sie sich damit ab. Integrieren Sie selbst dieses furchtbare Resultat gedanklich in Ihr Leben. Man kann nicht alles mental abfedern. Sicher, das Erleben bringt immer noch eine andere Dimension ins Spiel. Aber wenn sich unser Geist schon einmal mit einer Möglichkeit beschäftigt und sich zumindest theoretisch mit ihr abgefunden hat, ist dies ein wichtiger Schritt, um den Mut auch für nicht naheliegende Entscheidungen zu finden und ein Risiko einzugehen.

Ich muss dir ganz ehrlich sagen ...

Ein wichtiger Faktor, um zu guten Entscheidungen zu kommen, ist die Ehrlichkeit mit sich selbst. Machen Sie sich nichts vor. Würden Sie mir recht geben, wenn ich behaupte: Die meisten Entscheidungen, die Sie getroffen haben, weil Sie gnadenlos ehrlich zu sich waren, haben sich hinterher als goldrichtig herausgestellt? Wenn nicht, dann probieren Sie es mal aus. Sich selbst zu belügen ist manchmal leichter, als der Wahrheit ins Auge zu sehen. Aber diese blinden Flecken gehen nicht dadurch weg, dass man sie ignoriert.

147

Manchmal muss es eben ein besonders heißer Waschgang sein. Das fühlt sich vielleicht so an, als hätten Sie gewisse Themen bislang durch eine Sonnenbrille betrachtet. Allerdings eine, die es verhindert hat, dass ein Sachverhalt ins rechte Licht gerückt wird. Davon zu unterscheiden ist auf jeden Fall der Reflex, das eigene Licht unter den Scheffel zu stellen. Falls Sie ein unsicherer Mensch sind, was Ihre Persönlichkeit angeht, haben Sie gewiss liebe Menschen um sich herum, die Sie fragen können, ob Ihre Wahrnehmung in Bezug auf die anstehende Entscheidung wahr ist oder nicht. Die Ihnen eine verbale Brille gegen die Kurzsichtigkeit auf sich selbst bezogen geben.

Was der kann, kann ich auch

Suchen Sie sich die richtigen Vorbilder! Menschen, die Sie motivieren, ohne dass Sie sich komplett verausgaben müssen. Anstehende Entscheidungen, die sich als problematisch erweisen, können ein Zeichen dafür sein, dass ein Paradigmenwechsel in Ihrem Leben bevorsteht. Ein Paradigma, also eine feste Überzeugung von etwas, hat sich im Lauf Ihres Lebens aufgebaut und gefestigt. Daran ist nicht grundsätzlich etwas Falsches. Ganz im Gegenteil: Klare Standpunkte und sich daraus ergebende Prioritäten können vielmehr dafür sorgen, dass Ihnen Entscheidungen leicht von der Hand gehen. Dann tragen wir sie fröhlich vor uns her und sie tragen uns in gewisser Weise.

Aber es gibt auch Glaubenssätze in unserem Leben, die uns auf Abwege führen. Immer wieder. An denen tragen wir so schwer, als wären es Bleikugeln in unserem Blut. Paradigmen können auch so etwas wie eine Brillenfunktion haben: Falsche Vorstellungen bewirken eine ungenaue, verzerrte Sicht und machen uns blind für unsere Fähigkeiten, während die richtigen einen klaren Blick ermöglichen.

Und dann kann Folgendes passieren: Wir laufen ständig falschen Vorbildern hinterher und malen auch das Bild von uns selbst in unpassenden Farben. Sich zu messen ist in Ordnung. Aber es kann vermessen sein, mit dem gerade gewählten Unternehmer des Jahres in Wettbewerb zu treten. Denn dann ist vielleicht die Messlatte schlicht zu hoch und der zu hohe Anspruch wirkt demotivierend. Sehen Sie sich in diesem Fall lieber das Konzept des Drittplatzierten an und legen Sie die Messlatte zunächst etwas niedriger. Anpassungen können Sie ja jederzeit vornehmen, wenn Sie sich unterfordert fühlen.

Soll ich oder soll ich nicht?

Das ist leicht. Sie sollen definitiv nie. Sie dürfen. Ja, ich weiß, auch hier fallen Ihnen auf Anhieb zig Beispiele für anstehende Entscheidungen an, die Sie treffen mussten oder müssen, weil ansonsten morgen die Welt stehen bliebe. Okay, akzeptiert. Aber wie toll ist das? Die Welt hörte sich auf zu drehen, wenn Sie sich nicht entscheiden? Dann lassen Sie es doch mal, wenn Ihnen eine Entscheidung ganz besonders schwerfällt oder daran ganz besonders viel hängt. Genießen Sie dies als großes Geschenk, als Freiheit. Spüren Sie Ihren freien Willen. Vieles, was wir als Last begreifen, wäre für andere Menschen, in anderen gesellschaftspolitischen Systemen, unter anderen gesundheitlichen Lebensbedingungen, in einem anderen Alter, ja sogar mit einem anderen Geschlecht das Glückslos. Sie wären dankbar dafür.

Heute hü, morgen hott

Ist ein Entschluss einmal gefasst, bleiben Sie dabei, Sie haben ja alle Konsequenzen be- und durchdacht. Alle Argumente erneut hervorzuholen und durch Ihr Hirn zu drehen verändert nichts. Nach einer Nacht sind Sie nicht ein komplett anderer Mensch geworden. Mutationen ereignen sich in der Natur, nicht im Kopf eines Menschen, der ein Wagnis eingehen will. Umarmen Sie stattdessen Ihre anklopfenden Zweifel und sagen Sie ihnen: Hallo, schön euch zu sehen. Es beweist mir, ich bin ein Mensch aus Fleisch und Blut, ihr seid ein Zeichen dafür. Aber leider kann ich euch heute nicht hineinbitten. Denn das würde die Entscheidung, die ich gestern getroffen habe und mit der ich jetzt in die nächste Zeit gehen will, schwer kränken. Tschüss!

Damit meine ich nicht, dass Sie perfekt sind und niemals eine falsche Entscheidung treffen werden, das wissen Sie ja schon. Stellt sich heraus, dass Sie einen Fehler gemacht haben, werden Sie jedoch wissen, dass die Entscheidung zu dem Zeitpunkt, da Sie sie getroffen haben, die richtige war. Ohne hellseherische Fähigkeiten können Sie niemals wirklich alles ins Kalkül ziehen. Aber Sie können das Leben als ständigen Zu- und Abfluss betrachten, und nun hat es Ihnen eben eine neue Herausforderung gestellt.

Kopf oder Zahl

Das ist jetzt nicht ernst gemeint, oder? Ich rate Ihnen, eine Münze zu werfen? Ja, dazu rate ich Ihnen, tun Sie es bitte. Sofort. Lesen Sie nicht weiter. Wenn aktuell eine schnelle Entscheidung ansteht, dann holen Sie jetzt eine Münze hervor, bevor Sie weiterlesen. Ich warte: Kopf: Entscheidung x, Zahl: Entscheidung y – hoch mit der Münze in die Luft. Und dann achten Sie darauf, was Sie in dem Moment, in der Sekunde, in der das Geldstück aufkommt und liegenbleibt, fühlen. Nicht denken. Fühlen Sie. Nehmen Sie sich wahr. Pur. Spüren Sie Enttäuschung? Akzeptanz? Freude? Panik? Ungläubigkeit? – Nichts?

Na ja, es hätte funktionieren können. Ich bin mir sogar sicher, dass es funktioniert, denn ich habe es selbst erlebt. Sich selbst zu betrügen ist eine Möglichkeit. Sich selbst überreden auch. Aber es geht nichts über einen Geistesblitz, wenn er denn aufscheint. Bleibt Ihre innere Stimme still, so ist dies immerhin ein Indiz dafür, dass Ihre Optionen fast gleichwertig sind. Somit wird die anstehende Entscheidung niemals komplett falsch sein oder in den imaginären Abgrund führen – diese Erkenntnis ist auch was wert. Eines ist sicher, bleiben Sie bei dieser Entscheidung, haben Sie sie aus dem Bauch heraus getroffen, sich vom Herzen leiten lassen und den Kopf geradegerückt … Klasse!

Und wenn ich mich auf den Kopf stelle und mit den Beinen Hurra schreie …

Tolle Idee. Kehren Sie um! Drehen Sie um. Nein, nicht sich, Ihre Argumente. Ihren Blickwinkel. Verändern Sie die Sicht auf die Dinge, den Blickwinkel und versuchen Sie sich aus vorgegebenen engen Denkstrukturen zu lösen, indem Sie das Problem umkehren und für das Gegenteil Lösungsansätze suchen.

Wenn Sie zum Beispiel mehr Aufträge generieren wollen, denken Sie darüber nach, wie Sie einmal gewonnene Kunden wieder verlieren könnten. Stellen Sie sich die einfache Frage, wie Sie Ihren Umsatz am einfachsten reduzieren. Damit finden Sie die gröbsten vorstellbaren Fehler, genau jene gilt es zu vermeiden. Verkehren Sie dann die so gewonnenen Ideen wieder in das Gegenteil oder lassen Sie sich davon zu unabhängigen, neuen Lösungsalternativen inspirieren.

Die Kernfrage bei der Umkehrmethode lautet: Was will ich auf keinen Fall? Sie steht im Zusammenhang mit der Idee, das auszusortieren, worauf Sie verzichten können, um sich für etwas zu entscheiden, selbst wenn der Preis dafür auch ziemlich hoch oder sogar höher ist.

Wenn es passt, dann passt es!

Vielleicht geht es ja auch mal ganz ohne Fragenstellen und langes Abwägen. Und das nicht nur bei spontanen Entschlüssen, sondern sogar bei Entscheidungen mit weitreichender Bedeutung. Doch können wir das überhaupt noch? Der inneren Stimme in uns zuhören? Uns intuitiv oder instinktiv entscheiden? Ohne den ganzen Katalog im Kopf zunächst fein säuberlich abzufragen, zu sortieren, ein und aus und hin und her? Ich bin mir sicher, es geht. Auch bei wirklich großen und bedeutungsvollen Entscheidungen. Denn ich habe es erlebt bzw. bei einer Freundin miterlebt. Sie hat ein Haus aus dem Bauch heraus gekauft und sich innerhalb von 30 Sekunden entschieden. Natürlich dauerte der ganze Vorgang länger, etwa drei Monate, aber der Entschluss stand nach einer halben Minute fest. Ein Blick von außen – sie hat das Haus nicht mal betreten – und sie wusste: Das ist es. Als sie hineinging, war sie sich ihrer Sache zu 150 Prozent sicher, als sie nach dem Termin wieder wegfuhr, zu 200 Prozent. Und das, obwohl sie zuvor steif und fest behauptet hatte, dass es kein Haus nach ihrem Geschmack gäbe. Sie müsse selbst bauen.

Was geschah nach der Besichtigung? Sie fuhr nach Hause, schnappte sich sofort den Telefonhörer und sagte zu. Taktisch unklug für die Preisverhandlungen. Aber sie war sich ihrer Sache so sicher, wie man es nur sein kann. Natürlich reagierte ihr gesamtes Umfeld skeptisch. Wie kannst du nur? Frag doch noch den oder jenen. Hol ein Gutachten ein. Lass den Verkäufer zappeln. Und wenn es ein anderer kauft, ist doch egal, es gibt zurzeit Häuser wie Sand am Meer. Und überhaupt: Muss es das Erstbeste sein? Bist du verrückt? Du musst dir noch mindestens zehn andere ansehen, bevor du zuschlägst. Du wirst es so bitter bereuen, glaube mir.

Lass sie nur alle reden, dachte meine Freundin. Und sie ließ sie reden. Und sich vor allem nicht beirren. Sie lebt nun schon seit drei Jahren in diesem ihrem Traumhaus und hat es noch nicht eine einzige Minute lang bereut.

Intuitiv bedeutet nicht unbedingt, dass es nur nach Gefühl geht. Es heißt aber durchaus, den diskursiven Part mit sich selbst mal außen vor zu lassen und sich selbst blind zu vertrauen. Intrinsische Glaubwürdigkeit! Nichts ist authentischer, als die Festplatte aus Hirn und Herz in den Bauch zu verschieben und die inneren Stimmen nicht sofort mundtot zu machen, wenn sie sich melden. Und nichts schöner als zu erkennen, dass sie nicht alle durcheinanderquasseln, sondern sich alle übereinanderlegen und im Gleichklag rufen: Tu es! Oder auch: Lass es! Dabei spielt das Gehirn durchaus auch eine Rolle. Denn es ist nicht nur In- und Outputgeber für komplexe kognitive Prozesse, sondern es hat auch Muster gelernt, die jenseits des rationalen Verstehens liegen und hilfreich sind. Unsere Wahrnehmung platziert die Intuition jedoch einzig und allein im Bauch und es gibt auch nichts, was dagegen spricht.

Vertrauen Sie auf die geheime Verbindung, die Ihre im Leben gesammelten Erfahrungen ab und zu mit Ihren Instinkten eingehen, und handeln Sie entsprechend! Nehmen Sie sich für wahr, wenn der Faktor Schicksal Ihrem Impuls die Hand gibt. Nehmen Sie Ihre Intuition auf und an, wenn sie sich meldet.

Gut Ding will Weile haben

Manche Entscheidungen können Sie gut und gerne Ihrer Spontanität überlassen, allerdings gibt es auch Lebenssituationen, die nach Gelassenheit rufen. Rilke drückt das, was ich meine, in seiner unnachahmlichen Art in einem seiner Gedichte so aus:

„Es handelt sich darum, alles zu leben. Wenn man die Fragen lebt, lebt man vielleicht allmählich, ohne es zu merken, eines fremden Tages in die Antworten hinein."

Gewiss kann das nicht immer funktionieren. Manchmal sind Zeitfenster zu beachten, wenn wir vor Entscheidungen stehen, dann passt dieser Impuls natürlich nicht. Doch wage ich zu behaupten, dass der Druck in solchen Momenten häufig hausgemacht ist. Das Wort „allmählich" ist vielleicht eines, das der Duden demnächst in die Liste der vom Aussterben bedrohten Wörter aufnimmt – die gibt es tatsächlich. Aber empfinden Sie nicht auch eine wohltuende Gemütsruhe bei der Vorstellung, in die Antworten hineinzuleben, wenn man die Fragen lebt? Geben Sie also gerade wichtigen Entscheidungen auch einmal Zeit zu reifen. Lassen Sie sie nicht dauernd in Ihrem Kopf kreisen, sondern überlassen Sie das eine Zeitlang dem Kreislauf Ihres Lebens.

VIII. Nur wer gestaltet, gewinnt Risikobereitschaft für andere(s)

Am Ende werden menschliche Entschlossenheit und Wahrheit über Gewalt und Unterdrückung siegen.
Dalai Lama

Dieses Kapitel beinhaltet eine Sammlung von Geschichten über Menschen, die besser sind oder waren. Und ich benutze dieses Wort bewusst! Die sich abheben von der Norm und damit öffentliches Interesse geweckt haben. Auf den ersten Blick. Auf den zweiten hoffe ich, dass sich offenbart, was die Zeilen für Sie sein können: Ansporn, weiterzudenken. Über den eigenen Horizont hinaus.

afür, dass ich Ihnen die folgenden Lebensgeschichten oder Geschichten aus dem Leben erzähle, gibt es einen Grund. Ich möchte Ihnen zeigen, was es vielleicht in Ihrem Leben über das naheliegende Risiko hinaus noch geben könnte, und Neugier darauf wecken. Und an meine Ausführungen in Kapitel 6 anknüpfen. Situationen, um die der normale Mensch einen großen Bogen macht, in die geht der Idealist bewusst hinein. Nicht alle sind deshalb auch Menschenfreunde, selbst der heftigste Misanthrop kann idealistisch sein, indem er Berggorillas in Ruanda vor dem Aussterben zu retten versucht. Auch die Frage, wodurch sich Greenpeace-Aktivisten inspiriert und wem sie sich verpflichtet fühlen, ob vorrangig bedrohten Tierarten oder dem Menschen, indem sie deren Lebensgrundlage erhalten, ist letztlich nicht wichtig. Vielmehr geht es darum, dass Idealisten für eine Sache einstehen, kämpfen und Risiken eingehen.

Wenn Sie die Geschichten lesen, bitte ich Sie darum, sich nicht mit irgendjemand anderem zu vergleichen. Erkennen Sie im Gegenteil in der Unterschiedlichkeit der Menschen das enorme Potenzial, das in jedem von uns liegt. Nicht jeder ist als Held geboren oder als Kämpfer, noch weniger als Märtyrer. Und doch hat der Mensch von Anbeginn Heldensagen erfunden, weitererzählt und daraus Lehren gezogen. Warum sollte es dann nicht auch 2015 noch funktionieren?

Für den Glauben an Religion und Wissenschaft

Beginnen wir mit wirklicher Geschichte, mit dem Begründer einer neuen Kirche: Martin Luther, der seinen Feldzug voller Angst begann. Angst vor den Urgewalten eines Gewitters. Angst vor der da hineininterpretierten Allmacht und strafenden Hand Gottes. Die herniederfuhr, um ihn mit Blitz und Donner in den Graben zu strecken. So jedenfalls erscheint es dem Zuschauer, wenn er sich den Film „Luther" aus dem Jahr 2003 ansieht, der genauso anfängt. Auch im weiteren Verlauf wird eines immer wieder sehr deutlich: wie lang der Weg des „kleinen" Mönchs war. Der nächtelang in seiner Zelle auf und ab lief, die Bibel zitierte und sich in einen imaginären Diskurs mit Gott persönlich verstrickte. In den sich auch oft genug der Teufel einzumischen schien, um ihn mit Zweifeln zu bestücken. Bis er am Tage seines Tribunals stolz und aufrecht verkündete: „Hier stehe ich, ich kann nicht anders."

Eine Risikogeschichte, die ihn überleben ließ. Die ihn nicht auf den Scheiterhaufen führte – aber nur millimeterknapp vorbei. Und dafür viele Hunderttausende Tote auf dem Schlachtfeld kostete. Eine Risikogeschichte, die ja gar nicht darauf angelegt war, zu einer Spaltung der Kirche zu führen. Die lediglich eine Reform beabsichtigte, doch dann zum Selbstläufer wurde. Da zu viele Jahrhunderte der Verkrustungen eine Veränderung nicht zuließen und so nur ein Neuanfang blieb; der einen bitteren Preis hatte. Aber in einem Gesamtzusammenhang mit dem aufkeimenden Wissensdrang der Menschen nicht aufzuhalten war. Menschen, die lange bereit waren, sehr viel zu erdulden, auch oder gerade für ihren Glauben, doch dies irgendwann nicht mehr konnten. Der Drang nach stetiger Weiterentwicklung steckt im menschlichen Geist. Und ist unaufhaltbar. Was uns schon zur nächsten Geschichte führt, die in den gleichen zeitlichen und gedanklichen Kontext fällt.

Ein Zeitgenosse Luthers, Giordano Bruno, konnte dem Scheiterhaufen, vor 400 Jahren Sinnbild einer tief verankerten und grauenhaft verzerrten Angst der Kirche vor allem, was mit – im wahrsten Sinne des Wortes – Weitblick zu tun hatte, nicht entgehen: Auch Giordano Bruno gehörte zu den Kämpfern gegen die Volksverdummung während einer dunklen Zeit. In der Wissen noch kein Licht brachte, sondern für Gefahr stand. In der die Überzeugung, recht zu haben, und die Belege dafür einfach negiert wurden, indem man sie totschwieg und die Denker tötete. Auch Bruno war Mönch und als solcher privilegiert, sich weiterzubilden. Er nutzte diese Chance und seine Intelligenz und sorgte bei den Mächtigen damit für riesengroße Angst. Bei seiner Urteilsverkündung soll er gesagt haben: „Mit größerer Furcht sprecht ihr mir das Urteil, als ich es vernehme" – und das nach achtjähriger Kerkerhaft mit brutalster Folter.

Bruno galt als Verfechter des kopernikanischen astronomischen Systems, das die Sonne und nicht die Erde in das Zentrum des Sonnensystems stellte. Diese Sicht rüttelte nicht nur am Himmelsbild der Katholiken, sondern auch an der feudalen Ordnung, die analog zur Erde als Mittelpunkt des Universums ihren feudalen Herrschaftsanspruch ins Zentrum rückte und letztlich die Leibeigenschaft begründete. Bruno ging sogar noch weiter, denn er dachte in unendlichen Dimensionen und ersann infolgedessen konsequenterweise Modelle unendlicher Welten. Angesichts der begrenzten damaligen wissenschaftlichen Hilfsmittel erscheint es fast wie ein Wunder, wie er aktuelle physikalische Grundwahrheiten in seiner intuitiven Philosophie vorwegnahm. Er war seiner Zeit viel weiter voraus, als der Klerus es sich in seinen kühnsten Phantasien ausmalen konnte. Vermutlich konnte er deshalb seine tiefen Überzeugungen nicht widerrufen, sondern ging eher in den Tod. Das folgende Zitat aus seiner Schrift „Vom dreifach Kleinsten und vom Maß" aus dem Jahr 1591 macht deutlich, warum er für die Kirche damals eine solch riesige Bedrohung darstellte:

> *„Wer Philosophie betreiben will, muss zunächst einmal alles infrage stellen. Er darf in einer Diskussion keinen Standpunkt einnehmen, bevor er nicht die unterschiedlichen Meinungen angehört und die Gründe dafür und dagegen bedacht und verglichen hat. Er sollte niemals einen Standpunkt einnehmen auf der Grundlage dessen, was er gehört hat, aufgrund der Meinung der Mehrheit, wegen des Alters, der Verdienste oder dem Ansehen des betreffenden Redners, sondern er sollte entsprechend der Überzeugungskraft einer in sich stimmigen Theorie vorgehen, die sich an reale Dinge hält und an eine Wahrheit, die im Lichte der Vernunft begriffen werden kann."*

Wie geschrieben, endete diese Risikogeschichte mit dem Tod Brunos. Dennoch möchte ich nicht sagen, dass sie kein Happy End hatte. Schließlich hat sie überdauert, wie so viele andere Lebensgeschichten von Menschen der Renaissance. Diese Zeit hat so viele energetische Denker und Charaktere hervorgebracht, die ständig auf der Suche nach Wahrheit waren. Sie gaben sich nicht mit vorgekautem Einheitsbrei zufrieden, sondern begriffen das Leben aus sich selbst heraus ganz selbstverständlich als Herausforderung und folgten einem inneren Antrieb. Sicher kannten sie das Wort „Risiko" und bekamen am eigenen Leib zu spüren, was es bedeutet. Dennoch orientierten sie sich an ihren eigenen Maßstäben, empfanden es als riskanter, ein Leben im Mittelmaß und vor allem mit Lügen und Verdummung zu führen. Damit wurden sie zu den Wegbereitern jener, von denen ich im Folgenden erzählen möchte.

Für den Forscherdrang

Wovon Bruno vermutlich nicht mal zu träumen gewagt hat, ist für etwa 100 Menschen in greifbarer Nähe: eine Reise ins Weltall. Heute, in einer Gegenwart, in einer Welt, die überzuschwappen droht. Für uns ist dieser Gedanke – zumindest theoretisch – nicht so fern, denn wir haben heute keine Wahl mehr, wir können uns nicht hinter überkommenen universalen Bildern verstecken, selbst wenn wir das wollten. Wir sehen die Erde als das, was sie ist. Eine wunderbare Kugel. Riesig und ein wahrhaftes Paradies, doch begrenzt. Ressourcenmäßig und auch irgendwann platzmäßig. Die Gravitation verhindert zwar, dass wir uns gegenseitig runterschubsen, und selbst gemachte Katastrophen wie Kriege und Epidemien begrenzen die Anzahl unserer Artgenossen auch – leider. Und doch ist es eine statistische Wahrheit, dass das Gedränge eines Tages derart zunehmen wird, dass nicht nur die Klaustrophoben unter uns sich überlegen werden, einem anderen Planeten den Vorzug zu geben. Zukunftsmusik.

Doch die Visionäre unter uns, die Brunos des 21. Jahrhunderts, sind auch da schon auf dem Weg. Und bedenkt man, dass die erste Mondlandung gefühlt erst einen Wimpernschlag her ist, erscheint das Experiment, das NASA und ESA gerade gleichzeitig ausbrüten, wie aus einem Science-Fiction-Film. Zunächst zu den Kosten: sechs Milliarden Dollar. Vier Personen können dafür einen 210-tägigen Flug unternehmen, und das mit einem Ticket, das nur einmal abgeknipst wird. Denn die Rückreise ist heute technisch noch nicht umsetzbar. Ziel der Reise: Mars, der Planet, der der Erde am ähnlichsten ist und Autoren und Vordenker aller Couleur schon immer inspiriert hat. Bisher sind dort allerdings nur Roboter und Rover gelandet. Hauptknackpunkt ist die Frage, ob sich das gefrorene Wasser im Marsboden erschließen lässt. Denn Wasser ist, wie wir wissen, Lebensgrundlage! Aber natürlich stellen sich bei einer solchen Mission noch viel mehr Fragen, die Liste ist kilometerlang. Auch in meinem Kopf kreisen und kreisen die Gedanken. Ich denke nicht nur darüber nach, wie das Ganze technisch umgesetzt wird, sondern vor allem darüber: Was sind das für Menschen, die sich selbstverständlich freiwillig für diese Mission melden? Die dieses wahnsinnig anmutende Risiko eingehen. Und: Was haben sie zu gewinnen?

Handelt es sich um Menschen mit besonders großem Selbstvertrauen? Waren sie schon im Leben auf der Erde erfolgreich? Sind sie resilient? Haben sie Mut? Sind sie bereits alle Risiken der Welt eingegangen, sodass sie nun neue im All suchen müssen? Wollen sie ein Abenteuer erleben? Natürlich sind alle meine Fragen rein rhetorischer Natur. Klar ist: Ganz sicher müssen diese Menschen über eine derartige Stärke verfügen, die dem Grad von Lebensfreude und Verrücktheit in nichts nachsteht – sozusagen als Kernkompetenzen. Zudem über einen immensen IQ, der nach dem Medizin-, Physik-, Biologie-, Chemie-, nein, dem Tausendsassa-Universalnobelpreis schreit, und last but not least eine große Portion Lebenszugewandtheit. Gerade weil sie ihr Leben mit dieser Aktion mehr als riskieren. Auf keinen Fall darf dies mit Lebensmüdigkeit verwechselt werden, aber das hatten wir ja schon (siehe Kapitel 6).

Ich denke, Astronauten haben ihren Beruf sowieso bewusst gewählt, mit ihm sind Risikofreude und Abenteuerlust untrennbar verbunden. Aber wer sich zu solch einem Trip ins All entschließt, der packt ja nicht mal eben seinen Rucksack, um nach Neuseeland zu reisen. Dem geht es nicht um einen Eintrag ins Guinness-Buch oder in die Geschichtsbücher kommender Generationen. Der lebt auch nicht seinen Traum, sondern ist sein eigener personifizierter Traum. Für diese Menschen dürfte es ein Risiko sein, in einem normalen Leben verhaftet bleiben zu müssen. Diese Menschen, die ihr Leben aufs Spiel setzen, indem sie es für ein höheres Ziel einsetzen – die Erkundung, ob Menschen auf dem Mars leben könnten –, würden niemals ein Buch über Risikointelligenz kaufen. Sie würden auch keins darüber schreiben. Oder wenn doch, würden sie es anders nennen, vielleicht: Vom Risiko, nicht leben zu dürfen. Oder: Mit beiden Füßen auf der Erde bleiben? – Der pure Wahnsinn.

Wissen Sie, wie viele Menschen sich beworben haben? Die Medien schrieben zunächst von 200.000. Das waren aber in der Hauptsache Neugierige, die die Homepage besucht und sich nur mal durchgeklickt haben. Ernsthafte Bewerber gab es etwa 3000, das finde ich immer noch sehr viel. Hauptauswahlkriterium oder sagen wir Aussortierkriterium, um auf die bis heute noch im Rennen stehenden 100 Bewerber zu kommen, waren übrigens nicht in erster Linie Hardskills, also wissenschaftliche und fachliche Qualifikation, sondern das Softskill Teamfähigkeit. Tja, was kann ein Fachidiot beitragen, wenn es darum geht, die Erde vor dem drohenden Kollaps zu retten? Aber vielleicht haben die Organisatoren ja auch mein erstes Kapitel schon gelesen und wissen, dass die Grundlage für besonders gutes kooperierendes Verhalten ein sehr starkes Selbstbewusstsein ist. Und darum geht es nun auch als Grundlage bei dem Thema: Wie kann ich anderen Menschen helfen?

Für Fremde - Zivilcourage

Menschen, die durch andere Menschen in eine Notlage geraten, benötigen Hilfe. Dies kann dazu führen, dass der Helfer in die gleiche Situation gerät. Es trotzdem zu tun bedeutet, ein Risiko einzugehen. Sich einzumischen erfordert Mut. Nun möchte ich ein paar Menschen ein paar Zeilen widmen, die mich nachhaltig beeindruckt haben.

Oskar Schindler

Im Grunde muss man keine weiteren Worte machen, wenn man diesen Namen hört. Jeder hat sofort gewisse Assoziationen im Kopf. Steven Spielberg setzte Schindler mit seinem brillanten Film ein Denkmal. Vielleicht kommt die Frage auf, was ein derartiges Thema in diesem Buch verloren hat, soll es doch locker-flockig daherkommen. Wird jetzt etwa der Zeigefinger erhoben? Nein, belehren und moralisieren will ich nicht, aber durchaus etwas aufzeigen. Nachdem bisher die Souveränität der eigenen Person im Mittelpunkt des Buches stand, geht es mir an dieser Stelle um die Solidarität mit anderen Menschen. Das Beispiel Oskar Schindlers macht es fast zu schwer, es mit einfacher Zivilcourage oder zivilem Ungehorsam zu beschreiben. Denn er hat über Jahre hinweg sein Leben aufs Spiel gesetzt, in der Zeit des Nationalsozialismus und der Judenverfolgung, immer in Angst, entdeckt zu werden. Für ihn war weniger gefährlich, was er tat – dies geschah weitgehend offiziell, wenn auch immer wieder mit Schmiergeldern erkauft – als warum er es tat. Nicht, um über billige Arbeitskräfte zu verfügen, sondern um so viele Menschenleben wie möglich zu retten. Die Belastung durch sein Doppelleben mag man sich gar nicht vorstellen. Der Versuch, die Frage nach dem tieferen Warum zu beantworten, lässt sofort die Gegenfrage aufkommen: Warum nicht?

Hätte nicht wenigstens jeder Deutsche so oder ähnlich handeln müssen, der nicht unmittelbar indoktriniert und tatsächlich bis ins Mark der Hitlerverehrung anheimgefallen war? Die Menschen, bei denen die Gleichschaltung und Gehirnwäsche funktioniert hatte, waren verloren. Aber es gab auch die vielen Schweiger, die Mitläufer, die immerzu ein Unwohlsein verspürten und ein nervöses Kribbeln in der Magengegend – also jene, deren Gewissen noch funktionierte. Warum taten die nichts und schwiegen? Die Antwort ist simpel: aus Angst. Edmund Burke, ein irisch-britischer Schriftsteller aus der Zeit der Aufklärung, formulierte es noch etwas anders: „Für den Triumph des Bösen reicht es, wenn die Guten nichts tun."

Schindler war zu Anfang noch nicht mal ein Guter, sondern ein Kriegsgewinnler. Als Mitglied der Nationalsozialistischen Deutschen Arbeiterpartei (NSDAP) kaufte er in Krakau eine kleine Emailwarenfabrik und brachte sie, auch dank seiner guten parteiinternen Kontakte, zum Florieren. Mit der Einstufung als kriegswichtige Produktion bekam er genug Aufträge, da der Bedarf der Soldaten an Töpfen und Schüsseln gedeckt werden musste. Seine guten Gewinne verdankte er auch seiner Belegschaft, die aus jüdischen Zwangsarbeitern aus dem Krakauer Ghetto bestand. Der ihm zugeschriebene Satz: „Polen kosten mehr als Juden, warum sollte ich dann Polen einstellen?" zeigt deutlich, dass er nicht als reinster Menschenfreund gelten konnte. Zunächst galt sein Augenmerk dem reinen Profit. Er war zudem, wie man so schön sagt, ein Lebemann. Nachdem er seine Wandlung durchgemacht hatte, gab er diesem Wort eine völlig neue Bedeutung: Er wurde ein Mann, der Leben schenkte.

Die Veränderung begann, als Schindlers Arbeiter ihm immer öfter von den grauenhaften Zuständen im Ghetto berichteten. Als er dann 1943 bei dessen Räumung Zeuge des brutalen Vorgehens seiner Landsleute wurde, öffnete ihm das endgültig die Augen, wie verbrecherisch und menschenverachtend das Regime war, von dem er so lange profitiert hatte. Doch wendete er sich nicht öffentlich dagegen, sondern bekämpfte es mit seinen eigenen Mitteln, nämlich mit Korruption und Bestechung. Er frisierte Statistiken, um immer mehr Arbeiter anfordern zu können, fingierte sogar den Bau eines eigenen Arbeitslagers. So erreichte er, dass ihm 1.200 Arbeiter zugesprochen wurden. Schließlich konnte er sogar deren Abtransport in ein Vernichtungslager verhindern und das Leben dieser Menschen retten.

In einem Dankesschreiben von 1945 formulierten sie: „Schindler sorgte für unseren Lebensunterhalt … Während der ganzen Zeit unserer Arbeit in seinem Betriebe ist nicht ein einziger Fall eines unnatürlichen Todes eingetreten … Schindler sorgte für die Verbesserung des Lebensstandards, indem er uns zusätzliche Ernährung und Bekleidung verschaffte, wobei er keine Ausgaben scheute. Für ihn war hierbei das menschliche Ideal maßgebend. Wir sind hier eine Schar von 1.100 Personen, die ihren heißen Dank dem Menschen Oskar Schindler aussprechen."

Shannon Galpin

„Ich habe eine Tochter", sagt Shannon Galpin in einer Folge des „Weltspiegel", die ich vor etwa einem Jahr sah, über sich. „Und deshalb werde ich oft gefragt, warum ich das tue, warum ich mich dieser Gefahr aussetze. Und ich antworte dann jedes Mal: ‚Ich tue es nicht, obwohl ich eine Tochter habe, sondern weil!'"

In Afghanistan gilt das Fahrradfahren als Verbrechen, als ein Sittlichkeitsverbrechen. Es folgt direkt auf das unglaubliche Vergehen, sich gegen eine arrangierte Ehe zu wehren oder gar davor zu fliehen. Natürlich nur, wenn es sich um Frauen handelt. Halten sie sich nicht an das Verbot, werden sie beschimpft, bespuckt, von ihren Rädern gezogen, verprügelt. Oder von den Autos und LKWs von den Straßen gedrängt. Da es nur wenige geteerte Straßen in Afghanistan gibt, können sie dem auch nicht ausweichen. Zumal, wenn sie nicht nur von A nach B wollen, sondern – trainieren! Für die Olympischen Spiele 2016 in Rio!

Galpin, eine ehemalige Konditionstrainerin aus Colorado, hat damit begonnen, eine Art Nationalteam aufzubauen. Sie reist durch die Lande, sammelt Spenden und auch Sponsoren über ihre Organisation Mountain2Mountain und bringt immer wieder Räder an den Hindukusch; zu den gerade mal etwa 50 jungen Frauen in diesem riesengroßen Land, die mutig genug sind, sich auf das Rad zu setzen und sich damit ein kleines bisschen Freiheit zu erobern.

Doch gerade im öffentlichen Raum ist das sehr schwierig. In einer Halle oder auf einem abgetrennten Areal zu boxen oder Fußball zu spielen, das etabliert sich langsam. Doch da, wo es jeder sehen kann, versucht man den

Keim von Freiheitsdrang immer wieder zu geißeln und zu unterdrücken. Somit sind die jungen Radfahrerinnen nicht nur ehrgeizige Sportlerinnen, sondern gleichzeitig Vorkämpferinnen für die Wiederherstellung der Rechte der Frauen im ganzen Land. Die Mädchen selbst sehen das gar nicht mal unter diesem Gesichtspunkt. Die finden es normal, Sport zu treiben. Für sie ist es bloß ein Hobby. Dabei geht es nicht um die Überwindung kultureller Grenzen und Gräben zwischen den Geschlechtern. Sie tun einfach genau das, was für alle Menschen selbstverständlich sein sollte. Ich bin sehr gespannt, ob ich 2016 beim Einmarsch der Nationen ein afghanisches Mädchen sehe, dass die Fahne ihres Landes schwenkt.

Fabian Salar Saremi

September 2008: Vier Männer geraten in Streit mit einem Pärchen in einer Bensheimer Diskothek, sie werden handgreiflich. Fabian Salar Saremi geht dazwischen, er will den Streit schlichten, obwohl er unbeteiligt ist. Denn einfach weitergehen, das kann er nicht. Sein Lebensmotto, so liest und hört man bei der Recherche über ihn: gute Gedanken, gute Worte, gute Taten. Er konnte nicht wegschauen, und wenn jemand nicht in der Lage war, sich selbst zu helfen, hat er geholfen. Davon mag jede Silbe glauben, wer weiterliest: Fabian Salar Saremi versucht also, den Streit in der Disko friedlich zu lösen. Das gelingt ihm. Die vier Männer verlassen den Club. Als sich Fabian später ebenfalls auf den Weg nach Hause macht, lauern sie ihm auf und prügeln auf ihn ein, bis er zusammenbricht. Auch als er am Boden liegt, geht es weiter: Tritte, Faustschläge, man wirft ihn auf die Straße und lässt ihn liegen. Wenig später wird er von einem Taxi überrollt. Vier Wochen liegt er im Koma, dann stirbt er.

Seine Schwester Salome Saremi-Strogusch hat den Verein Fabian Salars Erbe – für Toleranz und Zivilcourage e. V. (www.fabiansalarserbe.de) gegründet. Sie bietet Vorträge und Workshops in Schulen an und will damit eine Art Zivilcouragetraining etablieren. Dabei geht es ihr nicht unbedingt darum, dass jeder selbst eingreift, sondern lernt, kritische Situation einzuschätzen und zu beherrschen. Beispielsweise, indem man die Anwesenden direkt anspricht und um Mithilfe bittet.

In Bewegung kommen, etwas tun. Nicht nur dastehen und zusehen, weil Handeln Risiken birgt …

Jürgen Thesing

Jürgen Thesing ist LKW-Fahrer. Im Jahr 2013 kurz vor Weihnachten ist er bei Schneetreiben nachts unterwegs, als er über Funk die Nachricht erhält: „Pass auf, da kommt ein Geisterfahrer!" Andere bestätigen dies. Thesing reagiert, indem er den Trucker, der vor ihm fährt, anfunkt und ihm etwas vorschlägt, was sie dann gemeinsam umsetzen. Thesing setzt zum Überholen an, bleibt dann aber auf gleicher Höhe, beide drosseln ihre Geschwindigkeit auf 40 Kilometer pro Stunde. So bilden die Brummis eine Mauer, an der niemand vorbeikommt. Da die PKW-Fahrer hinter ihnen nichts von ihren Motiven wissen, werden sie mit wütenden Hupkonzerten bedacht. Doch unbekümmert fahren die beiden LKW-Fahrer weiter und tatsächlich werden kurze Zeit später die Scheinwerfer des Geisterfahrers sichtbar. Mit Lichthupe und Warnblinklichtern gelingt es, die Aufmerksamkeit des Falschfahrers zu erregen und ihn zu stoppen.

Die ganze Aktion ist glimpflich abgelaufen. Anders wäre es vermutlich gewesen, wenn es sich um jemanden gehandelt hätte, der in Suizidabsicht einen Frontalzusammenstoß gesucht hätte. Thesing sagte hinterher, an diese Möglichkeit habe er zwar gedacht, den Gedanken aber beiseitegeschoben. Der Wille, eine Katastrophe zu verhindern, sei stärker gewesen. Und das Risiko für ihn im LKW eben kleiner.

Für mich ist Thesing ebenfalls ein Held, und zwar ganz im Sinne des Talmudspruchs „Wer auch nur ein einziges Leben rettet, rettet die ganze Welt". Den hatten die Geretteten auch in den Ring eingraviert, den sie Oskar Schindler am 8.5.1945 zum Abschied als Geschenk übergaben. Er war aus Zahngold gemacht, das Einzige, was sie noch besaßen.

Was macht aus einem Menschen einen Helden? Natürlich gibt es dafür kein festes Schema und nicht immer handelt es sich um Einzelkämpfer. Häufig führt einfach eins zum anderen. Aus kleinen Taten werden große oder sie bleiben kleine Hilfsdienste und sind deshalb nicht minder wichtig. Sich nicht im Gespinst einer manipulativen Obrigkeit zu verheddern, sondern eigene Netzwerke zu spinnen oder sich dort einzubringen, das ist auch Heldentum. Die Hauptsache für Menschen mit Zivilcourage: Sie handeln und bleiben nicht passiv. Sie schauen nicht zu und nicht weg. Sie erkennen die Notwendigkeit und Not anderer Menschen. Der Antrieb ist das eigene Gewissen, das sich menschlichen Grundwerten verpflichtet fühlt und vor allem: eigenständigem Denken. Ganz plakativ ausgedrückt unterscheiden diese Menschen zwischen gut und böse. Zuvor gültige moralische Ideale, beispielsweise die Vaterlandsliebe, werden auf den Prüfstand gestellt. Haben sie ihre Gültigkeit oder Glaubwürdigkeit verloren, werden sie durch unmittelbarere wie die Menschenwürde ersetzt. Dann geht es häufig um das nackte Überleben. Die Verteidigung gewisser Werte ist damit nicht nur ein hehres Ziel, eingebunden in ein theoretisches gedankliches Konstrukt. Sie entwickelt sich auch nicht zu einer fixen Idee. Nein, der geleistete Widerstand oder die unmittelbare Hilfeleistung hängt eng mit dem Übernehmen von Verantwortung zusammen. Die eigenen Risiken werden angesichts höherer Werte relativ. Das bedeutet nicht, dass das eigene Leben dadurch an Wert verliert. Ganz im Gegenteil: Wer sich vom Mitläufertum befreit und eigenständig handelt, wird in seiner individuellen Ausprägung umso wertvoller für die Allgemeinheit.

Das Erstaunliche ist, dass diese Menschen in der Regel gar nicht so weit denken. Es ist nicht Selbstüberhöhung, auch nicht der Wunsch, ein Held zu sein oder werden zu wollen, was zu solchen Ergebnissen führt. Oft sind es diejenigen, die ihre Autonomie als eher gering einschätzten, fragte man sie. Wie gesagt, das Handeln steht im Mittelpunkt nicht die Selbstreflexion. Es geht darum, gerade in Situationen, die aussichtslos erscheinen, noch Alternativen zu entdecken und dadurch Grenzen zu überschreiten. Risiken als solche zu identifizieren, anzunehmen und vor allem mit ihnen umzugehen. Und was im Großen gelingt, gelingt im Kleinen – mit der entsprechenden Einstellung – ganz genauso, ohne dafür zum Terminator mutieren zu müssen.

Für die Freiheit

Freiheitskämpfer oder besser gesagt: Freiheitsliebende. Von diesen Menschen möchte ich nun etwas mehr erzählen. Beginnend mit einem Menschen aus Fleisch und Blut, der seinen Kampfgeist auf vielfache Weise bewies. Der seinem Land damit diente, wie kaum ein Zweiter, und sicher nicht nur für mich ein großes Vorbild ist.

Nelson Mandela

„Kennen Sie ein anderes Land, das einen Nelson Mandela hat?", fragte Erzbischof Desmond Tutu in einem Interview. Die Antwort darauf fällt nicht schwer, denn Mandelas Lebensgeschichte, des Mannes, der den Satz prägte: „Unsere Aufgabe heißt: Freiheit für alle!", ist einzigartig.

1942 schließt Mandela sich dem ANC an, dem Afrikanischen Nationalkongress. Nach Abschluss seines Jurastudiums wird er der erste schwarze Anwalt Südafrikas. Er entwickelt seine Vision, wie die Befreiung von der Apartheid vor sich gehen könnte: Er propagiert gewaltlosen Widerstand nach dem Vorbild Mahatma Gandhis in Form von Protestversammlungen. Auch das Verbrennen von Pässen findet er passend, weil diese plakative Zeichen der Unterdrückung sind. Hochverrat und Vorbereitung eines gewaltsamen Umsturzes, darum geht es dann im ersten Prozess, der gegen Mandela und über 100 weitere Aktivisten geführt wird. Das Mammutverfahren wird eingestellt, da dem Gericht nicht genug Beweise vorliegen.

Das Massaker von Sharpeville mit der Erschießung 69 friedlicher Demonstranten am 21. März 1960 markiert einen Wendepunkt in seinem Leben. Der friedliche Protest war gescheitert. Mandela geht in den Untergrund, übernimmt als Chef den bewaffneten Arm des ANC und koordiniert Sabotageaktionen. Er wird zu einem der meistgesuchten Personen Südafrikas. 1962 wird er festgenommen, ein Jahr später auch der Großteil der Führungsriege des ANC. In einem Interview während des Gefängnisaufenthalts untermauert Mandela seinen Mut und seine Überzeugung:

> *„Ich habe an den Idealen einer freien und demokratischen Gesellschaft festgehalten, in der alle Menschen in Harmonie zusammenleben können und die gleichen Chancen haben. Es ist ein Ideal, für das ich leben möchte, aber wenn es sein muss, bin ich auch bereit, dafür zu sterben."*

Das Todesurteil wird nicht ausgesprochen, dadurch wäre er zum Märtyrer geworden. Doch lebenslange Haft und Zwangsarbeit bewirken einen Tod auf Raten. Der Aufenthalt auf Robben Island, der Gefängnisinsel, bricht ihn nicht, sondern entwickelt ihn weiter. Aus dem radikalen, höchst risikobereiten Freiheitskämpfer wird eine Führungsfigur. Seine würdevolle Protesthaltung, die auch seine Mitgefangenen übernahmen, ließen selbst brutalste Gefängnisschergen imaginär in die Knie gehen. Richard Stengel, Mitautor seiner Memoiren mit dem Titel „Mandelas Weg: Liebe, Mut, Verantwortung – Die Weisheit eines Lebens" (München 2010), beschreibt das so:

> *„Er erkannte, dass die Beziehung zwischen ihm und seinen Buren-Wärtern ein Mikrokosmos, ein Spiegelbild der Gesellschaft am Kap war. Wenn es ihm gelänge, einen Modus Vivendi mit seinen Wächtern zu finden, könnte er vielleicht auch Südafrika zum Land der Verheißung machen."*

Schritt für Schritt zwang Mandela den Wärtern mit seiner charismatischen Ausstrahlung seinen Willen auf. Als sie die Gefangenen nicht mehr antreiben konnten, wussten sie nicht, was sie machen sollten. Sie beschlossen, Mandela die Führungsrolle zu überlassen. Das lehrte ihn: Wenn er seine Würde bewahrte, indem er darauf bestand, wie ein Mensch behandelt zu werden, wenn er diesen erklärten Rassisten beibrachte, ihn mit Respekt zu behandeln, dann konnte er das auch draußen schaffen.

11. Februar 1990: Die Freilassung Nelson Mandelas nach fast drei Jahrzehnten Haft mit Zwangsarbeit, Isolationshaft und Schikanen – doch gelang es dem Regime nie, ihn zu brechen. Mit seiner Wahl zum ersten schwarzen Präsidenten 1994 beginnt er den Aufbau eines demokratischen, freien Südafrika. Ohne Rache und Vergeltung im Sinn zu haben, macht er sich daran, Südafrika zu verändern. Schwarzen und Weißen möchte er nach jahrhundertealter, tiefer Feindschaft, die tiefen, blanken Hass auslöste, eine Brücke bauen. Sie miteinander zu versöhnen steht dabei ganz oben auf seiner Liste, gleichzeitig bildet dieser Anspruch das Fundament seines Bestrebens. Dank ihm gelingt der friedliche Beginn des Übergangs von einem Unrechtsregime zu einer Demokratie. Schwarze und Weiße, Millionen Südafrikaner folgen ihm begeistert. Er wird geliebt und vergöttert, schon zu Lebzeiten fast wie ein Heiliger verehrt. Auf seinen Tod am 5. Dezember 2013 reagiert die ganze Welt mit Trauer.

Soweit bekannt, war Nelson Mandela eitel, stolz und starrsinnig – aber was unterschied ihn vom Durchschnittsmenschen? Das Bewusstsein seiner Berufung und seine Unbeirrbarkeit. Er wollte bedingungslos seine Lebensaufgabe erfüllen, auf Grundlage seiner inneren Haltung.

Rosa Parks

Stellen Sie sich vor, Sie sitzen im Bus – müde von der Arbeit – und denken darüber nach, was Sie am Abend kochen werden. Da schnauzt Sie der Busfahrer an: „Platz da, bewegt euch. Die Sitze werden anderweitig gebraucht!" Und das nicht von einer älteren Dame oder einem behinderten Menschen, was nicht den Tonfall, aber wenigstens die Motivation des Fahrers erklären könnte, sondern von ganz normalen, jungen, gesunden Menschen. Menschen, die Sie zur zweiten Klasse zählen, weil sie sich selbst in der ersten sehen. Und deshalb unter anderem das Vorrecht auf einen bestimmten Sitzplatz beanspruchen. Menschen, die ein Selbstverständnis an den Tag legen, das mir vorkommt wie von einem anderen Stern. 60 Jahre ist das erst her, unvorstellbar. Am 1. Dezember 1955 erlebte Rosa Parks dies zwar nicht zum ersten Mal, aber dieses Mal reagierte sie anders. Nicht unterwürfig gehorsam, sondern aufrecht, mutig und vor allem widerspenstig! Sie sagte: „Nein" – und blieb sitzen. Das löste einen Wutanfall beim Busfahrer aus, denn die vorderen Reihen waren eindeutig den Weißen und die hinteren den Schwarzen zugeordnet.

Juni 2015: In einem Bus der Essener Verkehrs-AG EVAG hängt ein Schild am Fenster: „Diese Plätze sind für Inhaber/innen eines gültigen deutschen Personalausweises reserviert." Daneben steht der Text auch auf Englisch und Arabisch. Zwei optisch wie Migranten wirkende junge Männer ignorieren das Schild und nehmen genau dort Platz. Ein Mitarbeiter der Busgesellschaft reagiert und fordert die beiden auf, die Plätze zu verlassen und weiter hinten Platz zu nehmen oder eben zu stehen. In einem anderen Bus ist es ein Jugendlicher mit Rucksack, der sich lautstark empört, dass die „ihm zustehenden" Sitze von „denen" belegt sind.

In diesen beiden und einigen anderen Fällen dauerte es keine 30 Sekunden, bis sich empörte Passagiere zu Wort melden und das Ganze mit „Unverschämtheit" und „Was soll der Scheiß?!" kommentieren. Er habe „für Ordnung zu sorgen" erwidert der Mann in Uniform und auch der Rucksacktyp im Casual Outfit – ohne Glatze, Springerstiefel oder andere optische Klischees – beharrt mit fester Stimme und bestimmter, gewählter Ausdrucksweise „auf seinem guten Recht als deutscher Staatsbürger". Es sei „sein Land" und da müssten „gewisse Vorrechte doch ganz normal sein". Er habe ja grundsätzlich nichts gegen Ausländer, aber sie hätten sich nun mal „zu fügen".

Ich sitze vor meinem Rechner, sehe diese Videos im Netz und bekomme eine Gänsehaut nach der anderen – obwohl ich weiß, dass es sich um ein Experiment des Westdeutschen Rundfunks handelt – natürlich mit den Verkehrsbetrieben abgesprochen, die Szenerien wurden jeweils aufgelöst und den Mitfahrenden erklärt. Ich sehe die vermeintlichen Rassisten, die so hervorragend und realistisch schauspielern, und ich sehe die Reaktion der Menschen, die in jedem der mehrfachen Durchgänge immer nahezu identisch waren: Die Menschen wehrten sich, halfen und empörten sich. Sie stellten sich vor die Migranten. Sie sagten laut, deutlich und solidarisch: „Nein!"

Ein beruhigender Verlauf. Und doch muss ich weiter darüber nachdenken: Welcher Redakteur, nein, warum kommt ein Redakteur überhaupt auf die Idee, ein solches Experiment durchzuführen? Gerade in unserem Land, mit unserer Geschichte? Sicher fällt nicht nur mir, sondern jedem direkt nicht nur die Analogie zu Rosa Parks ein, sondern es drängen sich noch ganz andere Assoziationen auf. Was ist hier los? Der Erhalt unserer Bürgerrechte und damit die Zivilcourage beginnen im Kleinen, mit ganz winzigen Facetten. In Situationen, in denen das Risiko noch nicht spürbar und das Handeln nicht als Wagnis wahrgenommen wird. Auch die, in denen es als Risiko empfunden wird, eigene Werte zu verraten, wenn jemand nicht seinen Mund aufmacht. Wenn ich schweigend weitergehe und anderen das, nein, mein Feld überlasse.

Rosa Parks hingegen ging in vollem Bewusstsein ein enormes Risiko ein. Sie wurde abgeführt und kam in ein Gefängnis, weil sie sich geweigert hatte, von ihrem Platz aufzustehen. Weil sie dafür eintrat, dass ihr die gleichen Rechte zustanden wie jedem anderen Fahrgast, egal ob schwarz oder weiß. Ein magerer Protest, war doch das Maß der Diskriminierungen riesig und das Gefühl, als schwarzer Mensch unterprivilegiert zu sein, alltäglich. Was brachte da schon das laue Nein einer schwarzen Näherin? Zumal dieses auch noch in eine gefährliche Situation für sie mündete, weil aus unzähligen Geschichten bekannt war, dass viele das Gefängnis nicht wieder gesund verließen. Was hätte es da schon ausgemacht, ein weiteres Mal aufzustehen und den Platz zu räumen? Wer weiß? Denn Parks spontane Aktion und die Reaktion in Form von Polizeigewalt verbreitete sich, eine Kaskadenwirkung setzte ein. An deren vorläufigem Ende stand elf Jahre später die Aufhebung der Rassentrennung. Präsident Johnson unterschrieb am 2. Juli 1964 diesen Beschluss.

Von Montgomery, dem Ort dieser Geschichte, ging eine Protestbewegung aus, die ins ganze Land überschwappte. Noch in der gleichen Nacht beschlossen die dortigen Bürgerrechtler den stadtweiten Boykott der Busse und vertrauten die Organisation dem Pastor Martin Luther King an. Parks riskantes, leises, kleines, mutiges und widerstrebendes Nein war zu einem großen, lauten, unüberhörbaren Nein geworden! 381 Tage später wurde die Rassentrennung in Montgomerys Bussen als verfassungswidrig anerkannt und aufgehoben.

Martin Luther Kings Haus wurde in der Zeit das Ziel zweier Bombenattentate. Doch auch er ließ sich durch nichts aufhalten. Er wurde zum Präsidenten der Southern Christian Leadership Conference (SCLC) gewählt, der Bürgerrechtsorganisation, die in Zukunft am erfolgreichsten tätig werden sollte. Der charismatische Redner und Friedensnobelpreisträger ist der ganzen Welt bekannt. Sein Traum inspiriert bis heute, sein Name ist ein Symbol für Freiheit. Sein Tod – er wurde von einem Fanatiker erschossen – ist der Beweis eines tief verwurzelten Rassenhasses in den USA, was Kings Lebenswerk umso wertvoller macht.

Auch Rosa Parks, die das Gefängnis nach ein paar Tagen unversehrt und unverurteilt verlassen konnte, widmete ihr Leben dem Kampf um die Bürgerrechte und wird bis heute als Mutter der Bürgerrechtsbewegung verehrt.

Was zeichnet diese Menschen stellvertretend für viele Tausende andere aus, die für die Freiheit kämpfen? Warum sind sie bereit, so große Risiken einzugehen, bis hin zum Verlust ihres Lebens. Warum hat Nelson Mandela auf 27 (!) Jahre seines Lebens in vergleichsweiser Freiheit verzichtet? Die lapidare Antwort lautet sicher, weil er sich in der Zeit draußen auch nicht wie ein freier Mann gefühlt hätte. Und die philosophische: weil er sich in seiner zwölf Quadratmeter kleinen Zelle vielleicht manches Mal viel freier fühlte, als außerhalb der Gefängnismauern. Na ja, ist eigentlich das Gleiche. Die Frage, was diese Menschen antreibt, ist heute noch so aktuell wie damals, wenn wir uns das letzte Beispiel in diesem Kapitel ansehen.

Raif Badawi

Folter kommt auf dieser Welt jeden Tag vor. Doch sie dringt erst dann in unser Bewusstsein und damit in unser behagliches komfortables Leben ein, wenn sie ein Gesicht bekommt. Dann jedoch mit voller Wucht: Als am 6. Juni 2015 das Urteil über Raif Badawi bestätigt wurde, war ich fassungslos, 1.000 Peitschenhiebe und zehn Jahre Gefängnis. Das bedeutet nichts anderes als einen langsamen, qualvollen Tod. Angeordnet und ausgeführt von einer und durch eine Staatsmacht, die unter dem Deckmantel eines rechtsstaatlichen Prinzips agiert und trotzdem Gerichtsurteile unter starken religiösen Einflüssen zulässt. Was aber hatte Raif Badawi getan? Er hatte es riskiert, seine Meinung zu äußern. Dazu betrieb er einen Blog, in dem er kein Blatt vor den Mund nahm und verbal um Freiheitsrechte in seinem Land Saudi-Arabien stritt.

Wie selbstverständlich wir alle jeden Tag unsere Worte absondern. Meinungen formulieren und als solche kennzeichnen, die oft doch nur abgekupfert sind oder sogar nachgeplappert. Aber egal. Es sind Meinungen. Und wir dürfen sie äußern. Uns ihrer ent-äußern! Manchmal ist das bei anderen schwer auszuhalten, dann schaltet man eben ab. Äußerlich oder innerlich, wie auch immer. Hört einfach nicht mehr zu. Doch Badawi kann nicht abschalten. Er ist nun inhaftiert in einer 20 Quadratmeter kleinen Zelle – mit 29 anderen Gefangenen.

Seine Frau gibt ihn nicht auf und kämpft für ihn. Aber wie kann man kämpfen als Einzelne, die vielleicht die theoretische Solidarität der gesamten freien Welt im Rücken hat? Was kann sie ausrichten gegen die schon zu Zeiten der Niederschrift überkommene Moral einer Sharia und der heute darauf aufbauenden Willkür eines verbrecherischen Regimes? Immerhin: Sie schaffte es, die im Netz zensierten und längst gelöschten Texte ihres Mannes wieder zusammenzutragen, und fand im Ullstein-Verlag Unterstützung, der die Beiträge bündelte und 2015 als Buch herausbrachte: „1000 Peitschenhiebe: Weil ich sage, was ich denke".

Darin zu lesen ist faszinierend und bedrückend zugleich. Man wird hineingezogen in den Sog von Badawis Gefühlswellen. Er schreibt mal wütend, mal ironisch, um den andauernden Spagat zwischen einem Leben in traditioneller und streng-konservativer Auslegung des Islam unter dem Bann entsprechender Zensur und dem Wunsch nach einem freien Leben auf Basis der Menschenrechte zu schaffen. Hier zwei Kostproben:

„Kaum kommt mal ein freier Geist, sieht er sich auch schon mit einer Woge hunderter Fatwas konfrontiert, die die Kleriker im Wettstreit miteinander erlassen, um ihn zum Ungläubigen zu erklären. Meine größte Befürchtung ist, dass die klugen Köpfe der arabischen Welt eines Tages alle auswandern werden, auf der Suche nach frischerer Luft, irgendwohin, weit ab von den Schwertern des religiösen Autoritarismus.“
Oder: „Die arabischen Gesellschaften sind dahingehend ideologisiert, dass jedes freie Denken einen Abfall oder Austritt vom Glauben und von der Sitte bedeutet.“

Die Veröffentlichung dieses Buches ist ein Non-profit-Projekt zugunsten des Autors. Insofern mache ich hier umso lieber Werbung dafür! Und ihm überlasse ich zum Ende dieses Kapitels auch das Schlusswort, denn wer bin ich, dass ich all die Kämpfer um Freiheit und Gerechtigkeit und deren Bereitschaft, Risiken einzugehen, mit meinen eigenen Worten versuchen könnte zu bewerten oder zu feiern. Bitte bilden Sie sich, meine lieben Leser, Ihre eigene Meinung. Raif Badawi diktierte aus seiner Zelle am Telefon das Vorwort zu dem Buch, woraus ich zitieren möchte:

„Letztens ging ich auf die Toilette. Sah einen Haufen schmutziges Klopapier. Müll, soweit das Auge reichte. Ein trister Anblick, die Wände voller Flecken, die Türen verschlissen und verrostet. Da stand ich nun also, ernsthaft bemüht, mich in diesem Chaos zurechtzufinden, besser mit der Situation umzugehen. Während ich mir konzentriert die Hunderte von Kritzeleien auf den klebrigen Toilettenwänden unserer Sammelzelle durchlas, sprang mir ein Schriftzug ins Auge: ‚Der Säkularismus ist die Lösung!‘ Grenzenloses Staunen überkam mich. Ich rieb mir die Augen, um sicherzugehen, dass das, was ich gerade sah, auch wirklich dort stand … Ich lächelte und begann darüber nachzudenken, wer wohl der Urheber dieses Schriftzuges sein könnte, in einem Gefängnis, das mit Tausenden, für Kriminaldelikte verurteilten Insassen aus allen Nähten platzt. Ich war zutiefst verwundert und erfreut über diesen kurzen, schönen, so andersartigen Satz. Dass ich so etwas zu lesen bekam, inmitten Hunderter vulgärer, in allen erdenklichen arabischen Dialekten geschriebenen Wörter, mit denen man diese dreckigen Klowände beschmiert hatte, bedeutet, dass

es irgendwo hier in diesem Gefängnis zumindest eine Person geben musste, die mich versteht. Jemanden, der das versteht, wofür ich gekämpft habe, und weswegen man mich hier eingesperrt hat." Und weiter: *„All das grausame Leid ist mir und meiner Familie nur deswegen widerfahren, weil ich meine Meinung ausgedrückt habe. All das war der Preis für jeden Buchstaben in diesem Buch!"* (Raif Badawi, 12. Februar 2015)

IX. Nur wer wagt, gewinnt ... für sich. Risikobereitschaft für das eigene Leben

---

Es gibt in der Welt einen einzigen Weg, auf welchem niemand gehen kann, außer dir: Wohin er führt? Frage nicht, gehe ihn.
F. W. Nietzsche

Risikostationen sind Lebensstationen. Sie sind bei jedem Menschen etwas anders gelagert und doch gibt es Anknüpfungspunkte und Wiedererkennungswerte. Auch hier gilt: Ob es sich um berufliche, private oder gesellschaftspolitische Wirkmechanismen von Risikobereitschaft oder das Umgehen von Risiken handelt – es lohnt sich, einen Blick auf die unterschiedlichen Facetten zu werfen. Ich lade Sie zu einem kleinen Streifzug ein, bei dem Sie sich das herauspicken können, was Ihnen in Ihrer aktuellen Situation einen Mehrwert bringt.

Bei den folgenden Zitaten ging es nicht immer darum, dass mangelnde Risikobereitschaft im Spiel war, aber sie machen deutlich, wie falsche Abwägungsprozesse Meinungen prägen können.

➜ „Alles, was erfunden werden kann, ist bereits erfunden worden."
Charles Duell, amerikanischer Patentamtsleiter, 1899

➜ „Es wird dem Menschen nie gelingen, auf dem Mond zu landen."
Lee de Forest, Erfinder des Radios, 1967

➜ „Es gibt keinen Grund, warum irgendjemand einen Computer in seinem Haus haben sollte."
Kenneth Olsen, US-amerikanischer Computer-Ingenieur, 1977

➜ „Nach Öl bohren? Sie meinen Löcher in die Erde bohren und hoffen, dass Öl rauskommt? Sind Sie verrückt?"
Ein Banker, der dazu aufgefordert wurde, eine der ersten Ölbohrungen in den USA zu finanzieren

➜ „Das ‚Telefon' hat zu viele ernsthaft zu bedenkende Mängel für ein Kommunikationsmittel. Das Gerät ist von Natur aus von keinem Wert für uns."
Western Union, interne Kurzinformation, 1876

➜ „640 KB sollten genug für jedermann sein."
Bill Gates, 1981

➜ „Computer der Zukunft werden nicht mehr als 1,5 Tonnen wiegen."
Popular Mechanics, 1949

Die Plattenfirma, die den Beatles keinen Vertrag geben wollte, die etlichen Verlage, die das erste Harry-Potter-Buch ablehnten – die Liste an Beispielen, dass etwas nicht vorstellbar war oder einfach falsch eingeschätzt wurde, ließe sich endlos fortsetzen. Wir wissen nicht, wie viele Erfindungen ungenutzt in den Schubladen verschwanden. Wie viele Innovationen noch darauf warten, das Licht der Welt zu erblicken, obwohl sie längst erdacht wurden. Menschen sind unterstützende und treibende Kraft und Menschen sind Bremser. Das gilt sowohl in Bezug auf andere, als auch auf sich selbst – und da vor allem bezogen auf die eigene Risikobereitschaft. Einige versuchen, es so konsequent wie möglich zu meiden, andere suchen es und ziehen es bewusst ins Leben, wieder andere akzeptieren es, weil es ein Leben ohne jegliches Risiko nun mal nicht gibt. Der Umgang gestaltet sich grundverschieden, je nachdem, wie der Einzelne es gelernt hat oder mag. Jeder fühlt sich an einem anderen Punkt wohl, den gilt es auszumachen. Dabei spielt es erst einmal keine Rolle, ob Chancen verpasst oder hohe Hürden überwunden werden, vielmehr geht es darum, die Verantwortung für sich selbst zu erkennen und niemand anderem in die Schuhe zu schieben.

Ich habe es bereits zu Beginn geschrieben und möchte es noch einmal wiederholen: Ich will niemanden dazu auffordern, sich auf Teufel komm raus zu verändern und damit gegen das eigene Gefühle zu handeln, ich möchte lediglich Hinweise geben. Es geht nicht darum, Defizite aufzudecken – vielleicht aber um blockierte Gefühlsbereiche? Ich fände es sehr spannend, mehr darüber zu erfahren, ob und was mein Buch in Ihnen bewegt hat. Wo es Sie abgeholt oder womöglich stehen gelassen hat. Vielleicht fehlt Ihnen noch ein Schritt irgendwo. Wenn Sie mögen, schreiben Sie mir. Ich würde mich sehr freuen. Meine E-Mail-Adresse finden Sie am Ende des Buches.

Aber jetzt lehnen Sie sich erst einmal zurück, nehmen sich eine gedankliche Auszeit und folgen mir auf eine weitere Reise quer durch die unterschiedlichsten Geschichten rund um das Thema Risiko für sich selbst.

Risiko. Karriere

Beginnen möchte ich mit mir, Sie haben mich ja schon ein bisschen kennengelernt. Den Bruch in meinem Lebenslauf habe ich bereits erwähnt. Und sonst? Würde ich mein bisheriges Berufsleben als riskant bezeichnen? Sagen wir es so: Es war und ist aufregend und nie langweilig. Insofern entspricht meine berufliche Vita meiner Lebensmotivation und meinen persönlichen Erwartungen, ein Nine-to-five-Job wäre nichts für mich. Ich möchte mich den Veränderungen nicht unterwerfen, sondern diese (er)schaffen, das gehört zu meiner Persönlichkeit. Natürlich war das nicht immer so. Wie jeder andere auch, musste ich erst in meine eigenen Schuhe hineinwachsen.

Wer im Schwarzwald aufwächst, weiß: Die Möglichkeiten zur beruflichen Selbstverwirklichung sind hier – übersichtlich: Entweder man absolviert eine Ausbildung in einem der Handwerksbetriebe oder verschreibt sich dem

Tourismus. Ich wählte zunächst den Weg in die Elektrotechnik, doch zog es mich schon bald in eine damals noch fast jungfräuliche Branche, die EDV. Ich verließ meinen Heimatort und zog nach Basel, um beim Chemie- und Pharmaziekonzern Ciba-Geigy, das heutige Novartis, eine Ausbildung zum IT-System-Elektroniker zu machen. Mit 22 Jahren war ich dort der jüngste IT-Spezialist und lernte schon früh, was es heißt, Verantwortung zu übernehmen. Wenn auch nicht immer ganz freiwillig.

So lernte ich Murphys Law bereits in meiner allerersten Schicht kennen, die ich in Eigenverantwortung nach meiner Ausbildung absolvierte: Ich bekam es mit einem Crash des gesamten Warenwirtschaftssystems zu tun – dem Super-GAU. Zwar steckte die EDV damals noch in den Kinderschuhen, brauchten die Rechner noch Wasserkühlsysteme, um die Daten zu verarbeiten, und verwendeten wir noch Lochkarten, doch war die Abhängigkeit des Unternehmens von diesem System schon so ausgeprägt, dass ohne es nichts mehr lief. Im wahrsten Sinne des Wortes stand bis zum letzten LKW alles still. Und das 16 Stunden lang! Der blanke Horror. Diese Situation hätte mich den Kopf kosten oder am Ende einen Kopf größer dastehen lassen können.

Ich hatte Glück – jemand hatte mitgedacht. Es gab für dieses Notfallszenario eine Art Risikoleitfaden, an dem ich mich entlanghangeln konnte. Natürlich stand ich trotzdem unter einer extremen Anspannung, aber ich schaffte es. Und lernte früh: Es gibt immer einen Weg. Aufzugeben ist keine Option, das Wort „Hoffnung" hat seine Berechtigung.

Risiko war für mich immer ein Synonym für Chance, das hat sich in meinem Leben ausgezahlt. Vor allem auch, als ich meine internationale Karriere bei der US-amerikanischen Unisys Cooperation begann. Irgendwann war ich dort dann Projekt- und Krisenmanager, eine Art Feuerwehrmann bei Großbränden in laufenden Projekten. Dr. Richard Neurath (VP Deutsche Telekom) nannte mich damals: *Der Red Adair der IT.* Im weiteren Verlauf übernahm ich mit jeder neuen Aufgabe immer mehr Verantwortung. In US-Firmen ist es so: Jeder, der gute Leistungen bringt, bekommt eine Chance, etwas zu tun, was er zuvor noch nie getan hat. Das Risiko dabei: Er muss unwahrscheinlich flexibel sein, was den Standort betrifft. So war ich für diese Firma kreuz und quer auf der Welt unterwegs. Ein weiteres Risiko: Wer einmal versagt, hat im gesamten Konzern verloren.

Für mich war jener Tag bedeutsam, als wieder einmal eine jener typischen amerikanischen Entscheidungen mit aller Härte umgesetzt wurde. Das Vorgehen der Unternehmensleitung konnte ich zu dem Zeitpunkt nicht mehr mittragen. Der Entschluss bedeutete einen kompletten Richtungswechsel für die Produkte und Dienstleistungen, außerdem wurde mehr als die Hälfte der Mitarbeiter ausgetauscht. Es hätte andere Wege für diesen strategischen Richtungswechsel gegeben – und zwar ohne erfolgreiche und loyale Mitarbeiter zu entlassen. Aber den sah man in den gehobenen Managementabteilungen nicht.

Damit kam für mich die Zeit der Reflexion. Ich hatte viel gelernt und viel erreicht, die Karriereleiter hielt bestimmt noch so manche Überraschung für mich bereit. Denn mein Job war ja nicht in Gefahr. Doch bedeutete das – bei aller Verantwortung – immerwährende Fremdsteuerung. Irgendwann kam ich an den Punkt, dass ich das Risiko meiner stetigen Leistungssteigerung und deren Abrufbarkeit umwandeln wollte in Selbstbestimmung. Was sich im Nachhinein liest wie ein befreiender Akt, war natürlich ein Wagnis. Ich gründete meine eigene Beratungsfirma. Ich sagte Nein zum Konzern und ging damit ein Risiko ein. Natürlich war der Weg steinig und hart. Doch für mich hat sich die Entscheidung gelohnt. Ich habe heute wesentlich mehr erreicht, als ich in Konzernen je hätte erreichen können. Ich besitze zwei Firmen und bin Geschäftsführer in einer dritten. Zudem stehe ich als Vortragsredner und Kabarettist erfolgreich auf der Bühne. Ich habe etwas ersehnt, deshalb etwas gewagt und diesbezüglich meine innere Haltung ins Außen gebracht und gelebt. Heute ist es mir möglich, wunderbar meine Ziele und Wege zu verfolgen, und zwar so, wie ich es möchte. Ich habe die Macht, über mich frei zu entscheiden. Heute bestimme ich mein Leben selbst.

Risiko. Existenzgründung

Juni 2003 – es war wieder einmal Zeit für den Jahresabschluss der GmbH. Und wie in den Jahren zuvor begann es in ihm zu rumoren und in ihr kroch die Angst hoch. Aber mal von Anfang an: Er, das war, oder ist, ein Freund von mir und sie, seine Frau. Er war 2003 schon seit mehr als zehn Jahren in der gleichen Branche tätig und hatte sich dort von ganz unten bis zum Geschäftsführer hochgearbeitet. Sie war zwar nicht aktiv dabei, aber durch sein überdimensionales Engagement, das identisch war mit dem eines autarken Unternehmers, sehr stark inhaltlich involviert.

Er hatte sich nach zwei Fortbildungen, die ihn aus dem Blaumann in den Anzug führten, in einer Branche bewerben wollen, die nicht seiner Ausbildung entsprach, ihn aber reizte. Sie fand das ungut, redete mit Engelszungen auf ihn ein, doch im gegenwärtigen Betrieb und in dem Bereich zu bleiben, den er kannte. Ganz sicher würde sich seine Unzufriedenheit legen, bekäme er bald mehr Verantwortung und alles würde gut. Man könne doch nicht andauernd die Jobs wechseln, wie ein Hemd, man müsse auch schon mal da durch …

Letztlich bewarb er sich dann doch mit ihrer Hilfe und ihrem Einverständnis, wurde eingestellt und brachte das neue, erst zwei Jahre alte Unternehmen aus den roten Zahlen auf Vordermann. Das lag auch an der Risikobereitschaft seines Vorgesetzten. Einer der Gesellschaftergeschäftsführer aus dem Hintergrund hatte sein Potenzial erkannt, dem anderen Minderheitengesellschafter den operativen Geschäftsführerposten entzogen und stattdessen meinen Freund eingesetzt. Nach nur einem Jahr. Der bestätigte das in ihn gesetzte Vertrauen. Weil ihn der Karrieresprung und die in Aussicht stehende Tantieme so sehr motivierten, explodierte seine Leistung förmlich. Das Unternehmen wurde nach nur wenigen Jahren Branchenführer. Alles schön und gut. Warum ist er dann sechs Jahre später mit dem Jahresabschluss unzufrieden?

Tja, der 51-Prozent-Gesellschafter war ein Fuchs. Er hatte das Gehalt meines Freundes im Verhältnis zu seiner Leistungsbereitschaft nur minimal angehoben. Es war okay, aber nicht besonders hoch. Gleichzeitig lobte er eine hohe Gewinnbeteiligung von 20 Prozent aus, ab einer gewissen Summe gedeckelt. Das weckte Begehrlichkeiten! Hinzu kam, dass der ausgebootete Geschäftsführer seine Gesellschafteranteile behielt, also weiterhin am Gewinn partizipierte.

Das hat meinen Freund anfangs alles nicht gestört. Im Gegenteil: Als er das Angebot erhalten hatte, Geschäftsführer zu den beschriebenen Konditionen zu werden mit der Aussicht auf eine Wahnsinns-Tantieme, hatte er noch ins Lenkrad gebissen vor Freude. Und sie bereits zwei Jahre später komplett eingefahren!

2003 sah er zwar immer noch das Geld auf seinem Konto, aber die Gewichtung hatte sich nach ein paar Jahren heftiger Maloche und totaler Identifikation mit dem Unternehmen verschoben. Denn er musste nun Schecks für die zwei Menschen ausstellen, die die Firma zwar mal gegründet, aber zu deren Aufbau nichts, null, niente beigetragen hatten. Objektiv betrachtet war das auch ganz genau so, er irrte sich da nicht.

So läuft es nun mal im Leben. Irgendjemand startet, geht ein Risiko ein und hat das Glück oder das Näschen, etwas Positives aufzulesen und davon zu profitieren! Sagte wer? Richtig, sie, die Frau meines Freundes. Eine durchaus korrekte Wahrnehmung und Bewertung der Situation. Doch änderte sich damit nichts an seinem Gefühl. Und so dachte er immer wieder über längere Zeit hinweg über eine Selbstständigkeit nach. Zunächst nur rein theoretisch, denn übers Jahr hielt sich die Unzufriedenheit immer noch halbwegs in Grenzen. Aber jeder neue Scheck führte ihm vor Augen, dass es da zwei Menschen gab, die er mit seiner Leistung, mit seinem Einsatz und Schweiß, reich machte, ohne dass sie auch nur einen Finger krümmen mussten. Was sprach also dagegen? Offensichtlich hatte er doch die Kompetenz und den richtigen Biss. Warum bremste seine Frau ununterbrochen?

Tja, zum einen hatten die beiden mittlerweile einen guten bis hohen Lebensstandard erreicht. Die Maschinerie lief, das Einkommen war gesichert. Sie hatten ein großes Haus gebaut, alles war schön abgefedert und beruhigend. Sie konnte gut schlafen, auf seinen Schlaf kommen wir noch zu sprechen.

Dazu muss erst noch über den genialen Schachzug des Gesellschafters berichtet werden: Im Geschäftsführervertrag mit meinem Freund war ein zweijähriges Wettbewerbsverbot implementiert. Ohne den geringsten Widerstand hatte er damals lächelnd unterschrieben, heute stellte dies die höchste Hürde im Abwägungsprozess dar: Er würde zwei Jahre lang kaltgestellt sein. Eins war klar: Für meinen Freund war die Aussicht auf eine zweijährige Arbeitsabstinenz eine Horrorvorstellung, zudem würde deutlich weniger Geld reinkommen. Auf Urlaub und Statussymbole zu verzichten, das war für die beiden kein Problem, aber würden sie das Haus mit der Hälfte der Bezüge halten können? Und wie wäre es danach, auf null gesetzt, eine neue Unternehmung zu starten? Einen Kredit aufzunehmen und so weiter? Das alles erschien vor allem ihr mehr als aberwitzig und auch größenwahnsinnig angesichts des Status quo, den die Familie erreicht hatte. Er hatte es mit Hauptschulabschluss geschafft, in der Spitze einen Umsatz von fünf Millionen Euro zu verantworten, bekam er den Hals denn nie voll?

Die Diskussionen gingen über Jahre hin und her. Der Visionär kämpfte gegen, nein, eher mit der Ängstlichen. Die Chance kämpfte mit der Angst, die Herausforderung mit dem Risiko, das Sicherheitsbedürfnis mit der Unzufriedenheit. Er wusste, ohne ihr Einverständnis und ihre Unterstützung würde er es nicht schaffen. Sie mussten an einem Strang ziehen, sonst wäre das Vorhaben von Anfang an zum Scheitern verurteilt. Und sie merkte irgendwann, dass ihn die Situation kaputtmachen würde, denn er schlief kaum noch. Die Last der Verantwortung für 250 Mitarbeiter war schwer zu tragen. Doch dass er sich zudem ungerecht behandelt fühlte, nicht adäquat entlohnt und sich andere auf seine Kosten die Taschen vollmachten, das hielt er bei aller Vernunft nicht länger aus. Er musste etwas unternehmen – im wahrsten Sinne des Wortes.

Also machte sie sich irgendwann daran, sich ihrer Angst entgegenzustellen, und rechnete. Von da an bildeten sie ein Team: Sie behielt den Part der Strategin, er war der ungestüme Hengst, der voransprengte. Die zwei Jahre überbrückten sie mit einer neuen Geschäftsidee, die absolut legal war, ihm aber ermöglichte, den Kontakt zu seinen Kunden halbwegs zu halten.

Natürlich wurde er trotzdem von seinem ehemaligen Chef verklagt. Denn dieser so geniale Stratege, der etliche Jahre von der Kraft und Innovationsfreude meines Freundes profitiert hatte, war angesichts der Kündigung zutiefst verletzt. War er doch ein Risiko eingegangen und hatte ihm die Chance seines Lebens gegeben, um nun im Stich gelassen zu werden. Sicher war auch Sorge im Spiel, was die Kündigung für den Umsatz des Unternehmens bedeuten würde – nicht erst in zwei Jahren, sondern sofort –, wenn der Kapitän von Bord ging. Aber in erster Linie ging es wohl um verletzte Eitelkeit. Es gibt Personen, die glauben, dass niemand sie einfach verlässt. Und tut es doch jemand, hat diese Person schlimmste Rache zu befürchten. Der ehemalige Chef verlor den Prozess – dass er zudem die hohen Kosten, die damit verbunden waren, tragen musste, war meinem Freund eine echte Genugtuung.

Er ließ seine Kernkompetenz zwei Jahre ruhen, was ihm jeden einzelnen Tag unglaublich schwerfiel. Doch das Risiko, wegen der Umgehung des Wettbewerbsverbots eine fette Vertragsstrafe zahlen zu müssen, war selbst ihm zu groß. Man sieht: Ein Abwägungsprozess jagte den nächsten. Aber all das diente dem einen großen Ziel, also war es das auch wert. Natürlich verreiste er in dieser Zeit auch mal und spannte aus, aber letztlich blieb er vom Tag der Kündigung bis zum ersten Tag seines eigenen Unternehmens absolut auf seinen Traum fokussiert.

Die Zeit bis zur Existenzgründung ging mit all den notwendigen Vorbereitungen herum wie im Flug, der große Tag der Eröffnung, die punktgenaue Landung nach zwei Jahren, war gekommen. Sofort warf sich mein Freund ins Gefecht, er war felsenfest davon überzeugt, dass man ihn und sein Know-how nicht vergessen hatte, es also nahtlos weitergehen würde. Aber: Pustekuchen. Niemand wartet auf irgendjemanden in der Wirtschaft. Die Räder stehen niemals still und Netzwerke, die nicht gepflegt werden, reißen. Das hieß völlig unmetaphorisch: Er musste bei null anfangen. Und das Allerschlimmste: Wegen einer Fehlentscheidung bei der Wahl seiner Berater stand das schon sicher geglaubte Startdarlehen plötzlich in den Sternen. Seine Hausbank begründete dies damit, dass zwar eine sehr große Kompetenz durch die lange Erfahrung vorhanden war, doch die unmittelbare Konkurrenz durch seinen ehemaligen Arbeitgeber, der sich ganz gut über die zwei Jahre gerettet hatte, erhöhe das Risiko für einen Fehlschuss. Ein Hammer. Und – ich muss es so sagen – typisch deutsche Gründerkultur. Damit hatte niemand gerechnet. Da diese Entscheidung mit dem Gründungstermin zusammenfiel; war es doppelt bitter. Denn es gab kein Zurück mehr. Wohin auch? Natürlich hätten ihn die Mitbewerber alle gerne eingestellt, aber wieder in ein Angestelltenverhältnis schlüpfen, so kurz vor dem vermeintlichen Ziel? Nein.

„Ich hab's dir doch gesagt!", hätte seine Frau vielleicht sagen können, tat es aber nicht. Denn mittlerweile hatte sie sein Ziel verinnerlicht und stand zu hundert Prozent dahinter. So bat sie ihren Vater um Hilfe und bekam sie. Die finanziellen Mittel zur Überbrückung waren da. Das gab etwas Luft, aber beide wussten: nicht für lange. Wieder mussten sie durch schlaflose Nächte, verspürten aber die doppelte Motivation, den Markt aufzurollen. Er hatte es sich schon einmal bewiesen und wusste, er konnte es. Das war die halbe, nein, fast die ganze Miete. Zwar war sein Selbstvertrauen wegen des schlechten Erinnerungsvermögens der ehemaligen Kunden etwas angegriffen, aber nicht nachhaltig geschädigt. Der Unternehmerdrang war angesprungen und der Motor begann zu surren. Den ersten Auftrag feierten die beiden noch erleichtert, doch war schon bald der alte Rhythmus wiedergefunden. Die Tage waren so angefüllt, dass keine Zeit fürs Grübeln blieb.

Nun im Zeitraffer: Das Konzept ging auf, das Unternehmen etablierte und behauptete sich – auch gegen den immer noch stärksten Mitbewerber, den ehemaligen Arbeitgeber. Dessen Bestandssicherung funktionierte letztlich, weil die Mitarbeiter dort so gut ausgebildet waren. Als die Konsolidierung gerade erreicht war, kam das Jahr 2009 und wie für so viele auch bei meinem Freund die Talfahrt. Ein so junges Unternehmen, erst drei Jahre alt, hatte noch keinen Speckgürtel angelegt, insofern war die Angst groß, das Strampeln heftig – aber wirksam. Sie retteten es durch die Talsohle, fingen aber erneut fast bei null an. Da auch sein ehemaliges Unternehmen in der Zeit arg gebeutelt wurde, hätte er seine dortige gut dotierte Position allerdings vermutlich nicht halten können, während er seine eigene Firma durch die Krise rettete. Insofern hatten sie rückwirkend betrachtet alles richtig gemacht!

Diese Entwicklung war 2003 natürlich nicht absehbar gewesen. Beide – er und sie – hatten, so gut es ging, die Argumente abgewogen und verantwortungsbewusste Entscheidungen getroffen. Aber ein Sprung ins kalte Wasser ist das Unternehmertum immer. Es kommt dabei auch auf das Glück an, aber zu allererst auf den unbedingten Willen. Der kann unglaublich viel bewegen. Natürlich ersetzt er kein Know-how, kann aber dem letzten Rest des Unkalkulierbaren, der immer übrig bleibt, den Schrecken nehmen.

Heute ist mein Freund kurz davor, alles zu einem erklecklichen Sümmchen zu verkaufen und mit dieser Sicherheit im Rücken etwas völlig anderes, vermeintlich weniger Stressiges, zu beginnen. Und sie? Sie hat Angst vor dem Schritt, weil es doch momentan so gut läuft …

Als Beobachter habe ich das Gefühl, die Risikogeschichte dieses Mannes und seiner Frau endet nie. Das Gefühl, angekommen zu sein oder zufrieden zu sein, steckt in ihm einfach nicht drin. Und sie war und bleibt der ängstliche, aber auch ausgleichende Part. Auch wenn die verkürzte Darstellung so wirkt, als sei sie sein stetiger Hemmschuh, Ballast in seiner Erfolgsstory, zeigt sich in der Beziehung der beiden doch eher so etwas wie ein Pendel. Natürlich läuft nicht immer alles konfliktfrei ab, aber die beiden regulieren sich unter dem Strich, nach 28 Jahren, immer wieder gegenseitig. Ja, die wichtigen Dienstleistungen kann und sollte man einkaufen, aber eine Ehe oder Beziehungspartnerschaft als Rückhalt, Deckung oder gar als operative Unterstützung, das ist Gold wert.

Und damit kommen wir zur nächsten Risikogeschichte, die der partnerschaftlichen Beziehungen in heutiger Zeit, in Deutschland und Japan. Sie zeichnet ein anderes Bild von Zusammenhalt, als das gerade beschriebene.

Risiko. Partnerschaft

Beziehungsstatus: Mingle. Diese Wortkreation ist gar nicht so unlustig, denn sie bezeichnet einen „Mixed Single". Frauenmagazine beschreiben das Phänomen meist so, als würde es vornehmlich Männer betreffen. Für sie ist Mingle ein Synonym für Bindungsangst. Die Muffe davor, das Risiko einer richtigen Beziehung einzugehen.

Halbwegs objektiv betrachtet, handelt es sich schlichtweg um eine alternative Form von Beziehung. So wie sich die Forderungen nach einer Öffnung der Ehe mehren, werden auch die Formen partnerschaftlicher Verbundenheit mehr oder vielleicht auch multifunktionaler. Gerade habe ich die Formulierung „partnerschaftliches Zusammenleben" gestrichen und ersetzt durch das Wort „Verbundenheit", weil es auch genau das nicht mehr ist, was eine Beziehung vor allem prägt. Das wiederum hat mit den verschiedenen Lebensentwürfen oder der flexibilisierten Arbeitswelt zu tun, die zu Jobs in jeweils anderen Städten führt. Manchmal auch mit grundlegenden Entscheidungen: Das Miteinanderleben definiert sich nicht mehr dadurch, dass man unbedingt unter einem Dach wohnt. Natürlich birgt diese Form der Freiheit in Verbundenheit ein Risiko, und zwar – mal ganz platt formuliert – das des vereinfachten Treuebruchs. Aber findet der bei Bedarf nicht sowieso statt, egal ob man das Schlafzimmer dauerhaft teilt oder der eine in New York und die andere in Köln lebt? Schon eine Partnerschaft einzugehen birgt immer ein Risiko, nämlich dass die Partnerschaft wieder zerbricht.

Mingelige Beziehungen, also Partnerschaften ohne Versprechen, bedeuten somit vielleicht gar keinen Verlust. Schließlich wird inzwischen jede dritte Ehe geschieden und Versprechen waren noch nie eine Gewähr dafür, dass sie auch gehalten werden. Möglicherweise ist diese neue Form, ganz im Gegenteil, die doch sehr viel ehrlichere Variante?

Es kommt vermutlich auf den Blickwinkel an. Wem dies wie das klassische Festhalten und Weitersuchen vorkommt, für den dürfte das nichts sein. Ebenso sind liberale Vertreter, die sich bislang auf die Fahne geschrieben haben, niemanden jemals in eine Beziehung drängen zu wollen, gefährdet. Nämlich dann, wenn sich die Gefühlslage einfach nicht an die vom Verstand ausgegebene Parole halten will und auf das dann plötzlich doch ultimative Mehr drängt. Wollen beide Beteiligten das Gleiche, ist alles gut. Tut sich allerdings zum Gegenüber eine Kluft auf, weil dieser die Sehnsüchte nicht erfüllt, kann sie auch nicht mit noch so viel gutem Willen übersprungen werden. Aber das gab es immer schon.

Gleichwohl ist wohl zu konstatieren, dass der Zeitgeist etwas damit zu tun hat. Das Bedürfnis nach Individualität, Selbstverwirklichung und vor allem einem selbstbestimmten Leben wächst immer weiter. Frauen haben sich aus überkommenen Rollenklischees befreit und leben ihre Bedürfnisse nach einer freieren Form von Beziehung ebenfalls offener aus. Die Männer, im Gegenzug, lösen sich aus der Verpflichtung eines treusorgenden Rudelführers und treffen auf eben jene selbstbewussteren Frauen. Das passt. Die einzigen, die die Art einer Beziehung bewerten dürfen, sind deren Protagonisten. Es gibt also nichts, was per se kritikwürdig wäre.

Einzug in dieses Buch hält diese Neuerscheinung aus einem bestimmten Grund: Daraus, ob eine Beziehung unter dem Motto „Wir sind jetzt fest zusammen" oder „Wir schauen mal, was sich so entwickelt" steht, lassen sich Rückschlüsse darauf ziehen, inwieweit Menschen mittlerweile bemüht sind, auch die kleinsten Risiken aus ihrem Leben zu eliminieren. Dass die Gesellschaft Derartiges ausbildet, akzeptiert und aus sich selbst heraus für Verbreitung sorgt, kann für Soziologen schon auf eine schleichende Beziehungsunfähigkeit hinweisen, doch gilt als Beziehungsideal heutzutage durchaus immer noch eine feste Partnerschaft. Man darf gespannt sein, ob der entgegengesetzte Trend sich fortsetzt und dieses Modell immer mehr zu einem rein gedanklichen Konstrukt wird.

In Japan ist man da schon weiter. Dort wird immer weniger geheiratet und gleichzeitig leben vor allem in Tokio immer mehr Menschen ohne Partner. Die Vereinzelung wird zur Lebensperspektive. Die jüngeren Singles sehen das Alleineleben als bewusste Entscheidung an, allein unter 40 Millionen. Glücklich an der Seite eines Partners, dieser Entwurf gerät zum Auslaufmodell. Die Menschen feiern zusammen im Park oder anderswo, immer öfter im Kollegenkreis, während Familien deutlich seltener zu sehen sind. Da können schon mal merkwürdige Ideen aufkommen. Denn die trotzdem vorhandenen Sehnsüchte werden von Geschäftsleuten mit cleveren Leistungen bedient, beispielweise gibt es das Angebot des Solo-Wedding. Es gibt tatsächlich die Möglichkeit, Hochzeitsbilder von sich in mehreren Varianten machen zu lassen: als Braut im märchenhaften weißen Kleid. Das Ergebnis sind tolle Bilder für das Fotoalbum und die Ewigkeit – einzig der Bräutigam fehlt. Hauptsache einmal im Leben ein Brautkleid tragen ...

Auch Dates mit jungen Frauen sind im Angebot, dabei geht es allerdings nicht um Sex, sondern vermeintlich um Nähe und Austausch. Gegen einen Stundenlohn von circa 30 Euro kann sich der Einzelne Gesellschaft buchen. Eine strahlend lächelnde junge Frau begleitet den Kunden, einen durchaus gut aussehenden jungen Mann, so lange, wie er es so haben will. Beim Shoppen, beim Kaffeetrinken zwischendurch, bei einem Spaziergang im Park oder bei einem Picknick. Je nach Kunde drückt sie sich lebhaft oder girliemäßig, intellektuell oder verschüchtert aus, der Service wird angepasst. Eine Mietfreundin, die keine Ansprüche stellt, ihn nie warten lässt, nichts erwartet, sich nicht beklagt und vor allem über jeden seiner Scherze lacht. Gespielte Nähe, um zu verhindern, dass das Alleinsein in Einsamkeit mündet. Ein netter Nachmittag ohne Konsequenzen. Man sagt sich auf Wiedersehen und niemand erwartet einen Anruf am nächsten Tag. Und wenn, dann geht es dabei eben um ein weiteres bezahltes Date – ohne Folgen.

Das ist wortwörtlich zu nehmen: Die Geburtenrate in Japan fällt und fällt, die japanische Generation Y verweigert sich den überkommenen Werten der

Elterngeneration. Schießt aber gestellte Bilder, die den Anschein eines Paares suggerieren. Nicht nur für das heimische analoge Bilderalbum, sondern auch, um sie in Facebook zu präsentieren. Als Argument für ihren wirklichen Lebensstil führen sie demgegenüber an, es als angenehm zu empfinden, das eigene Leben völlig kompromisslos gestalten zu können: ausschlafen, spät ins Bett gehen, arbeiten bis zum Umfallen oder faulenzen, ganz ohne Rücksichtnahme auf einen anderen.

Die Politik ist ratlos. Und ich bin es – ehrlich gesagt – auch. Selbstbestimmung und Selbstverwirklichung sind das eine, aber die Ausrichtung des Lebens an einem Egotrip etwas ganz anderes. Nicht jeder ist als Familienmensch geboren und selbstverständlich gehört der Kinderwunsch komplett in den privaten, subjektiv empfundenen Gefühlsbereich! Ist aber eine ganze Generation von dem Virus „Isolation aus Angst vor dem Wagnis Beziehung" infiziert, wird sich das gewiss auch auf alle anderen Lebensbereiche auswirken und darüber hinaus in eine Form der gesellschaftlichen Veränderung münden, die vorherzusehen schwerfällt – in mir aber ein klein wenig Beklemmung zurücklässt.

Risiko. Unternehmertum

In Kapitel 3 wurde die Spezies Unternehmer schon einmal beleuchtet. Hier möchte ich ein paar Beispiele von den ganz besonders Speziellen unter ihnen geben.

Beate Uhse

Ein Name, eine Assoziation. Aber was dahintersteckt, weiß wohl kaum jemand. Warum sollte man sich auch mit der Vita einer Frau befassen, deren Ruf als erfolgreiche Unternehmerin in den Köpfen der Menschen derart zementiert ist, als sei sie schon so auf die Welt gekommen. Zwar werden die wenigsten mit einem goldenen Löffel im Mund geboren, doch Beate Uhses langer Weg die Erfolgsleiter hinauf ist die Geschichte eines Kampfs ohnegleichen. Ein Kampf, der ihren Berufsweg betraf, an dem ihre Ehe zerbrach und der auch für manche Auseinandersetzung in den Ehen ihrer weiblichen Kunden sorgte – der in Summe vermutlich aber mehr Ehen rettete, denn gefährdete.

Nach Ende des Zweiten Weltkriegs begann für Beate Uhse, wie für so viele andere, eine Odyssee. Sie war auf der Flucht, wohnte in unterschiedlichsten Quartieren und traf auf Menschen ganz unterschiedlicher Couleur. Dabei erfuhr sie auch von einer Not, die auf den ersten Blick nicht erkennbar war: die Angst der Frauen, in diesen instabilen, absolut unsicheren Nachkriegswirren schwanger zu werden. Der Informationsbedarf bei den Frauen, die zum Teil einen Wissensstand heutiger Kleinkinder hatten und Fragen wie die, ob man vom Küssen schwanger werden kann, ernst meinten, war riesig. Uhses Mutter, eine der ersten Ärztinnen Deutschlands, hatte sie nicht nur früh aufgeklärt, sondern ihr auch von einer Methode erzählt, mit deren Hilfe sich die fruchtbaren Tage berechnen lassen. Uhse gab diese und andere Tipps weiter. Doch sie erkannte schnell, dass dies allein nicht ausreichte. Die Unwissenheit war zu groß. Und so schrieb und erstellte sie ihre erste Broschüre, diese „Schrift x" verkaufte sie in den kommenden Jahren zigtausendmal. Damit erarbeitete sie sich ihr Startkapital für das 1951 gegründete „Spezial-Versandhaus für Ehe- und Sexualliteratur und für hygienische Artikel". 1962 ging sie in die Öffentlichkeit und eröffnete die ersten Sex-Shops der Welt unter dem Namen „Institut für Ehehygiene".

Uhse agierte überaus erfolgreich, obwohl man ihr immer wieder Steine in den Weg legte. Große Teile der Gesellschaft lebten noch in ihren erzkonservativen Strukturen. Die Zeit war längst nicht für alle reif. Nach dem Motto: Alle tun es, aber darüber reden gehört verboten, wurde Uhse über 2000-mal angezeigt und musste sich 700 Prozessen stellen. Nur einmal unterlag sie! Wurde ihr Gebaren anfangs noch einerseits mit Sünde und Schamlosigkeit gleichgesetzt, sie aber andererseits für ihre Emanzipation gefeiert, sah sie sich später sogar immer wieder gegensätzlichen Meinungen ausgesetzt. Doch letztlich blieb sie sich selbst immer treu: Beate Uhse – keine Emanze, aber emanzipiert. Weil sie aus sich selbst heraus agierte und nicht von außen auferlegten Glaubenssätzen folgte.

Uhse war eine Frau, die hart arbeitete und aus einer vagen Idee eine gewinnbringende Strategie machte! Und dabei fern jeglicher Klischees lebte und auftrat. Auf Bildern sieht man sie häufig im gehäkelten Westchen, sie wirkt ziemlich zugeknöpft. Interessant, wie jemand, der sich so konservativ und häuslich darstellt, zur Chefin eines Seximperiums werden konnte. Gleichzeitig spricht dies für eine schillernde und facettenreiche, ganz gewiss nicht eindimensionale Persönlichkeit. Das wiederum ist sicherlich ein sehr starkes Kriterium für Menschen mit erfolgreichen Risikobewältigungsstrategien.

Elizabeth Holmes

Elizabeth Holmes will Chemie- und Elektroingenieurin werden, als sie ihr Studium in Stanford beginnt. Doch bereits mit 19 nimmt ihr Leben einen anderen Weg. Sie entwickelt eine im Grunde simple Vision: Jeder Mensch sollte das Recht haben, seine Blutwerte zu kennen, und sie jederzeit selbst bestimmen können. Das Blutabnehmen ist auch im 21. Jahrhundert immer noch ein komplexer und vor allem unangenehmer Vorgang. Da gilt es, die Vene nicht nur zu finden, sondern auch zu treffen. „Sie haben aber schlechte Venen", ist ein Satz, den dabei keiner gerne hört und der für nur wenig Vertrauen sorgt. Ob Elizabeth Holmes tatsächlich eine Phobie vor den großen Nadeln und dem Anblick der sich langsam mit dunkelroter Flüssigkeit füllenden Plastikbeutel hatte, so wie es erzählt wird, das weiß ich nicht. Fakt ist: Bei einem Praktikum entstand die Idee in ihrem Kopf, ein revolutionäres Medizinprodukt zu entwickeln, und sie ging unmittelbar daran, kleine und leicht handhabbare Laborgeräte zu erfinden.

Sie zieht sich zurück und entwirft die Pläne dafür. Was die Garage für Steve Jobs, war für Holmes der Keller ihres Studentenwohnheims in Stanford. Hier setzte sie mit Kommilitonen die ersten Prototypen zusammen. Es geht ihr darum, aus einer minimalen Menge Blut in Echtzeit alle Werte ermitteln zu können, für die bislang komplizierte und langwierige, labortechnische Verfahren erforderlich waren. Das Ziel: ein nicht schmerzhafter Pik, nur ein Tropfen Blut. Genau das gelingt ihr. Alle Menschen sollen die Informationen erhalten, die sie brauchen, um selbst Verantwortung für ihre Gesundheit übernehmen zu können, so lautet ihr Credo. Mit ihrer Technologie hat sie den Weg dafür geebnet.

Statt weiterzustudieren, bricht sie das Studium ab und gründet stattdessen ein eigenes Unternehmen: Theranos. Dessen Wert heute, etwa zehn Jahre später, liegt bei neun Milliarden Dollar. Elizabeth Holmes, 31, hält 50 Prozent der Anteile und ist damit Amerikas jüngste Selfmade-Milliardärin.

Steve Jobs

Ich hatte wirklich nicht vor, den Klassiker der Unternehmensvisionäre hier auch nur ansatzweise zu erwähnen. Ganz ehrlich nicht. Zu ausgelutscht ist sein Leben durch sämtliche Medien. Zu plakativ seine Erfolgsstory und entsprechend inflationär in Erfolgsratgebern nachgezeichnet. Doch dann hatte ich ein Gespräch mit einem jungen Mann, und ich änderte meine Meinung. Dachte darüber nach, ihn doch hier mit aufzunehmen, und letztlich war es genau dieses Zitat, das mir gar keine andere Wahl ließ, da es wie die Faust aufs Auge passt:

> *„Dies geht an die Verrückten, die Unangepassten, die Rebellen, die Unruhestifter, die runden Stifte in den quadratischen Löchern … diejenigen, die Dinge anders sehen – sie mögen keine Regeln … Du kannst sie zitieren, eine andere Meinung haben als sie, sie glorifizieren oder verdammen. Aber das Einzige, was du nicht machen kannst, ist, sie zu ignorieren. Denn sie verändern die Dinge … sie bringen die Menschheit voran und während einige sie als die Verrückten sehen mögen, sehen wir ihr Genie. Denn diejenigen, die verrückt genug sind zu denken, dass sie die Welt verändern könnten, sind diejenigen, die es tun"* (http://www.journalist-und-optimist.de/steve-jobs-80-zitate-fuer-die-ewigkeit-in-deutsch-und-englisch).

Steve Jobs, ein Name wie ein Pseudonym für sein Leben. Ein Lebensweg, der anregend und aufregend gleichermaßen ist. Da er ein Mensch der Gegensätze war und gleichzeitig so geradlinig seinen Weg ging, wie man ihn nur aus einer Kraft heraus gehen kann. Kraft, die ihm geschenkt wurde, die er sich antrainierte oder die er wie Superman aus einem Meteoriten zog? Kennt man seinen Lebensweg mag man das fast glauben. Und wie gesagt, kennt den schon fast jedes Schulkind. Zumindest die Garage, die ein Sinnbild für Schaffenskraft und Willensstärke auf der ganzen Welt geworden ist. Ohne Garage läuft bis heute in der Start-up-Szene nichts! Wer diesen Talisman nicht vorweisen kann, hat schon verloren. Na ja, es ist natürlich ganz genau andersherum – die Generation Y sucht heute ihre Kreativität eher in schicken Hochglanzbüros –, aber ihre Orientierung finden sie immer noch bei ihrem großen Vorbild.

Doch wie sieht es mit den Sackgassen im Leben von Jobs aus? Sie bilden einen großen Teil seiner Faszination und seiner danach gelebten und umgesetzten Visionen. Weiß ich, obwohl ich selbst seine Biografie nie gelesen habe. Ja, das dürfte Sie jetzt wundern. Aber ich musste es nicht tun, denn ich hatte das Glück, jenen erwähnten jungen Mann, den Sohn eines Freundes, begeistert davon erzählen zu hören. Er, Pascal, 21, hat das Buch „Steve Jobs: Die autorisierte Biografie des Apple-Gründers" von Walter Isaacson (München 2011) regelrecht in sich hineingefressen und daraus eine verabscheuende Begeisterung oder nennen Sie es begeisterte Abscheu, entwickelt. Unter dem Strich sicher Feuer und Flamme für diesen Menschen, der aber gleichzeitig in ihm, einem jungen Mann voller Ambitionen, aber auch noch voller Unsicherheiten, ob der Weichenstellungen seines eigenen Lebens, gemischte Gefühle hervorrief. Anfangs dachte ich noch, ja klar, wer ein solch glühender Apple Fan ist, der muss ja vom Leben dieses Mannes begeistert sein. Doch mit jeder Etappe und weiterer Geschichte über jenen Narzissten, der Menschen in seinen Bann zog, aber auch manipulierte, sie sogar fertig und klein machte, wurde ich neugieriger. Wusste manchmal nicht, was mich mehr faszinierte. Steve Jobs Geschichte oder das, was sie in Pascal hervorrief. Der durchaus in der Lage war und ist, fernab seiner Euphorie für die Apple-Innovationen zu differenzieren, wie ich schnell merkte.

Begeisterung für einen genialen Visionär, aber auch den Blick auf den Choleriker, Egomanen und manchmal schrecklichen Chef. Der jedoch immer wieder das Beste aus seinen Mitarbeitern herausgeholt hat. Ja, sie haben sich aufgerieben und bis zur Erschöpfung für ihn und das neue Produkt malocht. Sicher haben sie ihn auch hin und wieder gehasst. Doch wenn er schier Unmögliches von ihnen verlangte, tat er das nicht, weil er ein Menschenhasser war, sondern weil er so verliebt war in „die Dinge". Die Dinge, die er für die Menschen entwickelte. Sicher auch, weil er erfolgsverliebt war. Das gehört dazu. Denn eins ist klar, er hat die Menschen, die für ihn arbeiteten manchmal angetrieben wie Vieh. Aber er hat sich selbst das Gleiche zugemutet. Er war der Leader und der Malocher in einem.

Und dabei war er immer mehr Dichter, denn Denker. O-Ton Pascal:

„Jobs war der klassische rebellische Künstler. Er hat sein Verständnis von Kunst ausgelebt, ohne Rücksicht auf die Grenzen, die ihm von gerade jenen gesetzt wurden, die immer alles zuerst kaputtgedacht haben, bevor sie etwas anpackten."

Und machte dabei letztlich immer wieder die Erfahrung, dass ein erstes Nein seiner Techniker sich in ein „Wir haben es doch geschafft" wandelte. Mal ehrlich: Wie hätte er zukünftig nicht noch mehr von ihnen verlangen sollen? Wenn er doch merkte, dass sie seiner Schaffenskraft folgten, wie die Motten dem Licht? Und die nach teils wochen- oder monatelangem Arbeiten und nachfolgender Produktpräsentation nicht erschöpft in Tiefschlaf fielen oder gar in Urlaub gingen, sondern am nächsten Morgen fast alle wieder vor Ort waren. Diesmal nicht auf seinen Befehl hin, sondern aus eigenem Antrieb, um auch noch die letzten kleinen Fehlerquellen auszumerzen. Sein Charisma, sein Erfolgsstreben steckte an. Sie wollten sein wie er und gleichzeitig verfluchten sie manchmal den Tag seiner Geburt.

Jobs war so vieles und alles auf einmal. Aber er war kein janusköpfiger Opportunist oder wankelmütiges Chamäleon. Nein, er war äußerst facettenreich, aber in seinem Handeln stringent. Seine innere Haltung zog einen äußeren Rahmen um seine Attitüde als Chef und Vorreiter. Und das machte ihn verlässlich. Für seine Mitarbeiter und für sich selbst. Denn auch sein Lebensweg war ja nicht geradlinig bis zum Schluss. Aus seinem eigenen Unternehmen gedrängt und mit einer anderen Firma an seinem schon pathologisch anmutenden Perfektionismus gescheitert, weil die Produkte dadurch unbezahlbar wurden, durchlitt auch er tiefe Krisen. Die an seinem Selbstbewusstsein nagten, doch ihn letztlich lehrten, dass es nie darum gehen darf, sich selbst zu geißeln, indem man sein Glanzlicht dimmt, aber durchaus eine gewisse Demut hin und wieder angesagt ist:

„Damals habe ich es nicht so gesehen, aber es hat sich herausgestellt, dass von Apple gefeuert zu werden das Beste war, das mir jemals geschehen konnte. Die Schwere des Erfolgreichseins wurde durch die Leichtigkeit eines erneuten Daseins als Anfänger ersetzt, der in allem komplett unsicher ist. Es hat mir die Freiheit gegeben, mich in eine der kreativsten Perioden meines Lebens zu

begeben" (*http://www.journalist-und-optimist.de/steve-jobs-80-zitate-fuer-die-ewigkeit-in-deutsch-und-englisch*).

Und so waren es vermutlich genau jene Erfahrungen, die er in der Verbannung machte, die Apple nach seiner Wiederkehr in Sphären hob, die bislang unerreicht bleiben. Noch leuchtet Apple in seinem Licht. Noch nutzt das Unternehmen Jobs Grundgerüst, um sich daran entlangzuhangeln. Man darf gespannt sein, ob seine Nachfolger die richtigen Schalter finden und umlegen. Indem sie nahezu gleichzeitig aus seinem Schatten treten und eigene Schlaglichter setzen; Risiken eingehen, aus ihrer eigenen inneren Haltung heraus, aber ohne dass Jobs Sicherungen komplett rausfliegen …

Pascal bezweifelt, dass das gelingt. Ich werde es in nächster Zeit immer mal wieder mit ihm diskutieren. Mit jenem Typ Mensch, der seine ambivalente Haltung Jobs gegenüber immer noch hat, aber sich trotzdem inspiriert fühlt, ihm nachzufolgen. Na ja, nicht ganz in seine Fußstapfen zu treten. Obwohl, wieso eigentlich nicht? Immerhin ist er ein junger Mann der Generation Y. Und die wird uns noch so manches Mal überraschen.

Risiko im Wandel. Die Generation(en) XY

Das Aushängeschild einer ganzen Generation ist ihre Suche. Nach Wohlbefinden. Der Leistungsgedanke scheint in den Hintergrund zu rücken. Und damit auch der Mut zum Risiko? Das kommt auf den Blickwinkel an. Legen wir unser Brennglas auf die Motivation, die hinter dieser Suche steckt, so sehen wir eine tiefe Sehnsucht nach Erfüllung!

Plakativ weckt das Klassifizierungen. Nicht vorrangig die Sicherheit eines einträglichen Einkommens und eines festen, abgesicherten, möglichst lebenslangen Arbeitsplatzes anzustreben, sondern die sogenannte Work-Life-Balance über diese Entscheidungen zu stellen – um es mal komplett herunterzubrechen. Das ruft Assoziationen von Faulheit und zum Motto „Das ganze Leben ist ein Quiz – und wir sind nur die Kandidaten" hervor, wie es in einem Song von Hape Kerkeling heißt.

Welcher Arbeitgeber wünscht sich solche Mitarbeiter? Die Vision eines ausgeglichenen Lebens anstrebend und nicht vorrangig die Karriere. Vermutlich immer mehr. Einerseits, weil viele Arbeitgeber von heute auch dieser Generation Y entstammen und insofern mittels ihres Gründergeistes gerade das umsetzen, was sie sich wünschten, statt nur zu schwadronieren. Andererseits weil ein zufriedener Mitarbeiter – also jemand, der nicht neben der Arbeit auch ein Leben führt, sondern der in der Arbeit lebt – einen wirklichen Mehrwert liefert. Menschen, die in ihrer Arbeit aufgingen, gab es immer schon. Aber das alleine genügt den Ypsilons eben nicht. Entschuldigen Sie den vielleicht etwas plumpen Vergleich, aber sie wollen nicht nur die Hefe sein, sondern den Teig bilden, der die Grundlage liefert für alle möglichen Varianten: knusprige, sahnig-süße oder auch herzhaft schmackhafte Backwaren.

Das Y – es steht für das englische why und bedeutet zu hinterfragen – ist für mich allerdings auch ein Symbol. Ein wirklich bildhaftes. Ich erkenne in dem Buchstaben einen Menschen, der die Arme ganz weit geöffnet hat, um zu empfangen: Impulse, Inspiration und vieles mehr. Gleichzeitig sehe ich einen festen Stamm, der den Halt für zwei sich ausbildende Verästelungen bildet. Das lässt sich als Alternativen interpretieren oder als Flexibilität. Aber ganz sicher steckt in dem Zeichen nichts Eingleisiges! Keine langweilige eingefahrene Spur, die vorgegeben ist, sondern die Raum lässt.

Vielleicht lassen Sie sich auch einmal inspirieren und finden Ihre eigene Interpretation. Vielleicht haben Sie Kinder in diesem Alter. Vielleicht befinden Sie sich selbst in dieser Lebensphase. Vielleicht sind Sie ein Vorgesetzter, der noch Vorbehalte hat. Oder ein Chef, der schon schwer begeistert ist, von dem was da kommt und sich nicht unbedingt unkompliziert einfügt, aber genau damit für Weiterentwicklung – systemische Resilienz – sorgt.

Wenn das zutrifft, sind Sie vermutlich ein Angehöriger der Generation X, gehören also zu meiner Alters- und Kampfklasse. Und damit bin ich auch schon mittendrin in den Klischees: Es geht immer nur ums Kämpfen! Oder doch vorrangig. Da muss man durch, am besten mit zusammengebissenen Zähnen. Denn nichts ist sicher, alles ist im Fluss. Und es gibt etwas, das wir hassen: wenn uns etwas durch die Finger rutscht. Also heißt es: festhalten, es und uns daran. Darum geht es. Auch wenn die Sicherungen durchbrennen und Burnout als Überschrift über unserer Arbeitswelt steht. Von uns, für uns, durch uns kreiert. Und dann therapiert. Weiter, immer weiter.

Halt! Ist das so? Ist es wirklich so? Ja, heute ist so manch 25-Jähriger selbstbewusster als viele 45-Jährige. Doch bei genau so vielen ist man versucht zu sagen: Einbildung ist auch 'ne Bildung. Ja, ich habe oben die Generation Y über den Klee gelobt und bleibe auch bei jeder Silbe. Doch damit soll keinerlei Abwertung der Altersgruppe darüber einhergehen. Vielmehr gilt es, aus der generationenübergreifenden Vielseitigkeit zu lernen.

Wenn Sie sich das X anschauen, was assoziieren Sie damit? Ein Schnittpunkt. Ein festes Zentrum, von dem Abzweigungen ausgehen. Mit ein wenig Phantasie vielleicht ein Y, das auf zwei Beinen statt auf einem steht? Ja. Auch. Steht es deshalb fester oder ist es deshalb unbeweglicher?

Legen Sie nun noch beide Buchstaben übereinander, malen Sie zunächst ein Y und dahinein ein X. Der feste Halt, der sich durch die nunmehr drei Beine ergibt, bietet eine Stabilität, die die einzelnen Kräfte in der Buchstabenkombination potenziert. Wenn die Generationen X und Y zusammengehen, voneinander lernen und sich unterstützen, statt gegenseitig borniert auf die andere zu zeigen, steht uns eine solch geballte Wirtschaftskraft zur Verfügung, dass wir uns um die Generation Z keine Sorgen zu machen brauchen!

Sehen wir nun noch, zu guter Letzt, den augenblicklichen Stand der Dinge in unserem Land an. Wie geht der Deutsche an sich mit dem Thema Risiko um?

Risiko. National

Gibt es ihn, den Deutschen? Wenn ja, wie sieht er aus? Wie fühlt er sich (an) und was will er? Kann man eine Nation mit über 80 Millionen Bürgern bewerten, einsortieren, in eine Schublade stecken, einordnen oder einnorden? Nein, das kann und sollte man vor allem nicht. Oder doch? Hierzu ein Test: Was assoziieren Sie mit Italien? Irland? Frankreich? Japan? USA? Russland? England? Deutschland?

Ich lass sie mal ein paar Sekunden alleine damit und erstelle selbst still und leise eine Liste.

→ Italien: Pasta, Pizza, Fußball, mit den Händen sprechen, lebensfrohe Menschen …

→ Irland: grüne Insel, glückliche Kühe, Klippen, Schafe, tolle Aphorismen, offene Menschen …

→ Frankreich: Lebensart, Baskenmütze, Boule, Baguette, gastfreundliche Menschen …

→ Japan: Gesicht wahren, Gemeinschaftsdenken, pflichterfüllt, höfliche Menschen …

→ USA: unbegrenzte Möglichkeiten, Prüderie, Fastfood, unkomplizierte Menschen …

→ Russland: unendliche Weiten, Organisationstalent, Kosaken, Bodenschätze, stolze Menschen …

→ England: Bed & Breakfast, britischer Humor, Teatime, entspannte Menschen …

→ Deutschland: Innovation, akkurat, reserviert, zuverlässige Menschen …

Ja, natürlich bleibt es dabei: Jeder Mensch ist ein Individuum. Ein Blick in den Pass erleichtert trotzdem die Kategorisierung. Und so kam in einer Studie von 2005 zur Risikoeinstellung der Deutschen des Forschungsinstituts zur Zukunft der Arbeit (IZA), Folgendes heraus: Die Deutschen sind ein eher ängstliches Völkchen. Darin heißt es wörtlich: „Im Großen und Ganzen zeigen sich die Deutschen eher risikoscheu, das heißt, wenn möglich lehnen sie Risiken ab. Weiterhin zeigt sich, dass die Menschen sehr verschieden sind im Hinblick auf ihre Risikotoleranz". (www.iza.org/personal_wirtschaft/1205.pdf). In 20.000 Interviews wurde die Bereitschaft, ein Risiko einzugehen mal mittelbar, mal unmittelbar erfragt. Eine Skalierung von null bis zehn ließ dabei ein breites Spektrum zu, sodass sehr genaue Antworten möglich waren.

In den Interviews ging es vorrangig um die Themen Geldanlage, Jobwahl und Gesundheitsrisiken. Schaut man sich die individuellen graduellen Unterschiede an, fällt auf, dass die Körpergröße bei den Entscheidungen tatsächlich eine Rolle spielt: Mit jedem Zentimeter Körpergröße stieg die investierte Summe um etwa 200 Euro. Das hat mich ehrlich gesagt sehr erstaunt und ich hielte es für Satire, käme es nicht von einem seriösen Institut. Die Unterschiede bei den Geschlechtern hatten wir ja schon im Blick, diese hat die Studie eindeutig belegt. Und dann gibt es da noch den Faktor Alter: Je älter die Probanden waren, umso mehr scheuten sie das Risiko. Ob dies nun eher auf schlechte Lebenserfahrungen oder Bestandssicherung im Alter hindeutet, lässt sich daraus nicht ablesen.

Sehr interessant finde ich die Tatsache, dass der Bildungsstand eine große Rolle zu spielen scheint. Je höher der bei den Eltern war, umso ausgeprägter war der Mut zum Risiko auch bei den Kindern! Spannend. Und ein weiteres Indiz für die starke Abhängigkeit der künftigen Bildungsstände vom diesbezüglichen Niveau im Elternhaus. Die Tatsache, dass Selbstständige tendenziell risikofreudiger sind als Mitarbeiter im öffentlichen Dienst haut mich hingegen nicht aus dem Sessel.

Eine Studie von Cosmos Direkt über eine Forsa-Umfrage aus dem Jahr 2014 kommt zu dem gleichen Ergebnis: 71 Prozent favorisieren die Sicherheit, nur 28 Prozent stellen sich gerne dem Risiko (www.cosmosdirekt.de/veroeffentlichungen/faktencheck-risikofreude-59536). Schaut man sich fern dieser Studie die Medienlandschaft daraufhin näher an, wie sich dort die deutsche Mentalität darstellt, bestätigt sich die Kernaussage. Das objektive Bild sieht gut aus: In schillernden Farben sehen wir uns in einer stabilen Wirtschaftslage mit geringer Arbeitslosigkeit. Das soziale Netz ist zumindest so gut gespannt, dass es zwar standardisiert, sich aber doch niemand um seinen die Menschenwürde sichernden Lebensunterhalt sorgen muss! Ja, es gibt teils lange Wartezeiten auf Arzttermine und Statusunterschiede im Gesundheitssystem, das lässt sich nicht wegdiskutieren, und dennoch ist das Thema körperliche Unversehrtheit eines von so geringer problematischer Bedeutung, dass die so häufig herbeigeredete psychische Labilität mir schon fast wie ein physischer Virus erscheint.

Ja, wir leben in einem Europa der wirtschaftlichen Herausforderungen und leider ist es mir mittlerweile missgönnt zu schreiben, dass dies in absolut stabilen friedlichen Verhältnissen möglich ist. Und doch umgibt uns eine Bündnisqualität, die eine Sicherheit generiert, von der wir vor einer Generation nicht zu träumen wagten. Dennoch: Die German Angst und das Schwarzmalen sind allgegenwärtig. Hier der Armutsbericht, der Relationen merkwürdig verzerrt, da ein ZDF-Frontal-Beitrag, der suggeriert, dass es gleichbedeutend mit russischem Roulette ist, wenn wir die Verantwortung für unser Leben übernehmen. Und morgen kommt vielleicht ein neuer Wallraff um die Ecke, der uns von Hexenverbrennung und Teufelsaustreibung in diversen Großkonzernstrukturen berichten will. Ein Buch bei Amazon zu bestellen, gilt ja inzwischen fast schon als Beweis, dass man der Gehirnwäsche durch die Lügenpresse erlegen ist.

Aber all das ist und muss erlaubt sein. Die Freiheit, sich zu äußern und sich jede Meinung zu bilden, die denkbar scheint – undenkbar, dass wir das jemals wieder würden einschränken wollen. Und genau das ist es. Deutschland ist ein an und für sich glückliches, weil freies Land, auch weil es den ewig Gestrigen ohne Sanktionen erlaubt, in ihrer eigenen Geschwindigkeit voranzugehen, stillzustehen oder immer nur die Augen im Hinterkopf zu nutzen. Was erklärt, dass so viele blinde Ansichten dabei herauskommen! Aber das können wir aushalten. Das stecken wir weg. Ja, auch in Deutschland ist nicht alles Gold, was glänzt und wachsen die Schlaraffenleckerbissen nicht auf Bäumen. Deutschland unterliegt als Marktwirtschaft den Gesetzen einer Leistungsgesellschaft, was viele zu ihrem Vorteil zu nutzen wissen und andere benachteiligt und abhängt. Da einen Ausgleich zu schaffen gelingt nicht immer, aber im Vergleich zu anderen Nationen doch zumindest hinreichend gut!

Meine Erklärung angesichts der ängstlichen Hirngespinste, die der Deutschen Geist so zahlreich bevölkern, lässt sich mit einer Analogie zu Dagobert Duck verdeutlichen. Wir schwimmen – in übertragenem Sinne – im Reichtum, in Relation zur gesamten Weltbevölkerung wir alle, bis hin zum ärmsten ALG-II-Empfänger. Aber je mehr wir haben, umso größer ist die Sorge, dass uns jemand etwas davon wegnehmen könnte. Nein, ich will nicht den Diogenes in der Tonne als Vorbild anpreisen, der Bedürfnislosigkeit und Selbstgenügsamkeit forderte. Ganz im Gegenteil: Ich wünschte, dass die riesige Chancenfülle, die unser Land uns allen bietet, wahrgenommen und angenommen wird. Nicht in Bezug auf wilde Börsenspekulationen, sondern auf den Gründergeist und die Chancenverwertung. Und ich fände es schön, wenn sich die Erkenntnis durchsetzt, dass der Mut es ist, der im Leben meistens weiterbringt, und selten die Zurückhaltung.

Man lasse sich nur mal den Widerspruch auf der Zunge zergehen: Deutschland, ein Land der Ängstlichen und gleichzeitig das Land mit einem der stärksten Bruttosozialprodukte weltweit. Ja, ich sehe darin einen Widerspruch, denn ich glaube nicht, dass in der vorsichtigen Zurückhaltung vieler diese Schaffenskraft versteckt ist, sondern in dem ungeheuren Potenzial derer, die sich aufgemacht haben und mutig voranschreiten. Was wäre, wenn dies nur noch wenige Prozent mehr beherzigten? Die Kurve würde rasant ansteigen. Gerade passend las ich eben zufällig diesen Post bei einem meiner Facebook-Freunde: „Wer hierzulande ein Unternehmen gründet, muss ein mutiger Patriot sein, weil er oder sie den Kampf mit dem Finanzamt, der Bürokratie und dem Steuerwahnsinn wagt!" Ja, das stimmt. Nicht immer hat das nur mit Behäbigkeit zu tun. Der Staat bremst an manchen Stellen regelrecht. Zugegeben. Doch wenn nur einer über einen Weg ans Ziel kommt, ist der Weg auch für einen zweiten gangbar. Und so weiter …

Zum versöhnlichen Schluss ein weiteres Ergebnis der IZA-Studie. Darin heißt es: „Wer sich als risikofreudig bezeichnete, war überdies im Durchschnitt mit seinem Leben zufriedener." Das verwundert mich nicht. Wer sich sein Leben lang mit Ängsten herumschlägt, ist es vermutlich irgendwann einmal leid und geht die Wagnisse, die sich ihm in den Weg stellen, bewusst an – und wächst vielleicht sogar in heroischer Weise über sich hinaus.

Und Sie?

No toy, no joy! Oder:
Press play!

Schenken Sie mir bitte noch eine Minute und folgen Sie mir? Auf einen ganz normalen Spielplatz. Bevor wir uns dort gemeinsam umsehen, verrate ich Ihnen noch etwas: Ich habe neben meiner Speakertätigkeit noch eine weitere Kernkompetenz: den Verkauf von Spielplatzgeräten. Und wenn ich mir die so ansehe, kommen mir die vielfältigsten Assoziationen. Dann wandelt sich der Kinderspielplatz in einen Risikolebensspielplatz, auf dem es bei jeder einzelnen Station darum geht, den Press-play-Button zu drücken.

Die Wippe. Ausdruck von fließender Balance und Kraftakt in einem. Ist man einmal in Bewegung, läuft alles wie von alleine. Wenn, ja wenn mein Gegenüber mich ungefähr spiegelt. Dann ist es ein ausgleichender Faktor meiner selbst und wir pendeln uns automatisch ein. Aber auch wenn der andere Platz von einem Schwergewicht besetzt ist, macht die Hebelwirkung etwas möglich, was ich sonst nie hinbekäme: das Stemmen nach oben. Ich muss zwar Kraft aufwenden und mich abstoßen, aber mit der richtigen Technik geht es, und auch da wirkt sich der konstante Bewegungsablauf nachhaltig aus.

Ihre Projekte sollten nie leichter sein als Sie. Muten Sie sich ruhig etwas zu, aber setzen Sie die richtigen Hebel an.

Die Rutsche. Hochklettern, Höhenluft schnuppern, hinunterschauen, hinsetzen und den Schwung der Bahn mitnehmen und umsetzen in Bewegung. Dass es dabei immer zielgerichtet nach unten geht, soll unser Bild nicht stören – die Erdanziehung kann selbst der erfolgreichste Risikomanager nicht ausschalten …

Nutzen Sie Ihren Elan, bereiten Sie sich gut vor und betrachten Sie alle Alternativen – und dann bringen Sie sich in Bewegung.

Das Klettergerüst. Es bietet die Möglichkeit, hoch hinauszukommen. Sicherheit geben dabei Griffe und Tritte und Eisenstangen in veränderlicher Reihenfolge. Aber es ist auch eine echte Herausforderung, gewisse knifflige Teilabschnitte zu meistern.

Wählen Sie Ihre Schritte mit Bedacht, immer einen nach dem anderen. Dann geht es hoch hinauf.

Der Sandkasten. Mit und ohne weitere Hilfsmittel ein Genuss. Auch mit bloßen Händen kann ich ein Loch buddeln, genauso einen kleinen Berg aufschütten. Mit einer Schaufel geht das besser, und wenn ich auch noch einen Eimer und etwas Wasser habe, gelingen die tollsten Kunstwerke. Etwas auf und aus Sand Gebautes hat natürlich immer etwas Vergängliches, aber wie war das noch mit der Sicherheit im Leben?

Genau. Nutzen Sie die Förmchen, die das Leben Ihnen anbietet, und werden Sie kreativ.

Das Kletternetz. Aus starken Seilen fest verknüpft, fordert es den Gleichgewichtssinn heraus. Wackelig ist es immer, doch kann man es genauso gut dynamisch nennen. Wichtig: Das Netz kann noch so sehr in Schwingung geraten, es hält definitiv. Aber Achtung: Es gibt auch Lücken, durch die man fallen kann, und die Stürze führen zu Schmerzen.

Schaffen Sie sich ein reißfestes und nahezu lückenloses Netzwerk.

Die Schaukel. Eine Schwingung, die in den Bauch geht. Hin und her, vor und zurück. Auch hier liegt es zunächst an mir, in die Bewegung zu kommen. Da ist ganzer Körpereinsatz gefragt. Wenn es erst einmal läuft, ist eine kurze Pause erlaubt, doch darf ich nicht schläfrig werden und austrudeln. Denn dann geht die Kraftanstrengung wieder von vorne los.

Akzeptieren Sie, dass es immer ein Vor und Zurück gibt. Vergessen Sie nicht abzuspringen, bevor der Flug zum Selbstläufer wird und Sie sich zu überschlagen drohen.

Eins möchte ich hingegen nicht so gerne auf meinem Risikolebensspielplatz stehen haben:

Das Karussell. Grundsätzlich ist es in Ordnung, sich auch mal im Kreis zu drehen. Doch sich in eines anderen Karussell zu setzen und von dessen Geschwindigkeit abhängig zu machen, das geht gar nicht. Ich weiß nicht, ob ich es in diesem Buch schon mal erwähnt habe? Es geht um Sie und Ihre Entscheidung! Es geht darum, ins Tun zu kommen und Erwartungshaltungen abzulegen. Und vor allem darum, Ihren eigenen unheilvollen Gedankenkarussells zu entkommen. Gehen Sie hinein in eine Strategie des Denkens, die nicht schwindelig macht, sondern den Kopf frei und den Blick nach vorne klar.

Wer gar zu viel bedenkt, wird wenig leisten.

Nachwort

Nach diesem letzten aufrüttelnden Zitat aus Wilhelm Tell möchte ich nun nicht noch mehr Worte machen und mich flugs von Ihnen verabschieden. Mit einem kleinen Witz: Ein armer, gläubiger Mann betet zu Gott: „Lieber Gott, bitte lass mich im Lotto gewinnen." Am nächsten Tag betet er wieder: „Herr, bitte mach, dass ich im Lotto gewinne." So geht das Tag für Tag. Nach einem Jahr betet der Mann immer noch: „Lieber Gott, bitte lass mich auch mal im Lotto gewinnen." Nichts passiert. Der Mann betet tapfer weiter. Eines Tages erhellt sich plötzlich der Raum und eine tiefe, laute Stimme spricht zu ihm: „Lieber Mann, gib mir eine Chance und kauf dir einen Lottoschein!"

Und ich möchte nur noch hinzufügen: Tu es! Endlich!

Aber Obacht, denn das Risiko, auf dem Weg zur Lottoannahmestelle einen tödlichen Unfall zu erleiden, ist um ein Vielfaches höher, als im Lotto zu gewinnen. Sagen die Statistiker. Doch wollen Sie denen wirklich glauben?

Risiko ist relativ. Risiko ist persönlich. Risiko ist sowohl als auch. Risiko ist Erwartung minus Wahrscheinlichkeit plus Konzept. Risiko ist gehen, nicht stehen. Doch manchmal liegt es auch im Sitzenbleiben. Risiko ist Herzklopfen und ein Gefühl wie drohender Herzstillstand. Etwas zu wagen bedeutet, in sich zu gehen – aber auch irgendwann wieder rauszukommen. Wer ein Wagnis eingeht, sucht nicht nach Gewissheit, sondern stellt Sachverhalte infrage. Gewinner sind ganz gewiss die, die das Unvermeidliche akzeptieren: des Lebens Überraschungen.

Springen Sie mitten hinein und leben Sie Ihr Risiko weg. Werden Sie ein Gewinner. Press play! Leben Sie!

Herzlichst, Ihr Peter Buchenau

Danksagung

Kaum etwas im Leben ist wohl so riskant, wie eine Danksagung zu verfassen und dabei jemanden zu vergessen ☺. Doch selbst wenn, so wäre es wohl verzeihlich, da ich es auch diesmal so gemacht habe, die Dank-Sagung wörtlich zu nehmen: Allen Beteiligten an diesem Buch habe ich bereits meinen Dank persönlich ausgedrückt. So den Vorbildern, die mir für so manch angerissene Geschichte dienten, beispielhaft erwähnt seien: die Unternehmensgründer Simone und Gregor K., der Jobs-Fan Pascal K. sowie die intuitive Hauskäuferin Sandra V. und die Flugangstüberwinderin Marion J.

Mit großer Freude nahm ich das Angebot meines Freundes Hermann Scherer an, das Vorwort zu verfassen, da er für mich die personifizierte Risikointelligenz ist.

Bei Christina Linke möchte ich mich ganz besonders bedanken, da sie mit ihrem Kapitel zur Bereicherung des Buches beigetragen hat. Eine kurzweilige und gleichzeitig tiefgründige Schilderung ihres persönlichen Weges. Vielen Dank dafür, Christina!

Ein solches Projekt lebt von den Impulsen aus der Umwelt. Beginnend bei der Inspiration, die ich aus vielen meiner Vorträge und den Gesprächen rundherum mitgenommen habe. Mit Managern und Führungskräften, die auf Entscheiderebene häufig entweder überfordert sind oder über das Ziel hinausschießen. Diese Art Learning by doing hinterlässt viel zerschlagenes Porzellan und oftmals eine gewisse Hilflosigkeit. Dem offenen Umgang damit gebührt mein Dank, da sich daraus die Idee für dieses Buch entwickelte.

Für die Hilfe bei der Erarbeitung des inhaltlichen Konzepts und des strukturellen Aufbaus danke ich Stefanie Klief, die aufgrund ihrer eigenen unternehmerischen Vergangenheit an vielen Stellen vertiefende Impulse geben konnte. Eine wertvolle Sparringspartnerin, sowohl in thematischen als auch stilistischen Belangen. Natürlich war sie auch für das Lektorat engagiert – und das wieder einmal in doppeltem Sinne, da mit äußerst viel Herzblut dabei! Danke dafür, Stefanie, und ich freue mich schon auf unser nächstes Projekt!

Mit dem Linde Verlag habe ich den perfekten Partner gefunden, mein Buch auf dem Markt zu präsentieren. Die Betreuung durch die Programmmanagerin Frau Theresa Weiglhofer war vorbildlich. Das Lektorat von Frau Cornelia Rüping gab ein hilfreiches Feedback und sorgte für den Feinschliff. Ein gutes Omen für die weitere Zusammenarbeit!